KB033836

School as a Journey: The Eight-Year Odyssey of a Waldorf Teacher and His Class

감사의 말

이 책이 나오기까지 지원해 주고 그때그때 도움을 주신 다음 사람들과 단체들에 깊은 감사를 드린다.

크리스토퍼 뱀포드는 이 책을 기획하였고, 주디 보렐리-콜드웰 박사는 격려와 함께 비전을 제시하고 초고들을 완벽하게 편집해 주었다. 질 팍스는 교정을 봐주고 성실하게 도와주었으며, 진 버전은 최종 원고를 편집해 주었고, 퍼트리셔 모리엘은 이 책이 75주년 기념 도서로 선정되도록 힘써 주었다. 데이브 앨솝 덕분으로 발도르프학교 북미 연합의 지원을 받을 수 있었으며, 발도르프학교 기금, 뉴잉글랜드 발도르프 교사 연수위원회의 지원을 받았다. 또 이곳 안티오크 뉴잉글랜드 대학원의 동료들, 그 중에서도 하이디 왓츠 박사, 데이비드 소벨, 짐 크레이글로의 도움이 컸다.

이 책은 그레이트 배링턴 루돌프 슈타이너학교의 학생들과 동료 교사들이 없었더라면 나올 수 없었을 것이다. 책에 반영된 경험들 뒤에는 그들의 도움이 있었기 때문이다.

교육이 변하기를 기대하며 아이와 학부모와 교사들에게 이 책을 바친다.

토린 M. 핀서

8년간의 교실여행
School as a Journey
The Eight-Year Odyssey
of a Waldorf Teacher and
His Class   1982~1989

School as a Journey
The Eight-Year Odyssey of a Waldorf Teacher and His Class

Copyright©1994 Antroposophic Press, Great Barrington, Massachusetts, USA.
All rights reserved Korean translation copyright©2005 by Green Seed(Old Gwacheon Freeschool Publication). Korean translation rights arranged with United States by Antroposophic Press.

이 책의 한국어판 저작권은 **Antroposophic Press**와 독점 계약한 [사] 발도르프 청소년 네트워크 **도서출판 푸른 씨앗**에 있습니다. 저작권법에 따라 한국 내에서 보호를 받는 저작물이므로 무단 전재와 복제를 금합니다.

8년간의 교실여행 – 발도르프학교 이야기

1판 1쇄 발행·2005년 11월 25일
1판 2쇄 발행·2014년 3월 20일
2판 1쇄 발행·2017년 4월 25일

지은이· 토린 M. 핀서, PhD
옮긴이· 청계자유발도르프학교

펴낸이· 발도르프 청소년 네트워크 도서출판 푸른씨앗

책임 편집·이영희 | 편집·백미경, 최수진
디자인·유영란, 이영희
번역 기획·하주현
마케팅·남승희 | 해외 마케팅·이상아
사진·청계자유발도르프학교 10주년 사진집

등록번호·제 25100-2004-000002호
등록일자· 2004.11.26.(변경신고일자 2011.9.1.)
주소·경기도 의왕시 청계동 440-1번지
전화번호· 031-421-1726
전자우편· greenseed@hotmail.co.kr
홈페이지·www.greenseed.kr

값 **14,000**원
ISBN 979-11-86202-12-8 03370

발도르프학교   이야기

8

8년간의 교실여행

since1919
발도르프 교육 75주년 기념책자

*School as a Journey
_The Eight-Year Odyssey of a Waldorf Teacher and His Class*

토린 M. 핀서, PhD 지음

청계자유발도르프학교 옮김

도서출판
푸르씨ㅇ
푸른씨앗

머리말

이 책은 개인적인 이야기를 담고 있다. 이 책에서 나는 그레이트 배링턴 루돌프 슈타이너학교에서 1982년부터 1990년까지 아이들과 교실 여행을 하면서 겪은 사건, 환희, 노력, 변화, 좌절, 성취들 중 일부를 풀어놓았다. 교실에서 겪은 일들에 바탕을 두고는 있지만, 사생활 보호를 위하여 아이들 이름은 바꾸었다. (하지만 내가 붙인 가명의 실제 인물을 추론해 보면서 즐거워하는 이들도 있으리라!)

본문에서 이야기하는 내용들은 내가 8년 동안 같은 아이들의 담임을 맡아 함께 한 경험의 일부에 지나지 않는다. 이야기를 가려내는 일이 쉽지는 않았지만, 발도르프학교에서 가르친 시간과 어린 시절 발도르프학교에서 보낸 경험이 독자들과 나눌 내용을 결정하는 데에 도움을 주었다.

나의 바람은, 이 책을 접하는 학부모나 예비 학부모, 교사, 행정가 분들이 이와 같은 개인의 이야기에 귀기울여 봄으로써 현재의 수업 관행을 재검토하고, 각자의 개인적인 교육 철학을 되돌아보며, 교육의 대안을 탐색하는 데에 힘을 얻는 것이다. 이 책은 모든 면에서 소개에 지나지 않는다. 좀 더 전문적인 내용을 원하는 독자들은 안트로포소픽 출판사에서 펴낸 책들이 도움이 될 것이다. 참고할 만한 저술들은 미주에 다수 제시하였다.

나의 개인적 이야기가 발도르프적 관점 또는 이의 바탕이 되는 인지학人智學, 즉 정신지향의 관점에서 파악하는 발도르프 교육과정의 범위 전체와 아동 발달의 전과정을 다 제시할 수는 없다. 주제 전체를 생략하거나 아주 간략하게 언급한 경우도 몇 있다. 여기 제시한 사건과 경험들은 발도르프 교육의 특정 측면을 나타내기 위한 것으로, 사려 깊은 독자들에게는 활발한 상상과 해석의 여지를 남겨 두겠다.

나는 또한 이 책을 씀으로써 개인적이고 직업적으로 거듭나기 위한 노력에 격려가 될 수 있기를 바랐다. 이 목표를 가지고 자료를 선택하고 서술 방식을 결정하였다. 이 책이 오늘날의 아이들과, 또 그들과 함께 길을 가는 행운을 누리고 있는 교사들에게 발도르프 교육이 지닌 뛰어난 치유력을 보여주었으면 한다.

차례

옛날
옛적에

       모든 시작에는 시간과 상관없는 영원한 무언가가 존재한다. 그 것은 내 이야기도 마찬가지다. 1981년 12월 초의 맑고 추운 겨울밤이었다. 나는 뉴욕 힐스데일의 우리 집 뒤쪽으로 펼쳐진 들판을 거닐고 있었다. 걷는 동안 그날 느꼈던 여러 인상이 내 안에 되살아났다. 이날은 8학년인 우리 반 아이들과 주로 보냈으나, 무엇보다 인상 깊었던 것은 아침에 잠깐 유치원을 방문한 일이었다. 헛간을 고쳐서 만든 따뜻하고 소박한 교실, 단순한 목제 장난감과 예쁜 천들, 특히 간식 상에 둘러앉아 나를 올려다보던 아이들의 진지한 표정이 떠올랐다. 나는 아이들의 표정에서 기쁨, 호기심, 흥분을 엿보았다. 아이들을 한 명씩 바라보는 동안 시간은 멈춘 듯했다. 그 방을 나설 때, 나는 그곳에서 받은 여러 인상이 풍부한 자양분이 되었음을 느꼈다.

  이제 눈 덮인 들판에서, 나는 유치원에서 아이들과 함께하며 받은 인상들을 떠올려 본다. 이 아이들은 누구인가? 어디에서 왔으며 어디로 가고 있는 가? 나는 외국어 전문교사로, 또 6학년에서 8학년까지의 담임으로 지내 왔다. 이번에는 1학년 담임을 맡아 8년 동안 그 유치원 아이들을 가르치는 예측할 수 없는 책임에 관해 생각하고 있다. 나는 진정 8년간의 임무를 다할 수 있을까? 아이들 서로 간에, 그리고 아이들과 나 사이에 깊이 숨겨진 관계는 어떤 것일까? 우리가 함께 잘해 나갈 수 있을까?

나는 이런 의문을 골똘히 생각하면서 루돌프 슈타이너가 '헤아릴 수 없는 것'이 교사 내면의 삶을 일깨워 이끌어 줄 수 있다고 한 말을 상기했다.[1] 나는 나의 헤아릴 수 없는 것을 헤아리려 애쓰며 걸었으나 통상적인 의미에서의 '해답'을 바랄 수 없다는 것도 알고 있었다. 그러나 나는 교사의 삶으로 나를 이끌어 줄 그림picture이나 상image을 간절히 원했다. 앞으로 다가올 여덟 해 동안 나를 지탱하고 기운을 불어넣어 줄 어떤 것 말이다.

눈을 보고 있던 나는 문득 고개를 들어 맑은 밤하늘을 올려다보았다. 그 찬란함이란! 별빛 반짝이는 하늘이 바로 내 위에서 거대한 아치를 그리고 있었다. 나무들과 한 점 구름 사이로 별무리 하나기 유독 밝은 빛을 발하였다. 그때 나는 내가 어떤 별자리를 보고 있는가는 전혀 관심이 없었다. 놀라웠던 것은 바로 그 별무리 속의 별들이 나를 향해 반짝이고 있었다는 사실이다! 이전에 저 별들을 어디서 보았을까? 그 아이들! 그래, 저 별들은 아침에 내게 웃음 짓던 아이들, 내가 가르쳐야 할 아이들이야. 나의 별자리. 이게 내가 맡게 될 나의 학급이야! 나는 그 아이들을 발견했고 그 아이들은 나를 발견했다.

집으로 돌아오는 동안 기쁘고 감격스러운 느낌은 경외심과 깊은 존경으로 자리 잡았다.[2] 내가 이해할 수 없는 어떤 것이 작용하고 있었다. 별을 바라본 덕분에 나는 꼬박 8년 동안 새로운 아이들을 맡을 결심을 하였다. 그러나 어찌 보면 이는 전적으로 나만의 결심은 아니라는 느낌이 들었다. 아마도 그것은 '직업'을 정하는 일과 신의 부르심, 곧 '소명'에 응하는 일 사이의 차이일 것이다.

몇 해가 지나서야 비로소 나는 이 소명에 담긴 또 다른 뜻을 깨달았다. 나의 학생이 될 아이들은 서로 몇 개월을 사이에 두고 6년 전에 태어났고, 그때는 내가 발도르프 교사 연수를 시작하려고 결심한 바로 그 해였다. 어쩐지 12

월 그 겨울밤에 별들이 그토록 밝게 빛을 발하더라니!

1학년 아이들이 새 학기 첫날을 맞이하기 전에, 나는 아이들에 대한 내면의 그림을 보완하기 위해서 부모들과 의식적으로 관계를 맺을 필요를 느껴 가정방문을 하게 되었다.

그해 여름에 나는 일정한 간격을 두고 여유 있게 가정방문을 하였다. 격식을 갖추지 않은 편안한 만남이었다. 하지만 그러한 만남은 아이들을 가정환경과 연결하여 이해할 수 있는 아주 귀중한 시간이었다.

나는 아이의 방, 장난감, 장식품, 형제 자매간의 상호작용을 살펴볼 수 있었다. 가족 간의 역학 관계를 관찰했고 이것은 1학년에 입학할 아이들 개개인의 그림을 그리는 데 도움이 되었다. 여섯 살 아이들은 자신이 경험한 세상을 표현하고 싶어 하고 학교 안팎에서 자신들에게 큰 의미가 있는 소소한 일들에 대해 교사가 관심을 보이면 기뻐한다.

처음으로 방문한 집은 더그네 집이었다. 내가 도착했을 때, 더그는 형과 함께 공놀이를 하고 있었다. 기운차게 놀고 있던 더그는 나를 보자 수줍어하며 존경 어린 인사를 했다. 이 모습은 내게 깊은 인상을 남겼다. 그 후 나는 늘 거친 운동선수 안에 있는 '신사'에게서 의지처를 찾고 있음을 느꼈다. 더그의 집에서는 부모님의 환대를 받으며 따뜻한 대화를 나누었다. 더그의 방에도 가 봤는데, 그 방은 더그가 발명한 알 수 없는 새로운 게임용 카드로 어질러져 있었다.

수전은 새로 꾸민 크고 하얀 집에 살고 있었다. 수전의 집을 방문했을 때 가장 인상 깊었던 일은 수전의 어머니가 수전이 어릴 때 노래 부르기를 얼마나 좋아했는지를 설명해 준 방식이었다. 부모의 이혼, 수전의 언니 등을 포함한 어렸을 때의 이야기와 더불어 수전의 음악적 재능에 대해 강조했던 점은 다가올 시간을 준비하는 데 도움이 되었다. 수전의 커다란 눈, 활짝 열려 있는 내면, 수없이 해 대는 질문들로 이 아이는 나에게 넓은 의미에서 '음악' 교사가 되어야 할 특별한 과제를 주었다. 수전이 내적인 조화와 안정감을 찾을 수 있도록 돕고 싶었다.

언덕 위에 있는 애비의 시골집을 방문했을 때, 애비는 금세 사라졌다. 애비의 어머니는 방해 없이 나와 오래 대화를 나눌 수 있어서 편안해 보였다. 우리는 부엌 식탁에 앉아 애비의 탄생과 어린 시절, 그리고 아주 영리한 세 아이 중 막내로서 애비의 역할에 관해 이야기했다. 나는 애비가 어디 있는지 계속 궁금했다. 애비네 농장은 아이가 놀기에 안전해 보였기 때문에 나는 걱정을 지우고 대화에 다시 몰두했다. 떠날 즈음 애비가 나타났다. 애비는 내게 선물을 가져왔다. 애비의 어머니가 아주 편안하게 대화하는 동안, 애비는 선생님에게 선물하려고 밭에 있는 당근을 죄다 뽑아 왔던 것이다. 우리는 정말 놀랐다.

'당근과 연관된' 아동 발달 이론은 메어리 집을 방문하면서 강화되었다. 메어리는 학교에 다니기에는 어린 나이였다. 메어리는 10월이 되어야 여섯 살이 되지만 이가 몇 개 빠져 있었으며, 발도르프 교사의 관점에서 보면 그 사실은 실제 나이보다 더 성숙했음을 나타내는 좋은 판단 근거이다.[3] 메어리가 일 년을 더 유치원에 머무르는 것이 좋을까 아니면 1학년에 입학하는 것이 좋을까? 메어리의 주치의는 메어리가 아주 풍부한 상상력을 지녔으며 1학년 수업을 감당할 만하다고 판단했다. 그러나 내가 확신할 수 있었던 것은 메어리가 이웃집 밭으로 갔다는 얘기를 들었기 때문이었다. 무엇을 했겠는가? 짐작한 대로 메어리 역시 잘 자란 당근 몇 개를 뽑아 왔던 것이다. 나는 피아제(발달심리학의 대표자, 아동의 인지 발달 단계를 이론화함-역주)가 뭔가를 **빠뜨렸을** 수도 있겠구나 하는 생각이 들었다. 그러나 메어리와 애비와 피터 래빗(영국 동화의 주인공-역주)은 **빠뜨리지** 않았다.

지금까지 그해 여름에 방문한 스물세 집 중에서 네 집의 예를 간략히 소개했다. 이 방문은 협력을 위한 선행 작업이었다. 부모님은 내게 많은 것을 말해 주었다. 아이들을 교육하는 일은 협동 작업이고, 지금 이 나이에는 관련 있는 어른 모두가 협력하지 않고는 교육이 제대로 성공할 수 없다. 아이들은 보통 초기 몇 년 동안에는 교육과정과 활동에 '매료'당하지만 5~8학년 무렵에는 이런 효과가 줄어들면서 부모-교사 간의 협력 작업으로 마련한 바탕이 교육의 기반이 된다. 결국, 관계의 질이 사람들을 한데 묶어 준다. 교육은 관계에 관한 것이다. 그러나 그 역동성은 너무도 자주 학교, 혹은 교사와 아이들의 관계에 치우쳐 있다. 나는 교사와 학부모에게 서로 협력하라고 권한다. 나 역시 그렇게 하는 것이 더 즐겁다.

많은 사람이 입학 첫날을 기다렸고, 또 어떤 이들은 두려워하기도 했다. 그것은 여행의 시작이었다.

훗날 나는 마거릿의 어머니에게서 입학 첫날 아침에 마거릿이 읽기를 배우겠다는 목표를 가지고 집을 나섰다는 이야기를 들었다. 이후 몇 년간 단호함과 분명함은 마거릿의 특징이었다. 어쨌든 마거릿은 그날 학교에서 돌아와 부엌으로 들어서면서 이렇게 소리쳤다고 한다. "아직도 읽기를 배우지 못했어요!" 그날 마거릿에게 읽기를 가르치는 대신 우리는 무엇을 한 걸까?

1학년 아이들을 맞이하기 위해 교실을 완벽하게 준비했다. 아이들의 나무 책상은 사포로 닦아 광을 냈고 각 책상 앞쪽은 수채 물감을 칠한 이름표로 장식했다. 비슷한 이름표를 단 옷걸이도 저마다 아이들을 기다리고 있었다. 생명력이 강해서 교실에 많이 두는 제라늄도 창가에 놓았다. 수정, 성게와 그밖의 진귀한 자연물들을 교실 구석 쪽에 옹기종기 벌여 놓아 호기심을 자아냈다. 새로 붉게 칠한 벽, 새 깔개와 칠판에 그린 해, 달, 반짝이는 별들은 밝은 교실에 축제 분위기를 자아냈다. 스물세 개 머그잔들이 목이 마를지도 모르는 스물세 명의 아이들을 기다리고 있었다.

첫날 아침, 아마도 우리 반 아이들 대부분이 나처럼 두근거렸을 것이다. 어찌 될까? 아이들은 기쁘게 잘 지낼까? 도대체 어떻게 해야 스물세 가닥의 개성을 '학급'이라 불리는 한 집단에 짜 넣을 수 있을까?

아이들이 부모와 함께 도착했을 때, 나는 문에 서서 아이들과 한 명씩 악수하고 반가운 말로 인사를 했으며, 교실에 마련된 각자의 자리로 차례차례 안내했다. 의도하지는 않았지만 그 환영 인사는 기념행사 같은 느낌이 들었다. 아이들이 부모와 잘 헤어졌고 단 한 명만이 눈물을 보였다. 곧 모두 자리에 앉았고 '다음엔 어떤 일이 있을까?' 하고 궁금해하였다.

나는 지나가면서 앤서니를 칭찬했다. "너는 의자에 똑바로 앉는 법을 벌써 알고 있구나."(앤서니는 의자를 바싹 당겨 곧게 앉아 있었으며 두 손을 앞으로 모아 책상 위에 올려놓고 있었다) 이 말이 내 입에서 떨어지기가 무섭게 다른 스물두 개의 조그만 의자들이 재빨리 당겨졌고 스물세 쌍의 손이 책상 위에 나타났다. 그것은 긍정적 피드백의 가능성이었으며 또한 6세 아이들이 가진 호감을 사려는 욕구와 모방 능력이 드러났음은 말할 것도 없다.

어린아이는 주위 환경에 동화되기 때문에 교실이 아름다워야 한다. 이것은 특히 중요하다. 교사의 언행도 모방할 만한 가치가 있어야 한다.[4] 어린아이들이 자신의 주변에 있는 것을 모두 모방한다는 놀라운 사실은 책임감을 가지고 이용한다면 중요한 교육 수단이 될 수 있다.

첫날, 새 교실을 탐험하고 나서 우리는 모두 입학식을 하러 강당으로 갔다. 전교생의 합창이 끝나자 선생님들이 한 분씩 일어나 자기 반 아이들에게 환영 인사를 했다. 발도르프학교의 담임교사들은 8년 내내 같은 아이들을 맡게 되므로, 교사들은 아이들에게 다시 만나 반갑다는 인사를 하고 새 학년에서 겪게 될 배움의 모험에 관해 실마리를 준다. 상급반 아이들은 선생님들의 이야기를 통해 지나온 여정을 되돌아볼 수 있다. 따라서 발도르프학교의 개학 첫날은 기대와 호기심으로 미래를 내다보는 기회를 주는 동시에, 지난 시간을 기억하며 과거를 돌아볼 기회도 된다. 과거와 미래가 현재에서 만나고 큰 그림이 스치듯 지나간다.

'큰 아이들'이 뒤에 앉아 있는 낯선 상황에 위축되어 있을 1학년 아이들에게는 내가 하는 말이 필경 귀에 들어오지 않을 것이라 여겨 나는 1학년 아이들에게 짤막한 인사를 했다. 나는 지난 겨울밤에 들판을 거닐었던 이야기를 하고, "여러분의 선생님이 되고 싶어요."라는 말로 간단하게 인사를 마쳤다. 말을 마치자 아이들은 나를 쳐다보았고 많은 아이가 속으로 "예"라고 대답했음을 알 수 있었다.

교실로 돌아와서 간단하게 수업을 했다. 우리는 직선과 곡선을 그렸다. 이것은 처음 며칠 동안 계속될 형태그리기의 시작으로, 공간을 형성하는 선을 그리는 작업이다. 첫날에는 직선과 곡선을 연습했는데, 교실 바닥을 그 모양대로 걸어 보고, 스펀지를 적셔 칠판에 그렸으며 크레용을 잡고 그리듯이 허공에 형태를 잡아 보는 정도였다. 연습을 충분히 하고 나서 맨 마지막에 종이에 그렸다.[5]

아이들이 처음 그린 선들을 관찰하는 것은 흥미로웠다. 그것은 모든 쓰기의 초석이다. 어떤 아이들은 나를 따라 위에서 아래로 그었고 또 어떤 아이들은 밑에서 위로 그었다. 쓰기 동작은 이번 생(발도르프 교육학의 철학적 바탕인 인지학에서는 인간의 자아가 윤회한다고 봄-역주)에 주어진 육체에서, 또한 지상에서 제자리를 찾는 것과 관련이 있다. 선을 밑에서 위로 그은 아이들은 후에 '정착settling in'하는 데 다소 주저하는 기미를 보였지만 위에서 밑으로 그린 대다수 아이는 확실한 걸음걸이에서도 나타나듯이 강하게 존재를 드러내었다. 나는 이 모든 소소한 일들이 아이들 하나하나가 보여 주는 비밀스런 지표임을 알았다. 모든 단서가 아이를 파악하는 데 도움이 되었다 하지만 가장 중요한 것은 알려고 노력하는 그 자체, 즉 교사가 학생을 깊이 알고 이해하려고 애쓰는 태도이다.

우리는 첫날, 일찍 간식을 먹고 휴식 시간을 가졌다. 쉬는 것이 모두에게 필요했다. 처음으로 음식을 같이 먹으며 나누었던 사사로운 대화는 새롭고 낯선 상황이 가져온 어색함을 없애 주었으며, 휴식 시간의 놀이는 우리를 하나로 묶어 주었다. 우리는 자주 함께 놀았다. 나는 정말로 휴식이 어떤 수업 못지않게 중요하다고 믿는다. 1학년 때 우리는 숲 속에서 숨바꼭질을 변형한 '다람쥐 잡는 여우' 놀이를 했고 줄넘기, 돌차기 놀이도 했다. 학년이 바뀌면서 깡통 차기, 베이컨 훔치기, 깃발 빼앗기, 공차기, 농구, 배구, 달리기를 했는데, 이 놀이는 다양한 운동기능의 발달을 가져올 뿐 아니라 동료 의식을 다지는 데에도 이바지하였다. 1학년 때 가장 많이 즐긴 놀이는 '다람쥐 잡는 여우'와 같은 상상놀이였다. 우리 반 아이들은 달리기를 좋아했고 아주 빨리 달리는 아이도 몇 명 있었다. 휴식 시간에 하는 몇 가지 놀이는 협동과 상호 작용이 중요했는데 이는 우리가 집단적인 활력을 유지하는 데 놀라운 효과를 발휘했다. 교실에서는 아마 해결할 수 없었을 더 심층적이고 잠재적인 문제들이 운동장에서, 심지어 자유놀이를 하면서 상당 부분 해결되는 것을 느꼈다.[6] 나는 초보 교사로서 아이들을 단편적으로 관찰할 수밖에 없었으므로 서로 사귀는데 무엇이 필요한 지를 아이들이 감지하고 있다고 보고, 나만 그들이 배우고 성장할 수 있는 공간을 마련해 주는 것이 내가 할 수 있는 최선이었다. 하지만 나도 운동이 필요했고 아이들도 보호해야 했으므로 항상 운동장에 아이들과 함께 참여하였다. 단 한 차례 술래를 하는 것만으로도 왕성한 혈액 순환이 되었다! 휴식 시간은 언제나 우리 모두에게 활력을 주었다.

첫날 수업은 정오에 마쳤고, 가족들이 아이들의 동생을 데리고 함께 나눌 음식을 준비하여 학교로 왔다. 나는 부모님과 담소를 나누며 의견을 주고받았고 앞으로의 일들을 예상하는 데 도움이 되었다. 아이들 대부분이 부모님을 다시 만나자 긴장을 풀고 전처럼 제멋대로 행동해서 해마다 있는 이런 행사가 때로는 부담스러웠다. 부모님과 대화를 나누는 중에 아이들이 근처 숲 속으로 사라지는 등 자유롭게 돌아다녀서 나는 두 가지를 모두 의식해야 했다. '누가 책임자인가?'란 질문을 해결하고 내적으로 적응하는 데 몇 년이 걸렸다. 간단히 말해서, 내가 권위를 가져야 했다.[7] 부모님들은 개의치 않는 듯했다.

1학년 첫 수업을 마친 그날처럼 피곤한 적이 없었고 그날 밤처럼 잠을 잘

잔적도 없었다. 나는 실제로 나날이 더 일찍 잠들었다. 아이들은 학습 능력을 향상해 나가고 육체를 계속 형성하는 과정이었으므로 나의 생명력은 아이들과 활동하는 데 워낙 많이 쓰여 매일 잠을 통해 더 보충해야 했다.[8]

우리 1학년의 특징을 적어나가기 전에, 이후 수업 내용의 틀을 잡기 위해서 일상적인 아침 주기집중수업(발도르프학교의 특징적인 수업 형태로 '에포크 수업'이라고도 한다. 한 과목을 매일 100~120분씩, 3~4주 동안 집중적으로 배우고 다른 과목으로 넘어간다. 이하 주요수업-역주)을 개략적으로 설명하고 싶다.

나는 아침에 아이들이 도착하면 각각 악수로 맞이하고 잠깐 개인적인 소식을 듣고 대화를 나눈다. 이것은 학급 전체와 활동하기 전에 아이들의 개인적인 관심사와 문제들을 아는 데 도움이 되었다. 그다음 아이들이 자기 자리로 가서 출석 확인을 준비하는 동안에 나는 '시작 시각'임을 알리는 몇 가지 음을 노래하였다. 시간이 좀 더 걸릴 때에는 5음계 리코더로 '마음을 가라앉히는 가락'을 연주하고 나서 아이들 한 명 한 명의 이름을 노래하듯이 부르면 아이들은 그에 따라 대답하곤 하였다. 처음에는 한 가지 음만 사용했으나 곧 5음계를 시도하였다. 아이들은 음을 흉내 내는 데 익숙해지고 이런 식으로 듣는 연습이 이루어졌다. 루돌프 슈타이너는 인류가 오늘날 우리 어린이들이 경험하는 것과 비슷한 방식으로 세상을 경험한 시대에 5음계를 사용하였으므로 5음계는 특히 어린아이들에게 적합하다고 지적 하였다.[9] 출석을 확인한 후 우리는 원을 만들고 아침 시로 하루를 맞이하였다.

> 내 혼에 들어 있는 정신의 힘이
> 온몸에 힘을 줍니다.
> 빛나는 해의 광채 속에서
> 오 하느님
> 당신을 우러러봅니다
> 당신이 나의 혼에 사람의 힘을
> 자비롭게 심어 주었으니

나는 일할 수 있고
또 열심히 배우려고 합니다.
당신한테서 빛과 힘이 나왔고
당신에게로 사랑과 감사가 흘러갑니다.[10]

　이후 4년 동안 이 시를 외우면서 매일 아침을 열었다. 시간이 지나면서 시어들은 우리 마음속에서 자라났다. 아이들은 시 구절을 처음에는 그림으로 경험했다. 교육과정과 개인적인 발달 속에서 아이들은 차츰차츰 시 속에 담긴 더 깊은 의미를 깨달아 갔다.

　그다음에는 하루를 여는 일련의 의식을 치름으로써 모든 아이의 참여를 이끌어 내고 특히 의지가 강화될 수 있도록 하였다. 이것은 우리가 개념화하기 이전에 움직임과 체험을 통해 학습했다는 것을 의미한다. 우리는 〈골짜기의 농부〉, 〈밀과 보리가 자란다〉와 같은 노래들을 불렀다. 좌우에 찍을 두고 박자에 맞춰 손뼉을 치거나 원을 좁혔다 넓혔다 하면서 〈달팽이집을 지읍시다〉 놀이도 했고, 집중하는 연습도 했다. 박자에 맞추어 숫자를 세는 것(1 2 3 4 5 6 7 8)은 쉽게 구구단으로 전환되므로 상당수 동작이 셈하기를 위한 준비가 되었다. 원 주위에서 중심으로 서서히 들어갔다가 다시 밖으로 나오는 동작과 함께 풍부한 몸짓을 곁들여 〈왕국으로 가는 열쇠〉라는 시를 읊었다.

　　이것은 왕국으로 가는 열쇠
　　왕국에는 한 도시
　　그 도시엔 마을이
　　마을에는 거리가
　　거리에는 골목이
　　골목 끝엔 뜨락이
　　뜨락에는 집 한 채
　　그 집에는 방 하나

그 방에는 빈 침대
침대 위에 바구니
바구니엔 꽃송이
향기로운 꽃송이
바구니엔 꽃송이.

꽃들은 바구니에
바구니는 침대 위에
침대는 방안에
방은 집안에
집은 뜨락에
뜨락은 골목 끝에
골목은 큰 거리에
거리는 마을에
마을은 도시에
도시는 왕국에
이것은 왕국으로 가는 열쇠.
왕국으로 가려면 이 열쇠를 쓰세요.[11]

　이 시에서 나아가고 물러나는 과정(처음과 끝이 같은 장소이다)은 〈이 집은 잭이 지었네〉와 같은 시들처럼 아이들을 치유하는 효과가 있다. 나는 이 시가 아이들에게 안정감, 소속감과 더불어 만물이 이 세상, 곧 왕국에 제자리가 있다는 느낌을 준다는 사실을 발견했다. 이와 같은 활동을 하며 안팎으로 움직이고 나면 아이들의 뺨이 상기되고 눈동자가 빛나기 마련이다. 아이들의 능력은 자극을 받아 깨어났고 이제 우리는 주요수업의 진도를 나갈 준비가 되었다.
　1학년 때는 쓰기, 읽기, 셈하기 등의 학업이 동화의 풍부한 세계에 묻혀 있다. 이 나이의 어린이들은 아직도 일종의 '그림 의식' 속에서 살기 때문에 풍부하고 상상력을 자극하는 이야기를 통해 학습으로 이끌 때 가장 잘 배울 수 있다.[12] 그래서 1학년에서 배우는 문자는 이야기에서부터 탄생했다. S는 〈여섯 마리 백조The Six Swans〉에서, F는 〈어부와 그의 아내The Fisherman and His wife〉에서, G는 〈황금 거위The Golden Goose〉에서 배웠다. 나는 이야기를 고를 때 그 이야기가 글자를 깨우치는 데 도움을 줄 수 있는지를 고려하였을 뿐 아니라 이야기에 들어 있는 교훈과 분위기도 중요하게 생각하였다. 아이들에게 어떤 이야기가 필요한지를 파악하고 내용, 문화, 문체에서 다양성을 경험하게 해 줄 수 있는 책을 선택하려고 애썼다.

이를테면, 왕King에 관한 이야기는 많고 그 중 어떤 이야기를 고르더라도 K라는 글자를 배울 수 있지만 나는 그림형제의 동화인 〈생명의 물〉을 선택했다. 그것은 세 형제의 관계를 다루면서 더 높은 지식과 부활을 추구하는 과정을 담고 있기 때문이다.[13] 간략히 소개하면 〈생명의 물〉은 어떤 의사도 고칠 수 없는 병에 걸린 왕의 이야기로 시작한다.

왕은 '생명의 물'에 대해 듣게 된다. 그 물만 있으면 병을 고칠 수 있으나 구하기가 어렵다. 왕의 세 아들은 이 부활의 원천을 찾는 일에 자청하여 나선다. 첫째와 둘째가 차례로 길을 떠나지만 둘 다 한 난쟁이를 만나 불손하게 대하고 결국 산골짜기에서 함정에 빠지게 된다. 이것은 현대에 만연한 잔인함과 불손함이 되돌아온다는 하나의 은유이다. 그리고 나서 곧 막내가 떠난다. 앞서 떠난 두 형과는 달리 막내는 난쟁이에게 친절하게 대하고 난쟁이의 조언을 얻는다. 덕분에 생명의 물이 솟아나는 특별한 샘이 있는 머나먼 궁전으로 가는 길을 알게 된다. 그 과정에서 그는 마법의 쇠지팡이를 사용해 궁전의 문을 열어 굶주린 사자들에게 두 덩어리의 고기를 주고 시계가 열두 시를 치기 전에 생명의 물을 가져와야만 한다. 막내는 생명의 물을 구하는 데 성공하고 아름다운 공주(더 높은 자아를 나타낸다)를 만난다. 그 후 공주는 왕궁으로 돌아간 왕자가 다시 올 때까지 일 년을 기다리게 된다.

한편 막내는 아버지에게 돌아오는 여정에서 형들을 동정하여 그들을 구해 준다. 그러나 결국 형들은 막내를 배신하여 생명의 물을 몰래 바닷물과 바꿔 놓는다. 늙은 왕이 바닷물을 마시고 병세가 심해지자 두 형은 그들의 물병을 내놓고, 그 물을 마신 왕은 즉시 병이 낫는다. 막내 왕자는 추방당한다. 1년이 지나고 공주는 궁전에 이르는 길을 빛나는 금으로 만들게 하고 하인들에게 누구든 길 가운데로 오지 않는 자는 궁전에 들이지 말도록 지시한다. 어떻게든 자신의 이득만을 챙기려는 첫째 왕자는 일찍 출발하지만 황금으로 된 길에 닿자 금을 망치고 싶지 않아 길옆으로 비켜서 말을 달린다. 그는 궁전에 들어가지 못한다. 둘째 왕자도 똑같이 행동한다. 그러나 막내는 온통 공주에 대한 사랑으로 가득 차서 아무것도 알아차리지 못하고 곧바로 길 가운데로 말을 달린다. 늙은 왕은 결혼식에 초대받고 모두가 그 후 오래오래 행복하게 산다.

이 이야기는 월요일에 들려주었고 이야기를 마친 후 우리는 궁전에 사는 늙은 왕을 그렸다. 그리고 다음 날 리듬활동 시간에 K 발음으로 시작하는 단어들을 떠올려 보았다. 아이들은 책상으로 돌아가 다른 그림을 그렸는데 이번에는 생명의 물을 마시고 다시 건강해진 왕을 그렸다. 왕은 곧게 섰고 K와 아주 비슷하게 보였다. 수요일에는 K 쓰기를 연습하고 K로 시작하는 단어를 더 찾아보았다. 이어서 V와 K를 익히기 위한 시도 공부했다.[14]

> This verse is about a valley
> 　　이 노래는 골짜기에 대한 노래
> With a view of velvet vapors
> 　　아련한 아지랑이 보이는 그곳에
> Where vain and vengeful brothers
> 　　헛되이 복수심에 불타는 형제들이

Vanished in a rocky vault.

바위 굴 속에 갇혀 있었네.

The kind old king

인자한 할아버지 임금님

With his key and his ring

가지고 있던 열쇠와 반지로

Kindled love in his kinsmen

백성들 마음속에 사랑의 불을 지펴

And kept wisdom in his kingdom.

지혜롭게 나라를 다스렸다네.

우리는 이 이야기를 한 발짝 더 진전시켰다. 이야기가 자연을 탐색하기 때문에 나는 특별한 나무 컵을 마련하여 물을 채웠다. 그러고는 기상의 장애물들을 설치했다. 의자 몇 개는 산맥이, 판자 한 장은 협곡이, 책상 몇 개는 동굴이 되었다. 그리고 여러 날에 걸쳐서 아이들을 한 명씩 불러내어 이야기에서처럼 생명의 물을 조심스럽게 손에 들고 여행을 하게 했다. 어떤 아이에게는 물을 약간 덜 부어 주고 어떤 아이에게는 컵을 가득 채워 도전하게 하는 것도 필요했다. 아이들이 여행할 때 어떤 표정이었는지 독자 여러분이 볼 수 있었더라면…. 아이들은 모두 최고의 경외심과 애정을 담아 두 손에 조심스럽게 컵을 들고 산을 넘고 골짜기를 건넜다. 여행을 다 마쳤을 때엔 얼마나 기뻐하던지! 아이들은 친구들이 생의 배움을 거쳐 정화를 상징하는 물을 지니고 힘든 여행 끝에 마침내 목적지에 도달하는 모습을 보면서 전혀 지루해하지 않았다.

교육적으로 이 활동은 아이들이 이미 시작한 여행을 암시한 것이며, 그것은 8년이 지나 완성될 것이다. 그 길에 도전과 장애가 있을 것이나 공동의 노력과 개인의 선의로 아이들은 힘써 나아갈 수 있을 것이다. 이른 아침 생명의 물을 운반하는 여행을 함으로써 아이들은 한곳에 집중하였고 수업에 들어갈 준비가 되었다. 아이들이 저마다 조심스럽게 물을 들고 있는 모습을 보면서 나는 그들이 가장 소중하고 순수한 무언가를 마음속에 담고 있다고 느꼈다. 우리 모두 각자의 길에서 생명의 물을 지니고 갈 필요가 있는 것 같다.

1학년 겨울학기 동안 〈백설공주와 일곱 난쟁이〉에서 따온 연극을 연습했다. 우리는 원래 이야기에서 출발하여 서서히 연극을 만들어 나갔다. 처음에는 아이들에게 이야기를 다시 해보게 한 다음, 주요수업 공책에 중요한 문장을 쓰게 했고, 운율이 있는 시들을 단체로 낭송했다. 몇 주 동안 옆 반에서는 우리가 교실을 쿵쿵거리며 돌아다니는 소리를 들어야 했다. 우리가 무거운 짐을 짊어진 난쟁이가 되었기 때문이다.

작고 기운 센 난쟁이들이
힘차게 길 따라 행진한다네.
머리는 모두 곧추 세워 뽐내고
걸음은 씩씩하고 우렁차다네.

곡괭이 망치를 꼭 챙겨서
땅속 깊이 파묻힌 황금 캐내러
저마다 어깨에 둘러멘 것은
조그만 빈 가방이라네.

힘든 하루 일을 모두 마치면
줄지어 집으로 돌아간다네.
가득 찬 가방이 하도 무거워
길 따라 발소리 쿵쿵거리네.[15]

단체로 시를 낭송하고 행진을 하면서 왕비, 방물장수, 왕자, 사냥꾼 그리고 백설공주 역할을 할 아이들을 차례로 뽑았다. 그래서 여러 아이가 사냥꾼에게 애원하는 역을 할 수 있었다.

> 나는 아직 어린아이예요.
> 이때까지 즐겁게 지내 왔지요.
> 오 사냥꾼님, 제발 내 말을 들어줘요.
> 나 멀리멀리 도망가
> 다시는 집에 돌아오지 않을게요.
> 왕비는 내 소식을 다신 듣지 못할 거예요.[16]

  다시 한 번, 시 구절들이 특정한 발달단계에 있는 아이들의 마음에 가 닿았다. 아이들은 집을 떠나 새로운 친구들과 함께 세상을 여행하는 것이 무엇을 뜻하는지 경험하고 있었다. 아이들은 백설공주의 친구가 된 난쟁이 역할도 좋아했고 여러 가지 변장을 하는 사악한 왕비 역할도 좋아했다. 기울이 계속해서 세상에서 가장 아름다운 이가 백설공주라고 말할 때, 화가 나 날뛰는 사악한 왕비 역을 더 잘 해내려고 서로 다투던 1학년 때의 마리아와 메어리를 나는 언제까지나 잊지 못할 것이다. 애비와 앤서니는 달콤한 말로 현혹하는 방물장수 역을 즐겁게 하였고, 굵은 삼베로 만든 망토와 끝이 뭉툭한 빨간 모자를 차려입은 재커리, 마크, 조지프, 조너선, 스티븐, 줄스, 에번도 일곱 난쟁이 역을 맡아 함께 행진했다. 그 일곱 아이는 키가 제각각이어서 제일 큰 아이부터 가장 작은 아이까지 반듯하게 줄을 섰다! 백설공주 역을 맡은 루시는 정말 예뻤다. 부모님 앞에서 공연할 때에는 노래로 연극을 시작하고 끝마쳤다.
  저학년 때에는 생일 잔치가 특별한 행사이다. 아이의 부모님이 가져온 특별 간식 외에도 생일을 맞은 아이들은 그날 쓸 왕관과 망토, 그리고 새로 맞는 1년 동안 함께할 특별한 시를 받는다. 시 구절들은 세심하게 선택하였으며 여기에 쓰인 상들은 아이의 고유한 특성을 나타내는 동시에 장래의 성장 가능성을 암시하는 것이었다. 아래의 시를 보면 이 시를 받은 아이를 상상해

보게 된다. 이 아이들은 이후에도 다시 언급되는데, 이를테면 몇 년이 지나 연극에서 어떤 학생이 왜 그 역을 맡았는지를 이때 받았던 시의 맥락 속에서 바라보면 더 잘 이해할 수 있을 것이다.

바른 일을 행할 용기와
옳은 것을 말할 용기는
나의 바람이니 나 허튼짓하지 않네,
내 마음 항상 굳건할지니. 더그

아주 아주 큰 나무를 본 적 있다네.
그보다 우람한 나무 보지 못했네.
뿌리는 땅 밑에 단단히 내리고
가지는 하늘 향해 뻗어 갔다네.

내 밑에 두 발 단단히 뿌리박고
내 몸은 되도록 곧추세워서
별들의 지혜를 내 마음 이내 알아차려
참나무와 같이 자꾸 자란다. 마크

빙글 빙글 뱅글 뱅글 즐겁게 춤추다가
작은 눈송이 살며시 내려앉네
나 그렇게 세상에 태어났네.
가만히 귀 기울이면
눈 내리는 소리가 들려온다네. 마이클

하늘에서 금빛별이 반짝일 적에
한 천사 먼 곳에서 나를 데려왔네.
높은 하늘에서 여기 땅까지
집으로 데려와 나 태어났네.

환한 햇살과 고운 꽃들
고운 새들의 지저귐도 함께
어서 오라, 어서 오라, 기쁜 하루여,
다정하고 착하고 굳센 나여. <u>루시</u>

1학년을 마치면서 아이들은 색조가 들어간 삽화에 손으로 직접 쓴 생일 시 한 장씩을 받았다. 훗날 나는 몇몇 아이들에게서 그 시를 몇 년 동안 자기 방에 붙여 놓았다는 말을 들었다.

시간이 부족해 계획한 일을 모두 할 수 없어서 자괴감이 들기도 했고 내가 시인, 삽화 전문가, 이야기꾼 그리고 극작가로서 미숙하다는 느낌이 든 적도 많았지만, 내가 제공하는 것들을 빠짐없이 빨아들이는 아이들을 통해 끊임없이 보답을 받았다. 1학년 때 함께했던 많은 일이 아이들에 대한 이해로 내면 깊이 스며들었고 학년이 올라갈 때마다 나는 그것을 관찰과 평가에 반영할 수 있었다. 아이들은 내가 불완전하게 전해 준 상을 듣고 모자란 부분을 채울 줄 아는 것 같았다. 아이들이 가지고 있는 놀라운 상상력 덕분에 상들은 완전하고 진실하게 되었다. 그래서 내가 가르친 어떤 내용이 마땅치 않다는 생각이 들더라도 아이들이 상상력으로 받아들일 수 있도록 살아 있는 내용을 전달하려고 애썼다.[17]

이 일은 또한 나를 성장시켰다. 나는 훌륭한 이야기들을 배웠고 리코더로 새로운 곡을 연주할 수 있게 되었으며 시도 많이 알게 되었고 보석, 콩, 자갈 등을 이용하여 수학을 가르치는 새로운 방법을 알게 되었다. 나의 상상력은 계속 확장되었고 활력이 넘쳤다. 그 에너지는 학생들의 높은 참여로 바꿰었다.

　나는 과거의 성취에 안주해서도 안 되었고 재차 같은 학년을 맡으면서 진
부해질 수도 없었다. 아홉 달이라는 짧은 시간이 지나고 우리는 함께 2학년
으로 올라갈 준비가 되었다. **1/8**

평탄한 길과
험한 길

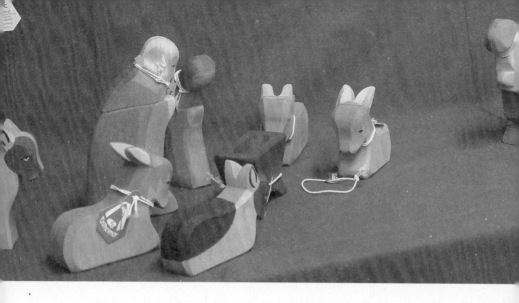

　　나의 큰 착각은 1학년이 지나고 9월이 되면(미국에서는 새 학년이
9월에 시작된다-역주) 그저 '2학년으로 올라가' 그다음 내용을 가르치면 된다고
생각한 것이었다. 물론 새로운 교육과정이 있다는 것을 알고 있었지만 이제
는 한 해의 경험을 뒤로하고 여전히 같은 아이들을 가르칠 것으로, 나는 여전
히 같은 아이들을 가르칠 것으로 생각했다. 그러나 천만에!

　아이들은 이름만 같을 뿐 그 밖의 모든 것이 실제로 전과 같지 않았다. 2학
년 첫날을 마친 후 나는 머리를 긁적이며 이렇게 자문했다. '진짜 더그와 마
크, 커스튼, 마이클, 에번, 수전, 제이커브는 어디 있는 걸까? 오는 걸 잊은
걸까?' 둘째 날이 지나자 의문은 더 절실해졌다. 작년에 함께했던 상냥하고
여리고 공손하고 예의 바르던 아이들은 어디로 간 것일까? 이 무슨 얄궂은
일이란 말인가? 셋째 날이 지나자 나는 '도와주세요'를 외칠 수밖에 없었다.
다행히 개학 첫 주는 사흘 만에 끝났다.

　나는 주말을 보내면서 천천히 되짚어 보았다. 아이들은 변했으며 나는 그
사실을 받아들여야만 했다. 어떻게 변한 걸까? 아이들이 더 활발해진 것은
확실했다. 아이들은 끊임없이 움직였다. 그리고 극단에 치우쳐 있는 듯 했

다. 한 가지 활동에 즐겁게 몰두하는가 하면, 다음 순간에는 어떤 혼란이 일어나 모든 것이 뒤죽박죽으로 변하곤 하였다. 무엇보다도 어이없는 것은 이러한 난장판을 정리하고 나서 보면 그 소란을 일으킨 원인이 '말도 않고 빌린' 크레용과 같은 터무니없이 사소한 일이라는 것이었다. 더 나쁜 것은 아이들 저마다 모든 일에 자기 의견이 있는 듯한 것이었다. 아이들이 적어도 '학급의 의견'을 통일할 수만 있어도 지내기가 좀 나아지리라 단순하게 생각했다. '그들의' 의견에 대처하면 될 테니까. 그러나 아니었다. 매사에 스물세 가지 다른 의견이 있었던 것이다! 선반 위에 얌전하게 줄을 맞춰 얹어 놓은 물컵의 손잡이가 앞을 향해야 하는지 뒤를 향해야 하는지에 대해 그리도 다양한 느낌과 의견이 있을 줄이야 꿈엔들 생각해 보았겠는가! 수줍고 공손하던 1학년은 여름이 지나면서 마침내 옆 교실의 새내기 1학년을 깔보는 닳고 닳은 학생으로 변하고 말았다. 2학년 첫 주를 가르치면서 한 가지는 분명해졌다. 상황을 그대로 받아들일 수 없었다. 아이들이 변히든지 이니면 내가 변해야 했다. 결국, 내가 변하는 것이 성공률이 더 높을 것 같았다. 새로운 선생님이 될 수 있을까?

아침 리듬활동을 강화하는 것부터 시작하였다. 아이들이 움직이고 싶어 하면 움직이자! 우리는 번호에 맞추어 발을 구르고 손뼉을 쳤으며, 난쟁이와 도깨비처럼 교실 둘레를 행진했고, 말처럼 뛰기도 했고, 〈마을을 빙빙 돌아〉 등의 민요를 부르며 엮어 들어가기와 풀어 나오기를 했다. 리듬활동 시간 동안 박자에 맞춰 손뼉 치고 움직이면서 쓰기, 읽기, 셈하기를 익히고 1학년 때 공부한 내용을 심화해 나갔다. 아이들이 저마다 알파벳을 한 자씩 써 붙이고, 우리가 새롭고 재미있는 단어를 외치면 해당 알파벳을 가진 아이들이 뛰어나와 그 단어를 마치 마술처럼 표현해 냈다. 우리는 다른 방식으로 숫자를 강조하면서 1학년 때처럼 원을 그리며 돌았다. $1, 2\ 3, 4\ 5, 6\ 7, 8$은 절뚝거리는 노파의 시늉을 했고, $1, 2, 3\ 4, 5, 6\ 7, 8, 9$는 밝고 쾌활한 청년처럼 3배수에서 깡충 뛰어올랐다. 그렇게 곱셈표 3단을 익힐 수 있었다.[1]

이러한 활동은 아이들의 의지를 강화하였다. 아이들은 생동하는 힘을 모두 쏟아 팔다리와 모든 감각기관 전체를 동원하여 이 활동에 몰두하였다. 이렇게 함으로써 아이들의 두뇌뿐만 아니라 모든 감각기관을 자극하고 이 과정에서 학습 내용과 연관 지어 장기적으로 기억될 수 있게 만들었다.[2] 나는 단기간 학습 내용을 '주입'하는 대신 리듬활동에 시간을 할애하는 것이 아이들을 가르치는 데 실제로 훨씬 경제적이라는 사실을 알 수 있었다. 리듬활동 시간 덕분에 우리는 훨씬 더 효율적으로 학습하였다. 아이들은 능동적으로 학습 과정에 참여했기 때문에 더 많은 것을 기억하였다. 곱셈표가 자기 몸의 일부가 되었으므로 아이들에게 숫자는 각별하였다.[3]

리듬활동은 아이들을 관찰할 수 있는 아주 좋은 기회이기도 했다. 나는 2학년 때 아이들의 걸음걸이에 특별히 관심을 기울였다. 마이클은 원을 따라 발이 거의 땅에 닿지 않는 것처럼 가볍게 걸었다. 메어리는 생각에 빠져 있지 않을 때면 통통 튀는 듯이 걸었고, 마리아와 제이커브는 뒤꿈치를 먼저 디디며 확고하게 걸었다. 커스튼과 마크는 마치 발이 커서 감당하기 어려운 양 질질 끌면서 걸었는데 걸음 떼기가 불편해 보였다. 더그는 운동장에서 뛰어난 운동 능력을 보여 주었으나 걸을 때는 졸린 듯하다가, 사람이나 물건과 마주치면 퍼뜩 정신이 들어 깜짝 놀라곤 했다. 루시, 애비, 마거릿, 앤서니와 그 밖의 다른 아이들은 아주 우아하고 조화롭게 걸었다.

교사는 아이의 걸음걸이를 관찰하면서 그 아이가 지상과 어떻게 관계를 맺는지 파악할 수도 있다. 사실 아이가 세상과 적절한 관계를 찾을 수 있게 도와주는 것이 교육의 한 과제이다. 우리는 아이의 개별성 또는 자아가 점차 자신의 몸을 제어하며 지구, 중력과 균형 잡힌 관계를 맺을 수 있도록 노력한다.[4] 발밑의 땅에 그다지 관심이 없는 듯 가볍게 걷는 아이들은 다른 일들을 이해하는 데에도 어려움이 있을 수 있다.(이것은 단지 암시에 지나지 않아서 단정적으로 말하기는 어렵다) 실제로 마이클은 8년 내내 어떤 과제라도 해내려면 특별히 더 노력해야 했으며 그중에서도 쓰기와 철자법에서 고전을 면치 못하였다. 내가 해야 할 일은 그 아이에게 동기를 부여하고 흥미를 일깨우고 보고 쓸만한 것을 주는 것이었다. 뒤꿈치를 먼저 디디며 분명하게 걷는 아이들은 육체 안에 강하게 자리 잡은 듯했다. 내가 할 일은 그들이 지니고 온 재능을 밖으로 끄집어내는 것이었다. 나는 그들이 다른 아이들과 통찰력을 나누도록 특별히 노력했다. 걸음걸이가 아주 무거워 보이는 커스튼과 마크는 의식과 자각을 그들의 사지로 끌어들이는 것이 필요하였다. 다시 말해서 그 아이들은 '발이 어디를 딛고 있는지를 알도록' 훈련해야 했다. 그래서 우리는 '영리한 잭, 똑똑한 잭, 촛대를 넘어 잭' 하고 박자를 맞추면서 장대를 뛰어넘는 연습을 했다. 이때 나는 특정 아이를 절대로 고립시키지 않았다. 사실 우리 모두가 '영리한 잭'이었다. 하지만 몇몇 아이를 더 자주 시켰고 그 아이들이 애쓰는 모습을 주의 깊게 관찰했다.[5]

우리는 아침 리듬활동 시간에 전통적인 교실 수업을 벗어난, 그러나 전체 그림으로 보면 더 중요하게 여겨지는 활동들을 계속했다. 아이가 지상과의 관계를 아는 방식은 그 아이가 육체 및 '자신'(육체 속에 살면서 육체를 자기의 요구에 맞게 변화시켜 가는)과의 관계를 아는 것과 연관이 있다. 아이들의 생명력이 강렬하게 살아 있는 저학년 시기에,[6] 나는 아이들이 스스로 균형과 조화를 찾아 지상의 삶을 준비하도록 도와줄 진정한 기회를 맞이했다는 것을 알았다.[7]

2학년 교육과정으로 넘어가기에 앞서서, 이 시기에 관찰할 수 있는 아이들의 특징을 한 가지 더 언급하자면 이갈이를 들 수 있다. 나는 저학년 시기에 종종 아이들의 이가 몇 개 빠졌나를 세어 보곤 했다. 이갈이는 아이가 지상으로 육화해 가는 과정을 나타내며 배울 수 있는 준비가 되었다는 특별한 표시이다. 아이들은 아침에 교실로 들어오면서 나와 차례로 악수하고 개별 인사를 나누었다. 우리는 몇 마디 말을 주고받았다. 이 소중한 순간은 매일 아침 일대일로 개인적인 사건을 공유할 수 있는 '안전한' 시간이었다. 1학년과 2학년 때에는 이가 흔들리거나 빠진 것이 대단한 아침 뉴스거리였던 적이 많았다. 이렇게 며칠이 지나자 아이들을 모두 앞혀 집단적인 조사를 하지 않고도 이갈이 여부를 대강 파악할 수 있었다.(이처럼 교실에서는 아주 중요한 일들이 외견상 비공식적인 관계 속에서 일어나곤 했다. 밖에서 관찰하면 '이 얼마나 친근한 관계인가!' 하고 생각할 수도 있다. 그러나 교사는 아이들의 능동적인 학습을 지향하고 하루의 매 순간을 완전하게 깨어 있기 위해 '친근함'을 넘어서 책임감을 가져야 한다)

1983년 2월, 아이들 각자 빠진 이의 개수이다. 수전(4), 라이저(6), 메어리(6), 커스튼(8), 조지프(3), 조너선(2), 재커리(9), 새뮤얼(7), 제이커브(5), 마크(9), 루시(2), 마리아(8), 앤서니(0), 줄스(0), 네드(1), 에드워드(4), 마이클(4), 더그(흔들리는 이 3), 애너벨(4), 마거릿(2), 애비(6), 올리비어(흔들리는 이 3), 에번(흔들리는 이 1) 그다음에 이 수치들과 다른 자료들을 나름대로 비교해 보니 이갈이 정도가 월령과 반드시 일치하지는 않았다. 아이들이 어리다고 해서 다른 아이들보다 이가 적게 빠진 것은 아니었다.(메어리, 애비) 그러나 나이 든 축에 드는 아이들이 주로 이가 많이 빠졌다.(커스튼, 마리아, 재커리) 몇 해 동안 어린아이들의 이갈이는 학습을 감당할 만큼 성숙했다는 증거로서 다른 어떤 자료보다 유용했다. 앤서니, 에번, 더그, 루시, 마거릿은 다른 아이들보다 이른바 '그림 의식picture conciousness' 단계에 더 오래 머물러 있었다. 이 아이들은 발도르프학교에 다니고 있었으므로 열등아 취급을 받지 않고 이 단계를 거칠 수 있었다. 사실 고학년이나 그 후의 학업성취도를 보았을 때 그 아이들이 나름의 속도로 성장할 수 있었던 것이 얼마나 다행인지 모른다.

나는 그 아이들에게 지진아 딱지를 붙이기보다는 서서히 성장해 가는 그들의 가능성에 믿음을 줄 수 있는 그림이나 상을 찾으려고 노력했다. 2학년 때 루시의 생일에 들려준 이야기를 예로 들겠다. 이 이야기는 또한 발도르프학교의 2학년 아이들에게 적당한 자연 이야기의 성격을 잘 드러내고 있다.

활짝 핀 히스 꽃

지구가 아직 어릴 때, 나무와 풀들이 땅 위에 살려고 내려왔답니다. 나무와 풀들은 행복하고 만족스러웠어요. 백합은 하얀 꽃이라 기뻤고, 장미는 빨간 꽃이라 기뻤어요. 바이올렛은 아무리 수줍게 숨어 있어도 반드시 찾는 이가 있어 그 향기에 반

할 것이라 행복했지요. 데이지는 꽃 중에서도 가장 행복했는데 세상의 모든 아이가 데이지를 좋아하기 때문이었어요.

나무와 풀들은 살 곳을 찾았어요. 참나무는 "나는 넓은 들판과 길옆에 살 테야, 그네들이 내 그늘에서 쉴 수 있게."라고 말했어요. 백합은 "연못가에 살면 즐거울 거야." 하고 말했어요. 데이지는 "나는 햇빛 비치는 들판에서 살면 행복할 거야." 하고 말했지요. 바이올렛은 "이끼 낀 바위 옆에서 내 향기가 피어났으면 좋겠어." 하고 말했어요. 풀들은 저마다 자기 집을 찾았답니다.

하지만 바이올렛과 같은 향기도 없고 데이지처럼 아이들이 사랑해 주지도 않는 작은 풀이 하나 있었어요. 꽃이 핀 적도 없었고 하도 수줍어서 어떤 곳을 바라는지도 말하지 못했답니다. "나를 보고 기뻐하는 사람이 있었으면 좋겠어."라고 했을 뿐이었어요. 그 작은 풀은 히스였어요.

하루는 산이 풀들에게 말하기를, "사랑스러운 풀들아, 내 바위들한테 와서 환하고 예쁘게 감싸 주지 않을래? 바위들은 겨울에는 춥고 여름에는 햇볕 때문에 따갑단다. 와서 감싸 주지 않을래?"

백합은 "난 연못을 떠날 수 없어." 하고 외쳤어요. 바이올렛은 "난 이끼를 떠날 수가 없어." 하고 말했어요. 데이지는 "난 초원을 떠날 수가 없어." 하고 말했지요.

그러나 작은 히스는 떨면서 간절히 바랐어요. '저 크고 아름다운 산이 나를 불러 주기만 한다면⋯' 하고 생각하면서 마침내 아주 가늘고 수줍은 목소리로 속삭였어요. "아름다운 산아, 내가 가도 되겠니? 난 다른 친구들처럼 꽃을 피우지는 못하지만 바람과 햇볕을 막아 주려고 애쓸게."

"네가 온다고?" 하고 산은 외쳤어요. "네가 와 주기만 한다면 정말 좋겠어."

히스는 곧 산허리의 바위들을 환한 초록색으로 감쌌답니다. 산은 다른 풀들에게 자랑스럽게 외쳤어요. "나의 작은 히스가 얼마나 예쁜지 좀 봐!" 다른 풀들이 대답했어요. "그래, 그 풀은 환한 초록색이군. 하지만 꽃이 피지 않아."

그러나 바로 그 다음 날, 작은 히스에는 수많은 꽃이 환하게 피어났고 그때부터 지금까지 꽃이 피고 있답니다.[8]

나는 이야기의 '회화적 요소'가 스스로 말하길 기대하면서 이야기하기 전이나 마친 후에도 아무 말 하지 않았다. 이야기하기 전에 조용히 생일 초에 불을 붙여 루시의 책상에 놓았을 때, 아이들은 그날이 루시의 생일이라는 사실을 알았다. 이 이야기가 말하는 환경적, 사회적 의미는 모든 아이에게 도움이 되었겠지만, 나는 특히 생일을 맞은 아이에게 강렬한 내면의 그림을 심어 주려고 노력하였다. 딸이 글을 깨치지 못할까 봐 염려하는 부모 밑에서 자신의 재능에 확신이 없었던 루시는 이 순간을 자기만의 것으로 간직할 수 있었다.

2학년 교육과정에서는 읽기, 쓰기, 셈하기의 기초 기술뿐 아니라 우화와 성인이야기도 중요하다.[9] 우화와 성인이야기는 아주 쉽게 극단적으로 되는 이 시기 아이들의 느낌과 경험을 인간의 양극성에 연결시킨다. 우화는 인간의 약점을 드러내고 또 강조하기도 하지만 성인이야기는 육체적 정신적으로 탁월한 성취를 이룬 사람이나 성인聖人들의 분투하는 모습을 이야기한다. 풍부한 상이 들어 있는 우스꽝스럽고 장난스러운 동물들의 이야기와 성인이야기가 묘사하는 초인적인 업적 간의 대비는 이야기를 듣고 참여하는 이의 정서를 끌어들인다.

2학년 때는 듣기보다 참여하는 것이 더 중요하다. 우화나 성인이야기를 들려준 다음 날에는 아이들의 대답을 이끌어낼 만한 간단한 질문을 하면서 전날의 이야기를 떠올리게 했다. 이렇게 이야기를 되풀이하면서 교활한 여우나 요란하게 짖어 대는 강아지 또는 눈먼 오델리아의 성난 아버지를 주제로 토론하곤 했다. 아이들은 숱한 생각과 느낌을 나누었고, 나는 가르치는 데 있어 진정한 예술적 방법은 학생들을 참여시키면서 공부하는 것이라고 느낀 적이 많았다. 이야기를 기억나게 하려고 자극이 필요할 때도 있었지만 보통은 아이들 나름대로 이야기하고 싶어 몸살을 하였다. 그럴 때에는 아이들이 한 말을 칠판에 쓰고 기초적인 작문을 유도하는 일만 하면 충분하였다. 아이들은 즐겁게 공책에 문장을 적고, 밀랍으로 만든 크레용으로 삽화를 그리면서 자신들만의 주요수업 공책의 쪽 수를 늘려 갔다. 그 공책은 2학년 때 배우는 내용을 기록하기 위한 것이었다.(발도르프학교에서는 교과서가 따로 없고 학생들이 저

마다 배운 내용을 기록한 공책이 교과서가 된다._역주)

　우화와 성인이야기를 선정할 때는 내용에 관련된 내 개인적인 경험과 함께 아이들에게 필요한 것이 무엇이며, 또 개개의 아이들이 직면한 특수한 문제가 무엇인지를 염두에 두었다. 아이들 각각의 특수한 문제를 다룰 때는 '생일이야기'를 반복해서 들려주기도 하였다. 두 가지 사례를 들어 보겠다.

　마리아는 활달하고 자신감 있고 재능 있는 2학년 아이였다. 여러 해가 지났지만 나는 아직도 그 아이의 까맣게 반짝이는 눈, 검은 머리털, 혈색 좋은 얼굴, 유연한 몸놀림, 그리고 배움에 대한 집중과 열정을 생생하게 떠올릴 수 있다.　마리아는 모든 과목을 깊이 있게 경험했으며 자신의 느낌을 색색의 크레용으로 대담하게 그려 냈다. 온종일 열심히 공부하고 또 열심히 놀았으며, 매일 10시간에서 12시간씩 잠을 잤다. 마리아는 노래를 부르고 리코더를 연주하고 우리가 한 모든 리듬활동을 잘했다. 그리고 순간순간을 즐겼다. 휴식 시간이 되면 운동장에서 다른 아이들과 함께 제일 좋아하는 운동인 달리기를 자주 했다. 더그, 제이커브, 재커리와 달리기를 하곤 했는데 상급반 아이들까지도 같이 재미있어 했다. 그 아이는 입버릇처럼 "언젠가는 핀서 선생님도 앞지르고 말 거야!" 하고 말하곤 했다. 내가 달리기 시합에서 몇 번이고 그 아이의 도전을 물리쳐도 마리아는 항상 상황을 잘 받아들였다. 그 아이의 상기된 얼굴에는 실망하는 빛도 잠시뿐, 곧 웃음 지으며 번개처럼 다른 활동에 몰두했다. 긴 세월을 함께 지내며 아이들 간에 생긴 특별한 친밀감으로 아이들은 마리아를 이해했고, 마리아의 생일이야기를 마리아만큼이나 재미있게 들었다.

> 산토끼 한 마리가 거북이보고 느리다고 자꾸 놀려댔어요. 거북이는 산토끼가 놀려도 아랑곳하지 않으려고 애썼지만, 하루는 다른 동물들이 있는 자리에서 산토끼한테 달리기 시합을 하자고 용감하게 도전했지요.
>
> "뭐? 농담하는 거야?" 하고 산토끼가 말했어요.
>
> "알다시피 내가 너보다 몇십 배는 빠르다고."

"자랑 좀 그만해. 시합해 보자고." 거북이가 대답했어요.

그래서 동물들은 목적지를 정했고 여우는 심판이 되었지요. 여우가 날카롭게 짖자 시합이 시작되었어요. "캥" 소리가 나자마자 산토끼는 보이지도 않았어요. 거북이는 보통 하던 대로 서두르지 않고 터벅터벅 걸었어요.

얼마가 지나자 산토끼는 멈춰서 거북이가 따라오기를 기다렸어요. 토끼는 기다리다 지쳐서 마침내 졸음이 왔어요. '여기 푹신한 풀밭에서 잠깐 낮잠 좀 자야지. 그러고 나서 선선해지면 달리기를 끝마쳐야지.' 그래서 산토끼는 누워서 잠들어 버렸지 뭐예요.

하지만 거북이는 계속 터벅터벅 걸었어요. 산토끼는 거북이가 자기 곁을 지나 결승점에 닿아갈 때에야 일어나 달리기를 시작했지요. 그러나 거북이를 따라잡기에는 너무 늦어 버렸어요. 동물들이 결승점에서 거북이가 이겼다고 소리칠 때 산토끼는 너무나 부끄러워 슬며시 도망쳐 버렸답니다.[10]

여러 면에서 마리아는 뛰어나게 균형 잡힌 아이였고 실제로 산토끼와 거북이의 특성을 모두 지니고 있었다. 마리아의 쓰기 공부는 언제나 '느리지만 꾸준히 해서 이겼다'였다. 이 이야기는 마리아로 하여금 자기 자신과 다른 아이들의 모든 특성을 인정해야 한다는 것과 달리기가 재미있기는 하지만 '전부'는 아니라는 사실을 깨우쳐 주었다. 이 우화는 교실에서 경쟁을 최소화하려는 내 노력에 도움이 되었다. 그 후에 아이들이 마리아에게 "야 거북이, 달리기 시합 한 판 할래?"라며 농담조로 도전장을 던지는 모습은 흐뭇한 장면이었다. 마리아는 절대 기죽지 않고 교실에서 만들어 낸 암호를 이해한다는 듯 활짝 웃음을 짓고는 기꺼이 도전에 응했다.

마거릿은 붉은 머리에 몸이 빈약하고 호리호리한 아이였다. 출산 예정일보다 5주 일찍 태어나는 바람에 헬리콥터로 큰 병원에 실려 가야 했었다. 걸음마도 늦어서 20개월이 지나서야 걸었는데 그때까지는 무릎으로 돌아다녔다. 똑바로 섰을 때도 발이 아니라 복사뼈를 딛고 섰다. 영아기 때부터 근시에 시달렸으나 세상을 바라보는 마거릿의 영리하게 반짝이는 눈빛은 안경으로도 가리지 못했다. 2학년 때 마거릿의 몸은 허약해 보이고 쉽게 지쳤지만 기상은 드높았다.[11] 정의에 대한 열정을 지녔으나 식구가 많은 대가족과 스물세 명의 반 아이들 속에서 간과될 수도 있었다. 마리아와 마찬가지로 마거릿도 크레용으로 그림을 그리는 데 재능이 있었다. 몇 시간이고 계속해서 그림을 그리곤 하였는데 주로 즐거운 표정의 사람들과 꽃들이 많이 등장하였다. 프랑스의 레지스탕스였던 자크 뤼세이랑의 말을 빌리자면, 마거릿은 그림을 색칠할 때 '손에 빛을 쥐고 있는' 아이였다.[12]

나는 매일 밤 잠자리에 들기 전 오랫동안 반 아이들을 떠올리곤 했다. 2학년 때의 마거릿에 대해서는, '그 아이가 삶을 살아가는 데 필요한 힘을 찾도록 도와주려면 어떻게 해야 할까?'라는 의문이 들었다. 내게 떠오른 마거릿의 상은 이제 겨우 땅 위에 내려온 반짝반짝 빛나는 밝은 별이었다.[13] '이 아이는 누구일까?' 하는 의문이 들 때면 경외심이 차올랐다. 허약한 몸에 위대한 영혼을 가진 이 아이는 우리 교실에 들어오기 전에 자신의 별 여행에서 필시 많은 것을 성취했으리라. 6월 마거릿의 생일에 들려줄 성인이야기가 있어야 했다. 나는 수니바 여왕 이야기를 들려주었다. 수니바는 어린 자작나무처럼 가냘프고 아일랜드의 초록 언덕처럼 사랑스러웠으며 아름다운 적갈색 머리를 하고 있었다. 조국을 떠나야 했을 때 그녀는 백성을 배에 태우고 스칸디나비아의 북쪽 섬들로 갔다. 무기도 노도 돛도 없이 오로지 신에 대한 굳은 믿음만으로 항해를 했다. 마지막 정착지로 삼은 셀제 섬을 바이킹이 공격했을 때에도 수니바의 기도는 백성을 보호했다.(정말 이상하고도 극적인 방법이긴 했지만!) 신에 대한 그녀의 절대적인 믿음은 확신을 불러일으켰으며 그녀 주위에 있는 모든 이들을 안심시켰다.[14] 마거릿은 몰입하여 이 이야기를 들었다. 상급학년을 마친 그녀를 만나 지역 방송국의 뉴스 진행자가 되었다는 소식을 들었을 때, 나는 그녀가 진실로 지도자가 되었음을 알았다!(마리아는 훌륭한 예술가가 되었고 루시는 과학, 미술, 영어, 스페인어에서 우수한 성적으로 상급학년을 졸업했다)

나는 생기 넘치는 2학년을 안정시키고 학습에 집중하게 하려고 우화와 성인이야기에 들어 있는 상상의 그림들을 제시하였고 셈도 아주 많이 시켰다. 아침 리듬활동 시간에 수학부터 연습하는 날이 많았다. 자리로 돌아가 각자 가지고 있던 도토리를 꺼내 숫자여행을 시작했다. 5+8+3+2+4를 셈하지 않고 내 앞에 쌓여 있는 도토리 더미에서 시작하여 꼬리에 꼬리를 물고 이야기를 펼치곤 했다. 우선 이렇게 물었다. "모두 도토리를 빠짐없이 가지고 있는지 확인하세요. 에번, 몇 개 가지고 있어요?"(다른 아이들은 나와 내 아내가 만들어 준 조그만 주머니에 넣어둔 도토리를 몇 개씩 빠뜨리곤 했지만 에번은 거의 언제나 모두 가지고 있었다) "스물네 개? 좋아요. 다들 다람쥐 너트킨 놀이를 할 준비가 되었나요?" 기대에 찬 얼굴들이 모두 준비되었다는 신호를 보내면 숫자여행이 시작되었고 아이들은 각자 자신의 책상에서 그때그때 필요한 개수만큼 도토리를 한쪽으로 모아나갔다.

어느 맑은 가을날, 다람쥐 너트킨은 겨울에 먹을 양식을 모으려고 도토리를 찾아서 까불까불 뛰어다니고 있었어요. 오래된 돌담을 따라 폴짝거리다가 바위틈에 낀 도토리 다섯 개를 발견했어요. 그러자 장난을 치고 싶은 마음이 들었어요. '어쩌면 플릭 형이 오늘 도토리 몇 개를 찾았을 거야.' 잠시 후 너트킨은 형의 나무로 쪼르르 올라가 도토리를 넣어 두는 구멍으로 들어갔답니다. 거기에는 둥글고 싱싱한 도토리 여덟 개가 있었어요. 너트킨은 그것들을 쓰러진 단풍나무 밑에 있는 자기 집으로 부리나케 물고 갔어요. 마지막에 자기 집에 돌아올 때 마른 이파리 밑에 있는 도토리 세 개를 발견했어요. 너트킨은 자기가 주워온 양으로는 만족하지 못해서 오래되어 녹슨 건초 수레로 뛰어가 왼쪽 바퀴 밑에서 두 개의 도토리를 주웠어요. 다람쥐 너트킨은 먼 길을 택해서 집으로 돌아오는 길에 늙은 참나무의 뿌리 사이에 있는 네 개의 도토리를 더 주웠어요. 너트킨은 모두 몇 개의 도토리를 모았을까요?

어떤 날에는 도토리를 도둑맞거나 잃어버리기도 했고(뺄셈), 어떤 날은 부족한 친구들과 나눠 가지기도 했으며(나눗셈), 바람 형제가 떡갈나무 가지를 흔들고 지나가는 날도 있었다.(곱셈) 나는 다람쥐 너트킨의 이야기로 이 과정들이 연결되어 있다는 것을 보여 주려고 노력했다. 이를테면 곱셈은 덧셈을 빨리하는 방법이며 숫자는 우리의 일상생활에서 필요한 것이라는 점을 깨닫게 해 주려고 애썼다. 우리는 연습을 완전히 끝마친 뒤에야 추상적인 수식을 칠판에 쓰거나 수와 셈 주요수업 공책에 연습문제를 풀었다.

나는 이 반을 맡기 전에 운 좋게도 상급반을 가르친 경험이 있었으므로 2학년 수학에 대수를 도입할 수 있었다. '미지수 풀기'를 한 것이 아니라 '잃어버린 수량'이 포함된 숫자 여행을 종종 했다. 또한 역산 과정에 중점을 두어 (이를테면, 나눗셈이 어떻게 곱셈으로 되돌아가는지 보여 주었다) 7학년 때에 배울 간단한 방정식의 해법에 대한 기초를 마련해 주려고 노력했다. 여러 해를 연속해서 같은 아이들에게 주요수업을 하는 것이 '경제적'인 교수법이라는 사실을 다시 한 번 깨달을 수 있었다.[15]

신기하게도 다람쥐 너트킨 이야기는 아이들의 흥미를 각기 다른 방식으로 끌어내었다. 수 세기를 중점으로 해야 할 아이들은 이야기를 들으면서 지기 도토리를 찬찬히 셀 수 있는 시간이 되었다. 어떤 아이들은 재빨리 셈을 하면서 너트킨의 변화무쌍한 모험에 귀를 기울이며 즐거워하였다.(다혈질) 어떤 아이들은 덧셈을 하면서 도토리의 수가 늘어가는 것에 정말 몰두하였다.(점액질) 어떤 아이들은 무엇보다 이야기의 극적인 요소를 좋아하였고(담즙질), 또 어떤 아이들은 내가 '성격발달'이라고 부르는, 상실과 분리의 시련인 뺄셈에 감정을 이입하였다.(우울질) 루돌프 슈타이너는 모든 아이를 수업에 끌어들이고 그 과목을 가르치는 데 그치지 않고 인간적인 발달을 촉진하기 위해서는 교사가 다양한 학습법과 기질을 이끌어 내야 한다고 말하였다.[16] 그래서 수와 셈, 우화, 성인이야기, 글쓰기, 읽기 그 무엇을 가르치건 간에 아이들에게 그날 한 특정 수업을 넘어서 의미 있는 상과 체험으로 살아 있는 내용을 줄 수 있어야 했다.

추상적인 생각과 개념은 영혼의 견지에서 보면 쉽사리 경건함을 잃고 만다. 그러나 상상의 그림들은 시간을 두고 자라나는 놀라운 특성이 있다.[17] 수많은 학습지에서 '5+8+3+2+4의 답을 구하시오'와 같은 지루하고 무미건조한 지시문에 답하게 하는 판에 박힌 상황에서 아이들이 '그래서 어쩌라고?' 와 같은 태도를 보이는 것을 탓해서는 안 된다고 생각한다. 아이들의 표정을 보고 그들의 몸짓을 읽어라! 메마른 추상만을 던져 준다면 아이들은 당연히 "그래서 어쩌라고?"라고 말할 것이다. 아이들의 영혼 속에 있는 것은 내가 본 어떤 학습지 내용보다 훨씬 뛰어나다. 하지만 너무나 많은 교육자가 어린 시절의 찬란한 생명력을 잃어버린 어른이 만들어 낸 지루하고 메마른 수업에 아이들의 무한한 영혼의 생명력을 쑤셔 넣으려고 한다.

2학년 선생님으로 새롭게 거듭나려면 나 자신이 2학년이 되어야 했다. 그림물감으로 같은 그림을 그렸고 늑대나 양의 역할을 맡아 같이 연극을 했고 같은 노래를 즐겼다. 또한 성인과 전설적인 인물들의 상이 함께하면서 내게 노력할 바를 제시해 주었다. 나는 이야기를 마친 후에야 비로소 내가 했던 말의 의미를 이해하기 시작한다는 사실을 거듭 확인하였다. 예술적인 교수법은 힘에 부치고 고단한 일이지만 동시에 나 자신을 새롭게 만들어 준다. 주요수업을 정말로 잘하고 난 다음에는 언제나 나의 호흡이 변했다는 것을 느꼈다. 좀 더 깊어지고, 건강해진 호흡으로.

가르치는 일을 처음부터 다시 배우는 것에는 막대한 손실이 따랐다. 나는 2학년 말에 이르러서야 2학년을 어떻게 가르쳐야 하는지를 알 것 같은 느낌이 들었다. 6월 초의 그 느낌을 아주 생생하게 기억한다. 이제야 나는 2학년 아이들에게 필요한 것이 무엇인지를 진정으로 안다. 이제야 나는 내가 한 해 동안 해 온 일이 무엇인지를 의식한다.[18] **2/8**

공동체를 향하여

    앞의 내용을 보면 나 혼자서 아이들을 가르친 것 같은 인상을
줄지도 모르겠다. 하지만 절대 그건 아니었다. 매일 주요수업을 마친 후, 우
리 반 아이들을 지도해 준 전문과목 교사들의 도움이 없었더라면 내가 담임
으로서 해야 할 일을 시작하지도 못했을 것이다. 그래서 나는 3학년을 이야
기하기 전에 발도르프학교에서 가르치는 전문과목을 대략 짚어 보고, 특히
외국어 과정을 소개하겠다.

나는 또한 동료 교사 집단의 공동체적인 성격과 협력 작업에 중점을 두고자 한다. 공동체란 계속 발전하는 창조적 집단으로 공동의 전망을 갖고 서로 협력하고, 개인적인 재능과 성취를 존중받으며, 다양성이 갈등을 일으키지 않고, 과정에 가치를 부여한다. '전체'가 부분의 합보다 더 크며 '작업'은 미완성으로 남겨 둔다. 긴밀하게 맺어진 교사진은 그런 밑그림을 가지고 함께 일하였으며 살아 있는 공동체를 만들려는 우리의 노력이 아이들에게도 전달되어 교육적인 경험이 되었다.

우리 반은 일주일에 두세 번 45분에서 50분간 우수한 전문과목 교사에게 수업을 받는 커다란 행운을 누렸다. 나는 되도록 교실에 남아 동료 교사들을 맞았으며 때때로 그들의 수업을 참관하기도 했으나, 그 외에는 학부모나 다른 교사들을 만나거나 학교의 행정적인 일을 처리하는 데 시간을 썼다. 이 책은 담임으로서 나의 개인적인 여행담이다. 전문과목마다 여러 방면에서 책 한 권 분량의 소재가 될 수 있다는 것을 알지만 여기서는 간단한 소개만 하겠다. 전문과목에는 오이리트미, 음악, 체육, 수공예, 목공, 외국어가 포함된다.

【오이리트미】'언어와 음악의 시각적인 표현'인 오이리트미는 루돌프 슈타이너의 지도로 개발되었다.[1] 기계, 음악, 인간의 소리를 포함한 모든 소리는 당장에 볼 수는 없지만 우리가 인지할 수 있는 공간적인 형태를 만들어 낸다.(6학년의 클라드니 판板 실험을 참조하시오. p.142) 오이리트미스트는 언어와 음악의 소리에 관계된 여러 동작을 재창조하고 실험한다. 이러한 동작들을 아이들의 나이에 맞게 지도할 수 있도록 특별히 훈련받은 오이리트미스트가 수업을 진행하였다. 아이들이 공간 속에서 자신을 발견하는 길을 배우면서 주요수업 교육과정은 많은 부분이 의미 있는 동작과 간단한 극으로 역동성 있게 전환되었다.(4학년에 실린 〈이두나와 황금사과〉를 보시오. p.77)

【음악】아이들은 내가 주요수업에 짜 넣은 노래하기와 리코더 연주 외

에도 한 주에 한 번 음악교사와 수업을 하면서 연주 곡목을 개발하고 리코더를 연습했으며 4, 5학년 때에는 기보법과 기초적인 음악 이론을 배웠다. 학년이 올라가면 오케스트라에 참여하는데, 이것은 아이들에게 공동체를 형성하는 능력을 키워 주었다. 하지만 그러한 측면으로 음악교사가 주의를 끌거나 개념을 도입하지 않는다. 아이들은 그 과정 자체에서 협동을 배운다. 7, 8학년 학생 모두가 참여하는 합창 연습도 마찬가지였다.

【체육】 아이들은 학교 뒤편의 넓은 들판에 나가 새로운 놀이를 배우는 것을 언제나 반겼다. 1학년에서 언급한 원을 만들어 하는 놀이나 술래잡기는 점차 더 복잡한 놀이로 대체되었다. 나중에는 다양한 야외 환경에서 편을 갈라 노는 법을 배웠다. 겨울에는 스케이트와 스키를 탔다. 때때로 방문 강사인 제이먼 맥밀란과 함께 보트머 체조를 하는 행운을 누렸다. 보트머 체조는 나이에 맞춘 체육 프로그램으로 카운트 프리츠 폰 보트머가 루돌프 슈타이너의 교육학적 지도에 따라 독일 슈투트가르트에 있는 최초의 발도르프학교에서 개발하였다. 아이들은 움직임을 통해 감춰진 많은 것을 드러내므로 오이리트미와 운동하는 모습을 관찰하는 것은 내가 돌보는 아이들 하나하나를 이해하는 데 많은 도움이 되었다.

【수공예】 1학년 때부터 아이들은 주 2회씩 수공예를 했다. 이러한 과목을 통하여 아이들은 사물이 만들어지는 과정에 눈뜨게 되어 '삶에 대한 총체적 이해'를 키워 간다.[2] 우리 반 아이들은 8년 동안 한 분의 멋진 수공예 교사와 함께하였다. 1학년 때에는 목도리와 모자를 떴고 2학년 때에는 코바늘로 꽃병 싸개와 받침을 떴다. 3학년 때에는 여러 가지 바느질과 뜨개질을 실습했고 4학년 때에는 십자수로 쿠션과 베개를, 5학년 때에는 양말과 벙어리장갑을(이때는 나도 참여하였다), 6학년 때에는 솜을 채운 동물 인형, 7학년 때에는 다양한 바느질을 스스로 기획해서 작품을 만들었다. 8학년 때에 재봉틀을 사용하면서 수공예는 막을 내렸다. 엄격하고 일관성 있었던 수공예 덕분에 많은 아이가 자기 옷을 만들 수 있게 되었고 나아가 8학년 때에는 셰익스피어의 『십이야十二夜』공연에 쓸 의상을

스스로 만들기도 하였다.

【목공】4학년 때 목공을 시작하면서 줄, 끌, 사포와 그 밖의 목공에 필요한 연장을 사용하는 법을 배웠다. 나는 해마다 손으로 조각한 포크, 숟가락, 배, 촛대, 사진틀 등을 선물 받았다. 철자를 익히느라 분투하던 많은 아이가 줄과 끌을 사용하여 미적 조형물을 만드는 동시에 자신감을 형성해 가면서 좌절감에서 벗어날 수 있었다.

【외국어】보통 발도르프학교에서는 1학년에서 8학년에 이르기까지 두 가지 외국어를 가르친다. 상급과정이 있다면 12학년까지도 그러하다. 우리 반 아이들은 저학년 때에는 주 2회, 고학년 때에는 주 3회 스페인어와 독일어를 배웠다.

루돌프 슈타이너는 『현대 교육예술』에서 언어와 말에 대해 언급하면서 '모국어'가 아이의 모든 육체조직, 특히 호흡기와 순환기에 얼마나 뿌리 깊게 자리 잡는지, 그리고 "세계의 서로 다른 언어들이 인간에게 스며들어 얼마나 다른 방법으로 인간성을 표현하는지"를 설명하고 있다.[3] '나무'를 뜻하는 Arbre, Baum, Tree라는 단어를 발음할 때 일어나는 내적 경험에 주목해 보자. 같은 사물을 프랑스어와 독일어, 영어가 얼마나 다른 측면으로 표현하는지를 알 수 있다. 'Arbre'를 발음할 때에는 나뭇가지가 위와 바깥으로 뻗어 나가 버드나무처럼 멋지게 늘어진 듯한 느낌을 받는다. 'Baum'을 발음할 때에는 나무줄기와 에워싸는 듯한 아늑한 몸짓을 느낄 수 있다. 반면 'Tree'는 나를 저 높이 올려놓는 듯한 느낌을 준다. 따라서 어찌 보면 한 언어로는 세계를 완전히 드러내지 못하며 여러 언어를 경험함으로써 내면이 경험할 수 있는 영혼의 다양한 측면을 볼 수 있고 다른 문화가 공헌한 부분을 알 수 있다. 그것은 거대한 코끼리를 만진 장님들이 각자 다른 이야기를 하는 것과 마찬가지이다.

그레이트 배링턴 루돌프 슈타이너학교에서 6년 동안 독일어를 가르친 것은 나에게 행운이었다. 그 중 마지막 두 해는 내가 담임을 맡은 아이들이 1, 2

학년이던 바로 그 시기였다. 이 시기 아이들은 여전히 '탁월하게 모방하는 존재'이다.[4] 나는 아이들이 독일어에 흠뻑 젖도록 해주고 싶었다. 즉 독일어만으로 수업하고 싶었다. 하지만 어떻게 해야 할까? 아이들은 주요수업이 있는 오전 내내 나와 영어로 이야기를 나누는데 어떻게 할 수 있을까?

나는 1학년 첫 독일어 수업을 시작하기 직전에 드디어 영감을 얻었다. 아이들에게 내 쌍둥이 형제가 올 것이라고 말했다. 그는 나하고 똑같이 생겼으며 똑같이 행동한다. 그러나 독일어밖엔 할 줄 모른다. 처음에 아이들은 이것을 완전히 믿지 않았으나 독일어 수업이 진행되면서 내 쌍둥이 형제인 헤어 핀서가 수업 중에 영어를 이해할 줄 모른다는 사실이 확실해지자 점차 몸짓, 그림, 더듬거리는 독일어를 써가면서 자기 생각을 표현하는 법을 터득해 갔다. 우리는 독일의 시와 노래, 원을 만들어 놀이를 하면서 독일 같은 환경을 만들었다. 수 세는 법을 공부했고 교실에 있는 간단한 사물들의 이름을 배웠다. 아이들의 모방 능력 덕분에 수업은 수월했다. 단지 내가 과일 바구니를 들고 와서 과일의 이름을 독일어로 서너 차례 말하기만 하면 아이들은 신이 나서 따라 하였다. 동작과 함께하는 시와 노래는 굉장히 도움이 되었다. 아이들은 점차 내 '쌍둥이 형제'를 받아들였다. 1학년이 끝날 무렵에 이를 생생하게 보여 주는 사건이 있었다. 에번이 독일어책을 가지고 와서 헤어 핀서에게 자랑스럽게 보여 주었다. 에번은 선생님에게 수업이 끝날 때쯤 책을 읽어 달라고 몸짓을 섞어 가며 이야기하였다. 불행하게도 그날 헤어 핀서는 수업에 너무 열중하는 바람에 에번의 책을 읽어야 한다는 사실을 잊어버렸다. 종이 울리자 에번은 불같이 화를 냈다. 에번은 수업이 끝났지만 책을 읽어 주어야 한다고(영어로) 고집을 부렸다. 헤어 핀서는 이를 거절하였고 설상가상으로 알아듣지도 못하는 듯하였다. 에번은 책상을 밀어 넘어뜨리고는 의자를 던질 기세였다. 결국 헤어 핀서는 사고를 막으려고 에번을 복도로 데리고 나갈 수밖에 없었다. 동료인 오이리트미 교사가 이 사태를 수습하였다. 점심시간에 담임인 핀서 선생님께서 돌아오자 에번은 달려와 이렇게 말하였다. "핀서 선생님, 오늘 선생님의 못된 동생이 어떻게 했는지 아세요…?" 하고는 독일어 시간에 있었던 일을 모두 말하는 것이었다. 그때 나는 정말로 성공적으로 두 인물이 되었다는 사실을 알았다. 많은 학교에서 교사들이 암암리에 기대하는 바로 그런 일에 성공한 것이다.

여기서 전문과목을 강조하려는 또 다른 이유는, 3학년 아이들은 여러 다양한 활동에 몹시도 참여하고 싶어 하는데, 전체 교사진이 이러한 활동을 대표하기 때문이다. 8, 9세 아이들은 세상일이 어떻게 연결되어 있는지 알고 싶어 하고, 사람들이 어떻게 일하는지 궁금해하며, 건축, 제빵, 농사 과정에 참여하고 싶어 한다. 3학년 아이들은 더 의식적으로 외부세계에 눈을 돌림과 동시에 외부세계에서 좀 더 분리된 느낌이 든다. 이 시기 아이들은 더욱 개별화되는 듯이 보이지만 주변의 모든 사물에 날카로운 관심을 둔다. 그들은 이전 어느 때보다도 주의 깊고 때때로 비판적이기까지 했다.[5] 아침에 와서 "아, 핀서 선생님, 칠판의 그림이 정말 예뻐요!"(1, 2학년 때는 이런 말이 나의 하루를 항상 즐겁게 해 주었다) 하고 감탄하는 대신, "멋진 그림이지만 이 트랙터에는 변속기가 없어요!"라고 일침을 가하는 아이도 있었다.

또한 3학년 아이들은 힘든 일을 많이 맡아도 이를 감당할 수 있다. 다행스럽게도 발도르프학교의 3학년 교육과정은 위에서 말한 요구와 특성에 맞는 활동과 내용을 아이들에게 제공하였다. 3학년의 주요수업에는 성경이야기, 수와 셈(특히 도량형), 집짓기(특히 아메리카 원주민의), 말과 글의 법칙, 형태그리기, 더 많은 성경이야기, 농사짓기, 반 연극, 수차례의 소풍, 건축 프로젝트가 들어 있다.

우리는 또한 다양한 기술을 습득하였다. 아침 리듬활동 시간에 종종 책상들을 옆으로 밀쳐놓고 나와 학생 하나가 양편에서 긴 줄넘기 줄을 잡고는 곱셈표(multiplication table을 번역한 것으로, 우리의 구구단과는 차이가 있으며, 보통 10×10, 12×12까지 있다-역주) 연습을 하였다. 나는 곱셈표를 차례로 진행했다. 먼저 반 전체가 "2, 4, 6, 8…" 하고 수를 세면서 다른 동작 없이 2단을 연습한다. 이어서 모두가 "3, 6, 9, 12…" 하고 3의 배수를 외는 동안 한 아이가 줄을 뛰어넘는다. 차츰 아이들은 곱셈표를 외면서 동시에 줄넘기 놀이에 자발적으로 참여했다. 이어서 두 아이가 한꺼번에 줄넘기를 한다. 곱셈표는 12 곱하기 12까지 진행하였다. 나중에 한 아이가 들어가 줄을 넘을 때 내가 "10 곱하기 8은…" 하고 물으면 그 아이는 곱셈표를 처음부터 외우지 않고도 곱셈을 해낼수 있었다.(4학년이 끝날 무렵에는 '두 줄로 하는 줄넘기'도 해낼 수 있었다)

그 해 나는 교사 회의에 학급 보고서를 제출하면서 이름을 대지 않고 아이들이 곱셈표 연습을 하면서 줄넘기를 하던 모습을 하나하나 묘사하였다. 동료 교사들은 누가 누구인지를 거의 정확하게 구별하였다. 급하고 초조하게 뛰는 아이, 무겁게 쿵쿵거리며 뛰는 아이, 박자에 못 맞춰 하늘 높이 뛰는 아이, 균형을 잡고 우아하게 뛰는 아이들까지 다른 교사들이 그들을 가르칠 때 익히 보아 왔던 행동들의 특징이 나타났기 때문이다.

3학년은 또한 읽기를 강화해야 할 시기이기도 하다. 물론 아이들은 1학년 때부터 계속 읽기를 배워 왔다. 그러나 나는 아이들을 몰아붙일 생각이 없었다.(사실 나는 입학 전 가정 방문을 하면서 앞에서 언급한 건강하고 상상력이 풍부한 그림 의식이 훼손당하지 않도록 읽기는 천천히 가르칠 것이라고 학부모들에게 말한 바 있다) 1학년 때 처음으로 읽은 책은 그림형제의 동화를 각색한 〈일곱 마리 까마귀〉였다.[6] 특대 판형인 아름다운 그 책은 교사회에서 한 장 한 장 손으로 만든 것이었다. 교사들은 몇 년 전, 작업실에 모여 원본을 한 권 갖다 놓고 그 이야기의 글과 삽화를 일일이 쓰고 그렸다. 그래서 처음으로 이 책을 접한 1학년 학생들은 이 책을 교사가 주는 선물로 여겼다.(이런 경험은 이후에 도서관의 장서들을 소중히 여기고 보존하게 하는 힘이 되었다.) 2학년 때 읽은 〈여우와 두루미〉도 마찬가지였다.[7] 게다가 아이들은 자기만의 주요수업 공책이 있었으므로 몰개성적인 흑백의 인쇄물을 가능한 피할 수 있었다. 하지만 3학년이 되어서는 좀 더 양식화된 글을 읽을 준비가 되었다. 우리는 특히 로라 잉걸스 와일더의 연작과 함께 미국 인디언 이야기를 즐겨 읽었다.

우리는 독서능력에 따라 큰 그룹이나 작은 그룹으로 나누어 큰 소리로 책을 읽었고 일주일에 두 번씩 그룹을 새로 나누었다. 도서관 방문을 시작으로

묵독을 권장하였다. 우리 반의 한 학부모 덕분에 학급문고를 만들어 아이들이 저마다 그전부터 좋아하던 책들을 비치해 놓았다. 우리는 특유의 열정을 발휘하여 학급문고 프로젝트를 진행하였으며 그해 말에는 아이들 대부분이 3학년 수준 이상의 읽기 능력을 갖추었다.

몇 해에 걸쳐 나는 다음과 같은 관찰을 할 수 있었다. 나와 함께 8년을 시작하면서 초기 3년 동안 점진적으로 글자를 깨우쳐 갈 수 있었던 아이들은 실제로 상급 학년에서 대부분 높은 성취를 나타내었다. 반면, 통상 그렇듯 읽기를 배우고 학교에 들어온 아이들은 일찍 고지에 올라 시간이 지나면서 배우려는 동기가 감소하는 것처럼 보였다. 당시 나는 식물의 생태에서 이를 유추하였다. 억지로 식물이 일찍 꽃을 피우고 열매를 맺게 할 수는 있지만 그 식물의 건강과 생명은 오래갈 수가 없다. 내가 최우선으로 책임져야 하는 것은 내 보호 아래 있는 아이들이지, 해마다 있는 아이오와주의 시험이나 점수가 아니다. 우리 아이들이 고학년이 되어 문학을 가르칠 때 『두 도시 이야기》와 같은 고전을 탐구하는 것도 만족스러웠지만 그 기간에 프랑스 혁명도 함께 연구하였다. 그와 같이 두 범주를 병치하여 가르치면 학생들은 흥미가 유발되어 책을 읽으면서 좀 더 심층적인 의미를 파악하였고 자기의 발달 단계에 맞는 인물들과 동일시할 수 있었다. 다시 말하면, 나는 표면만 건드리는 이른바 '단답형 이해'를 위하여 시험을 치르지 않았다. 그래서 우리 반의 토론은 신 나고 활기가 넘쳤다. 나는 또한 읽기에 대해 여러 해를 두고 아이들과 이야기를 나누어 주신 학부모들께도 고마움을 느꼈다.

3학년은 구약의 창세기 이야기로 시작하였다. 하루에 한 차례 수채화를 그리면서 천지창조의 과정을 경험해 보고자 하였다. 각 단계마다 마주 보는 페이지에 간단한 문장을 적었다. 여기 그 중 몇 가지 예를 제시해 보겠다.[8]

> 태초에 하느님께서 천지를 창조하셨다. 땅은 형태가 없고 공허했으며 어둠이 그 심연 위에 있었다.
>
> (성서의 구절을 적어 놓은 맞은편에 파랑을 가로질러 칠했는데, 아래쪽을 약간 더

짙게 칠하였다.)

그리고 하느님께서 말씀하시길, "빛이 있어라." 하시니 빛이 있었다.

(파랑 한가운데에서 노랑이 빛을 발하였다.)

그리고 하느님께서 말씀하시길, "하늘 아래 물은 한곳으로 모이게 하라. 그리고 마른 땅이 드러나게 하라." 하시자 땅은 풀과 나무를 내었다.

(종이 아랫부분의 노랑과 파랑이 만나는 지점에서 초록 풀과 나무가 나타났다.)

그리고 하느님께서 두 개의 큰 광명을 만드셨으니, 더 밝은 빛은 낮을 다스리게 하고 덜 밝은 빛은 밤을 다스리게 하셨으며 별들도 만드셨다.

(물에 적신 종이에 진노랑의 별, 해, 달이 나타났다. 그 주위에 펼쳐진 푸른 창공은 그 모든 것을 더욱 빛나게 하였다.)

그리고 하느님께서 물속에 거대한 고래와 생명 있는 피조물들을 창조하시고, 하늘에 새들이 날게 하시고, 땅 위에는 짐승들이 살게 하셨다.

(빨강과 보라를 약간 도입했으며, 주황, 파랑으로 땅과 바다의 피조물을 색칠하였다. 아이들은 이 장면을 특별히 즐거워했다.)

그리고 하느님께서 자신의 형상대로 사람을 만드셨다.

(드디어 식물과 동물에 둘러싸인 인간을 칠했다.)

그림을 그리는 동안 교실에는 종종 집중된 경외심이 감돌았는데 그것은 나의 제지나 요구 때문이 아니라 수채화의 아름다움과 아이들이 배우고 있는 내용에서 우러나오는 것이었다.

우리는 창조가 일어난 며칠만을 수채화로 그려 보았지만 다른 수업에서 그 움직임과 충만함을 크레용 그림으로 이어갔다. 수채화는 일주일에 한 번씩 학년 내내 계속되었으며 그림의 주제는 주로 진행 중인 주요수업 내용 중에서 선택하였다.

아이들은 아담과 이브의 이야기뿐만 아니라 카인과 아벨에 관해서도 열심히 이야기를 나누었다. 이 나이의 아이들은 선과 악을 안다는 것이 무슨 의미인지, 또 악은 어디에서 오는지와 같은 의문을 탐구하고 싶어 하는 듯했다. 나는 카인과 아벨 이야기를 마친 후 아이들이 형제자매간의 경쟁에 대해 오랫동안 토론한 일이 특히 기억에 남는다. 학부모들은 아이들이 성가신 형제자매를 두고 벌인 철학적이고 객관적인 토론 내용을 전해 듣고는 놀라워하였다.

3학년 동안 세 차례나 창세신화 주요수업을 하면서 노아(아이들은 방주에 대해 작문을 하였고 아주 멋진 그림을 그렸다), 바벨탑, 아브라함과 이삭, 리브가, 에서와 야곱, 요셉, 모세에서 여호수아까지, 삼손, 다윗과 골리앗, 그리고 솔로몬을 포함하여 구약을 거의 다루었다.

이 이야기들에 담긴 상은 생생하고, 행동은 극적이며, 어조는 주로 권위적이다. 신은 창조하고, 명령하고, 복종하지 않는 자에게 벌을 내린다. 위에 언급한 인물들은 강력하고 단호한 지도자이다. 현대를 사는 사람들 중에는 구약이 강력한 율법을 제시하는 데 거부감을 느끼는 이들도 있겠지만 3학년 아이들은 이런 이야기에서 안정과 모범을 찾는 듯했다. 이에 관해서 좀 더 이야기하겠다.

루돌프 슈타이너는 1, 2학년의 주요한 특성인 모방의 원리(헤어 핀서에게서 쉽게 외국어를 배운 사실에서도 드러난다)가 8, 9세가 되면 새로운 요소로 대체된다고 설명했다. 여기서 말하는 새로운 요소란 권위가 있어야 한다는 것이다.[9] 3학년 아이들은 이제 환경과 동화하지 않고 '외부세계'를 자아와 분리된 존재로 경험한다. 이 나이의 아이들은 결정 내리고 싶어 한다. 하지만 그럴 수 있는 내적인 근거는 서서히 개발될 따름이다. 이 시기 아이들은 종종 부모의 자연스러운 권위를 의심한다. 학년이 올라가면 아이들은 권위 있는 지혜를 경험해야만 하는데 이는 주요수업 내용에서 충족되어야 한다. 이것은 권위 있는 목소리를 인식하고 그것으로 안내받고 싶어 하는 것이라고 말할 수 있다. 즉, 아이들 고유의 성장 능력을 개발하여 진실과 거짓을 구별할 수 있도록 안내해 주어야 한다. 구약에 스며들어 있는 인도하는 권위와의 만남은 권위의 '내면의 목소리'를 찾아가는 '내면의 과정'에 불을 댕기며, 이는 인생의 궁극적인 권위로 전환될 수 있다. 이런 식으로 유년의 한 전환기에 외적인 권위를 경험하면 개인의 영혼에서 우러나오는, 즉 내면의 힘에서부터 나오는 진정한 자유로 나아갈 수 있을 것이다.[10]

아홉 살의 변화는 부모와 교사가 그들을 '놓아 주어야 하는' 여러 순간 중 하나이다. 이제까지 아이들과 상호작용하던 방식으로는 충분하지 않다. 문제를 해결하는 새로운 방식이 필요하다. 나는 아브라함과 이삭의 이야기에서, 아이를 기르면서 종종 마음의 준비가 되기도 전에 놓아 주어야 하는 독특한 역동성을 본다. 이삭이 결국 목숨을 건졌듯이, 아이들 역시 아홉 살에 조금만 놓아 주면 우리에게 되돌아올 수 있다.

3학년의 10월은 도량형 주요수업 기간이었다. 준비하면서 애를 많이 먹었다. 그래프와 추상적인 도표를 제시하는 대신에 상상력이 풍부하면서도 실제적인 방법으로 도량형을 소개할 수는 없을까? 이 시기 아이들은 수수께끼 풀기를 좋아하는 것 같았다. 나는 또한 도량형을 도입하는 데에서 더 나아가 아이들의 서로 다른 기질에 호소하고 싶었다. 다른 문화에 접하는 기회로 삼는 것도 좋을 것 같았다. 앞서 든 갖가지 요구 조건에 꼭 맞는 이야기를 찾는 것이 얼마나 어려운지 상상할 수 있을 것이다. 그래서 나는 아이들을 가르치면서 자주 그래 왔듯이, 마땅한 이야기를 찾을 수 없어서 내가 직접 이야기를 지었다. 내가 쓴 이야기가 기대한 만큼 매끄럽지는 않았지만 책에서 찾은 이야기보다 아이들에게 더 깊이 흡수되어 더 강하게 영향을 미치는 듯했다. 아마도 그것은 아주 특별한 목적을 지닌 이야기를 만들어 내는 데 들어간 노력 덕분일 것이다. 불완전하나마 〈방앗간 아저씨의 수수께끼〉를 소개하겠다. 이야기를 전개하면서 특정한 기질에 호소하고자 의도한 부분은 괄호로 표시하였다.

대서양 저 건너 네덜란드에 한스라는 소년이 살고 있었습니다. 한스가 아홉 살이 되던 해에 한스 부모님께서 갑자기 돌아가셨습니다. 그 바람에 한스는 세상

에 홀로 남겨졌습니다.(우울질)

그때까지 살아온 농장은 이제 적막한 곳이 되어 한스는 너무나 외로웠습니다. 한스는 헛간으로 가서 붉은 수레에 충성스러운 말을 묶어 밭으로 갔습니다. 한스는 열심히 일했습니다. 며칠 만에 밀을 추수해서 붉은 수레에 아주 높이 쌓아 올렸습니다. 그러고는 말, 수레와 전 재산을 챙겨 자신의 앞날을 개척해 보고자 길을 나섰습니다.

한스는 말을 몰아 들판과 풀밭을 지나고, 좁은 시골 길을 지나고, 마을을 통과하여 먼 거리를 갔습니다. 한낮이 되자 말을 길옆으로 끌고 가 잠시 쉬었습니다. 여행을 다시 시작하려는데, 문득 길 한복판에 무언가 밝게 빛나는 것이 보였습니다. 저게 뭘까?(다혈질) 한스는 펄쩍 뛰며 '금화라면 얼마나 좋을까!' 하고 생각했습니다. 하지만 주워보니 돈은 아니었습니다. 그것은 작고 둥글었으며 한쪽은 길고 가느다란 모양이었습니다. 그건 바로 열쇠였습니다! 반짝이는 황금 열쇠! 한스는 궁금했습니다. '이 작은 열쇠로 무엇을 열 수 있을까?' 한스는 주머니 깊숙이 열쇠를 넣고 다시 길을 떠났습니다.

시간이 지나자 한스는 배가 고파졌습니다.(아홉 살 아이들은 식욕이 왕성한 법이다) 아침을 먹은 뒤로 아무것도 먹지 못했기 때문입니다. 굽잇길을 돌아가자 저 멀리 커다란 풍차가 보였습니다. 한스는 "그래, 저기 방앗간 주인이라면 음식도 주고 내 밀도 빻아 줄 거야." 하며 급히 그리로 향했습니다.

풍차는 멈춰 있었습니다. 한스는 '틀림없이 점심을 먹으러 갔을 거야.'라고 생각하며 뒤로 돌아서 풍차에 잇대어 있는 집으로 서둘러 갔습니다.(점액질) 열린 창문 너머로 방앗간 아저씨와 아주머니가 식사하는 모습이 눈에 들어왔습니다. 얼마나 맛있게 먹고 있던지! 구운 고기냄새가 한스에게까지 풍겨 왔습니다. 으깬 감자, 모락모락 김이 나는 핫롤, 파이, 그밖에 한스의 군침을 돌게 하는 맛있는 음식들이 차려져 있었습니다.

여러분 짐작대로 한스는 바로 문을 정중하게 두드렸습니다. 곧이어 문이 열리고 한스는 집안으로 안내를 받았습니다. 음식을 달라고 하지도 않았는데 친절하고 너그러운 방앗간 아저씨는 한스에게 함께 식사하자고 권했습니다.

한스는 식사가 끝난 뒤 방앗간 아저씨에게 붉은 수레에 가득 싣고 온 밀에 관해 이야기했습니다. 그들은 함께 집을 나와서 방앗간으로 가는 계단을 올라갔습니다. 그 커다란 방앗간으로 들어가려다 말고 방앗간 주인은 돌아서서 허벅지를 탁 치고는 소리쳤습니다. "오늘은 북쪽에서 바람이 불어오는구나. 틀림없어." 그러고는 커다란 막대로 풍차 날개의 방향을 조정했습니다. 그런 후 말없이 몸을 돌려 문으로 들어가려고 했습니다. 그런데 문이 잠겨 있는 거예요. 얼마나 화를 내던지.(담즙질) "우리 견습생은 항상 이런단 말야야! 마을로 다니러 갈 때마다 문을 잠그자고 고집해. 도대체 누가 풍차를 훔쳐 간다고!" 방앗간 아저씨는 발을 구르고 주먹을 꽉 쥐더니 문을 때려 부술 기세였습니다. 그때 마침 한스가 주머니에 손을 넣었다가 주머니 깊숙한 곳에 있던 무언가를 찾아냈습니다. 방앗간 아저씨가 큰 쇠망치를 들어 문을 내리치려는 순간, 한스는 주머니 속에 있던 열쇠를 꺼내 놓았습니다. 방앗간 아저씨는 "내 열쇠잖아! 네가 내 열쇠를 찾았구나!" 하고는 금방 화를 거두고 미소를 지었습니다. 방앗간 아저씨가 열쇠를 받아서 자물쇠를 열자 문은 열쇠와 오랜 친구 사이라도 되는 것처럼 반기는 듯 열렸습니다.

방앗간 아저씨는 안으로 들어가서 풍차 '날개'의 잠금장치를 풀었습니다. 한스는 참나무로 만든 거대한 톱니바퀴들이 맞물려 돌아가면서 축이 돌기 시작하는 것을 볼 수 있었습니다. 조금 전까지도 모든 것이 조용했지만, 날개가 돌기 시작하면서 한스는 천천히 휙휙 거리는 소리를 들었습니다. 곧이어 참나무 바퀴가 회전하면서 삐걱거리는 소리가 났습니다. 아저씨는 여기서 어떤 장치를 맞추는가 하면, 저기서 또 다른 장치를 맞추며 이리저리 뛰어다녔습니다. 톱니바퀴는 점점 빨리 돌아가고, 날개 도는 소리는 더 커지고, 아래쪽의 커다란 맷돌들도 덜거덕 덜거덕 삐걱삐걱 돌기 시작하면서 아주 시끄러운 소리를 냈습니다.

방앗간 아저씨가 한스의 밀을 홈통에 쏟아 붓자 먼지가 날렸습니다. 한스는 방앗간이 온통 흔들리고 덜컹거리는 모습을 경외심을 가지고 지켜보았습니다. 깔때기에서 밀가루가 천천히 가느다랗게 흘러나와 깔때기에 붙어 있는 커다란 포대로 들어갔습니다. 밀이 다 빠지자 방앗간 아저씨는 포대를 들어 올려 한 손에 쥐고 구석에 놓여 있던 다른 포대와 무게를 비교하였습니다. 방앗간 아저씨는 끙끙거리며 양손에 포대 하나씩을 들고 한스의 포대가 다른 포대만큼 무거운지 재었답니다. 한스의 밀가루 포대 무게를 모두 재고 났을 때 방앗간 아저씨의 이마에는 땀이 비 오듯 했습니다. 밀가루가 열 포대나 되었습니다!

한스는 그 광경들이 하도 멋있어서 당장 방앗간 아저씨에게 물었습니다. "아저씨의 견습공이 될 수 있을까요?" 방앗간 아저씨는 잠깐 생각하더니(틀림없이 한스가 황금 열쇠를 찾아냈다는 생각을 했을 겁니다) 이렇게 대답했습니다. "될 수야 있지. 하지만 한 가지 조건이 있단다. 수수께끼를 푸는 데 도움을 다오. 이 수수께끼를 풀면 여기서 일하기가 한결 수월할 거다. 사흘 안에 풀어야 한다."

방앗간 아저씨가 한스에게 낸 수수께끼는 무엇일까요? 우리 3학년들이 한스가 이 수수께끼를 푸는 데 도움을 줄 수 있을 겁니다.

"이 많은 밀가루 포대를 일일이 들어 올려 무게를 재다 보면 팔이 떨어져 나가는 것 같단다. 내 등도 예전 같지 않고 말이야. 이 문제를 해결할 좋은 방법을 찾아보아라. 쉽고도 정확한 방법을 말이다. 어떤 농부는 포대를 너무 채웠다고 불평하고 어떤 농부는 포대를 다 채우지 않고 속인다고 불평하는구나. 그들이 틀리고 내가 옳다는 것을 어떻게 증명할 수 있겠니? 팔 아프지 않고 일할 방법은 없겠니? 이 수수께끼를 풀어라. 그러면 너를 아들처럼 여기마."

아이들이 이 문제를 푸는 데에는 시간이 꽤 걸렸다. 아이들은 기다란 판자를 찾아와서는 지렛목을 이용하여 밀가루 포대와 균형을 맞춰 보려고 하였다. 어떤 아이들은 천장의 고리에 줄을 매달아 간단한 저울을 만들었다. 또 어떤 아이들은 교실 밖의 나뭇가지에 줄을 매달기도 했다. 네드는 식료품 가게에서 쓰는 구식 저울을 가지고 왔는데 그것은 저울추를 사용하는 저울이었다. 눈가리개를 하고 인간 저울이 되어 여러 물건의 무게를 재던 아이들도 기억난다. 나는 아이들이 도량형을 '경험'하기를 바랐다. 도량형의 원형적 의미는 비교하고, 내적으로 평가하고, 가늠해 보는 것과 관계가 있다. 저울을 사용하여 평형감각을 익히는 것은 7학년에 가서 배울 대수를 자연스럽게 소개하는 방법이기도 하였다. 간단히 말하자면 우리는 많은 실험을 해보고 나서야 온스, 파운드, 펙, 부셸 등의 전통적인 측정 단위를 학습하였다. 아이들은 또한 종이와 연필을 사용하여 20쿼트가 5갤런이 된다는 식의 간단한 환산문제를 풀었고 측정단위를 이용하여 사칙연산(덧셈, 뺄셈, 곱셈, 나눗셈)을 해 보는 것도 좋아하였다.

집짓기 주요수업은 날씨가 변하기 시작하고 '둥지 틀기 본능'이 자리 잡는 11월에 시작하였다. 이 주요수업은 언뜻 보기에 휴식 시간의 연장으로 보이는 프로젝트에서 출발하였다. 나는 아이들을 불러 조만간 닥쳐올 겨울 추위를 최대한 막을 수 있는 오두막을 학교 뒤편 숲 속에 지어 보라고 하였다. 소그룹으로 작업할 것을 권하였으며 재료는 숲에서 바로 구할 수 있는 것만 쓰도록 하였다. 살아 있는 것을 해치거나 방해해서는 안 되었다. 이 점에 대해서는 별로 걱정하지 않았는데, 그 며칠 전에 아이들이 숲에서 난초를 발견한 일이 있었는데 아이들 대부분이 자연을 얼마나 예민하게 받아들이는지를 확인시켜 주었다.(그 둘레에 이끼로 작은 정원을 만들어 주고 다치지 않도록 돌멩이를 둘러놓았다) 아이들은 아주 신이 나서는 오두막 프로젝트에 착수하기 위하여 흩어졌다.

나는 특정 그룹의 작업 과정이나 최종 결과에 영향을 미치지 않으려고 주위에 머물러 있었다. 아이들이 갈퀴 모양의 구조물들로 이루어진 작은 마을을 세우려 한다는 것을 곧 알 수 있었다. 커다란 나무둥치를 끌어오고 죽은 나뭇가지를 세워서 여러 가지 방법으로 실험하는 아이들의 모습은 훌륭하였다. 우리 반 아이들은 여러 학년을 거치면서 유연한 리더십 체계를 갖추었는데 이것은 오두막 프로젝트에서 확연하게 드러났다. 남학생과 여학생이 쉽게 상호작용하였으며 무리 속에서 인정받은 각자의 강점을 바탕으로 일하였다. 아이들은 이따금 갈라진 나뭇가지를 차지하기 위한 분쟁이나 영역 침범을 중재해 달라고 내게 부탁해 왔다. 아이들은 비를 막기에는 부족하지만 풍부한 상상력으로 오두막 몇 채를 아침나절에 성공적으로 지어냈다.

그다음 3주 동안 우리는 환경에 따른 주거 형태를 초점으로 집짓기에 관한 공부를 시작하였다. 특히 아메리카 원주민의 주거 형태에 중점을 두었다. 우드랜드 인디언의 위키업(오두막), 대평원 인디언의 티피(원뿔꼴 천막), 바위굴에 거주하던 남서부 원주민의 앨코브 등을 공부하였다. 남서부의 아도비

하우스와 멀리 북쪽의 이글루도 살펴보았다. 우리는 밀랍을 이용하여 주거 형태별로 모형을 만들고 이를 잘 배치하여 조그만 마을을 만들었다. 우리는 여기에다 일하는 사람들과 그 지역 고유의 동물들도 만들어 넣었다. 안타깝게도 창가에 진열해 놓았던 아름다운 위키업 세트가 학부모 모임이 있기 바로 전에 인디언 여름(미국의 중앙 또는 동부에서 10월 말이나 11월에 계절에 맞지 않게 건조하고 온난한 날씨가 나타나는 기간-역주)의 햇빛에 녹아 버렸다. 하지만 수많은 다채로운 그림과 아이들의 작품에 대한 기억은 아직도 생생하다. 이 책을 쓰기 위해 빌려 온 당시 아이들의 주요수업 공책을 훑어 보니 3학년의 집짓기 주요수업에서 암송한 나바호족의 시가 눈에 띄었다.

> 아름다움이 내 앞에 있고
> 아름다움이 내 옆에 있고
> 아름다움이 나를 따른다.
> 산이 나와 함께 노래하고
> 파랑새가 나와 함께 노래하고
> 키 큰 소나무가 나와 이야기한다.
> 나의 호건[*]에서 연기가 피어난다.
> 내 마음은 착하고
> 내 영혼은 착하고
> 모두가 아름답다.[11]

*호건_ (엮은 나뭇가지 위에 진흙을 덮은 나바호족의 집 -역주)

아이들은 아메리카 원주민의 미美와 선善에 대한 감각을 깊이 음미하는 듯했다. 미와 선은 발도르프학교의 두 가지 핵심 주제이다. 집짓기를 공부하면서 아이들은 또한 공동체의 이상을 공부할 기회도 얻을 수 있었다. 가옥 배치를 보면 한 문화의 구성원들이 어떤 식으로 함께 살기를 바랐는지 알 수 있기 때문이다.

집짓기 주요수업은 봄에 다시 시작하였다. 아이들은 목수 일을 배웠는데, 도량형 주요수업에서 배운 길이 측정법을 적용해 보는 훌륭한 기회가 되었다. 아이들은 특별 프로젝트로 운동장에 종탑을 세웠다. 종탑은 보기 흉한 우물도 가려 주었다. 우리는 종탑 바닥에 뚜껑을 달아 우물을 계속해서 이용할 수 있도록 하였다. 구식 종을 지탱할 수 있도록 튼튼한 기둥을 몇 개 박고 종은 탑 꼭대기 지붕 아래에 매달았다. 수업 전후로 종을 울리는 일은 아이들이 제일 좋아하는 일이 되었다. 가장 어린아이도 종에 매달린 기다란 줄을 당길 수 있었다.

종탑 세우기와 같은 특별 프로젝트에만 실기實技가 있는 것은 아니었다. 3학년 내내 아이들은 일상적인 허드렛일을 하였다. 쓸고, 진공청소기로 빨아들이고, 칠판을 지우고, 식물에 물을 주고, 퇴비 통을 비웠다.(사과 속, 바나나 껍질등 퇴비로 쓸 수 있는 것들을 따로 모았는데 우리 학교에서는 3학년이 처리하기로 되어 있었다) 일은 한 주 단위로 돌아가면서 하였고 재활용과 같은 새로운 일을 추가하기도 하였다. 이런 일들은 우리가 공부하는 장소를 청결하고 아름답게 유지하는 것 외에도 환경과의 관계 조성을 위해 의도한 것이다. 내가 보기에 중앙 흡진 시스템과 일회용품의 시대에 사는 우리 아이들은 생활의 본질적인 요소들과 의식적으로 재결합하기 위하여 도움이 필요하다. 요즘에는 많은 사람이 재활용할 수 있는 종이와 퇴비로 쓰일 음식 쓰레기를 분리하고 있으나 발도르프학교에서는 훨씬 전부터 그렇게 해 왔다. 이런 일상적인 허드렛일들은 5학년의 종이 제작과 같은 미래의 주요수업과 3학년 말의 농사짓기 주요수업을 할 수 있는 기초를 마련해 주었다. 봄에 우리는 3학년 전용 밭에 씨를 뿌릴 때 우리가 직접 만든 퇴비를 썼다.

12월에 아이들은 다양한 형태그리기를 하였고 문법 공부도 시작하였다. 문법은 움직씨(동사)와 이름씨(명사)의 도움을 받아 천천히 도입하였다. 아담이(창세신화 주요수업에서) 신이 창조한 모든 자연물에 ─단어로─ 이름을 붙였던 것처럼 우리는 먼저 단어로 이름을 붙이는 활동을 하였다. 동사는 삶의 활동적이고 창조적인 측면을 경험하게 해 주고 명사는 대상의 정적인 측면을 표현한다. 우리는 빨간 색연필로 동사를, 파란 색연필로는 명사를 썼다. 곧이어 부사와 형용사가 나와서 움직씨와 이름씨를 수식하였다. 동료 교사가 써 준 촌극 덕분에 우리는 단어 학습을 몸으로 표현할 기회를 얻었다.[12]

저마다 왕관을 쓴 왕의 가족들이 교실 앞쪽에 앉았다. 명사 왕비는 파란색 왕관을 썼고 동사 왕은 빨간색 왕관을 썼다. 형용사 공주는 초록색 왕관을, 부사 왕자는 주황색 왕관을 썼다. 극은 다음과 같이 진행되었다.

> 아이들 : 누구인지 또는 무엇인지 말해 주세요.
>
> 왕 비 : 말!
>
> (왕비는 매번 다른 단어를 제시하여 놀이를 활발하고 재미있게 이끌어 간다.)
>
> 아이들 : 어떤 말입니까?
>
> 공 주 : 얼룩덜룩한 말.
>
> 아이들 : 얼룩덜룩한 말이 무엇을 합니까?
>
> 왕 : 달린다!
>
> 아이들 : 얼룩덜룩한 말이 어떻게 달립니까?
>
> 왕 자 : 빨리!
>
> 아이들 : 얼룩덜룩한 말이 빨리 달립니다.

아이들은 돌아가면서 왕관을 쓰고 핵심 단어를 제시하였다. 나머지 아이들은 질문하고 간단한 문장을 만들면서 참여하였다. 반복을 통하여 '왕족'이 된 아이들은 뭐라고 대답할지 잠깐 생각할 수 있었다. 정확히 어떤 문장이 나올지 알 수 없었으므로 이 활동에는 항상 촌극의 웃음이 따랐고 자발성이 길러졌다. 이를 통해 아이들은 문장 구조를 배우고, 어휘를 늘렸으며, 재미있는 사회적 상호작용의 기회를 누렸다. 그 또한 공동체를 형성해 가려는 능동적인 체험이었다.

3학년 겨울과 봄에는 가을에 접하였던 창세신화 이야기, 수와셈, 영어, 집짓기, 농사짓기 등의 과목을 다시 공부하였다. 주요한 일로는 우리 반의 세

번째 연극인 〈요셉과 그의 형제들〉 공연이 있었다.[13]

이 특별한 이야기가 최종적으로 선정된 이유는 『구약 성서』 중에서 아이들이 가장 흥미를 보이는 이야기가 무엇인지 알고 싶었기 때문이다. 요셉이 자기 형제들 때문에 포로로 팔려간 일, 파라오의 꿈을 해석한 일, 그의 형제들이 곡식을 구하러 왔을 때 그들을 시험한 일 등의 이야기를 들은 후 많은 질문과 의견이 있었다. 아이들의 토론은 휴식 시간과 점심시간까지 이어졌고 충성, 노예, 편애, 가족을 두고 수많은 논쟁이 벌어졌다. 나는 이 연극이 할 만한지 좀 더 알아보려고 아이들에게 대본을 읽혀 보았다. 아이들의 호응은 대단했다.

아이들은 다들 여러 역을 맡고 싶어 하였으므로 처음에는 배역을 정하지 않았다. 결국 마거릿과 리가 요셉 역을 나누어 맡았고, 수전과 루시가 파라오 역을, 새뮤얼과 메어리가 유다 역을, 조지프, 마이클, 재커리, 네드, 더그, 앤서니, 마리아, 제이커브, 커스튼이 형제 역을 맡기로 하였다. 나머지 아이들은 모두 합창과 대역을 맡았다. 아이들은 8학년 때 하는 셰익스피어에 이르기까지 계속되는 모든 연극에서 성별과 관계없이 다양한 역할을 해보는 데 개의치 않는 듯했다.

나는 3학년의 이 특별한 연극에 열정적으로 참여하는 아이들의 모습을 흐뭇하게 바라보았다. 요셉의 이야기에 담긴 내용은 아이들이 한 해 동안 수많은 실질적인 활동을 하면서 영적, 정신적 실재와 생생한 관계를 유지하는 데 도움을 주었다. 아이들은 요셉 이야기를 통하여 개인의 운명에 대해 의문을 가졌고, 교실에서 공개적으로 토론한 적은 없지만 요셉의 처지에서 생각해 본 아이들 모두가 이를 경험하였다. 어린 시절에 꿈으로 은총을 입은 요셉은 아버지에게 가장 총애받는 막내로서 음모를 꾸미고 이를 묵인하는 형들과 대비된다. 그의 소명은 무엇인가? 왜 파라오에게 잡혀 오랫동안 봉사했는가? 그런 운명적인 사건으로 그의 민족은 오랫동안 노예로 일하였고 한참이 지나서야 모세에 의해 풀려날 수 있었다.[14] 요셉 이야기에서 두드러지는 꿈 이야기는 집짓기나 농사짓기, 도량형의 세계에서도 수수께끼처럼 깊이 생각해 보아야 할 또 다른 세계가 있다는 점을 3학년 아이들에게 상기시켜 주었다.

이러한 삶의 심오한 측면은 영국 에머슨 대학의 설립자이자 교사들의 교사인 프랜시스 에드먼즈가 3학년 말에 내가 하는 주요수업을 보러 왔을 때 더욱 고양되었다. 당시 나이가 80대이던 그가 교실 앞에 서자 그의 기품에 아이들은 경외심과 존경심을 마음 가득히 느꼈다. 그의 빛나는 눈은 모든 것을 보았고 그의 감싸 안는 몸짓은 아이들을 불러 모으는 듯했다. 지나치게 냉소적인 경향을 띠는 나이에는 존경심을 불러일으킬 만한 인물이나 학습 내용이 필요하다.[15] 그가 돌아가기 전에 마지막으로, 나는 그의 방문을 기념할 수 있도록 아이들을 위해 준비해 온 시나 구절이 있는지를 물었다. 나는 그가 영국으로 돌아간 뒤에 보내 주겠다고 할 줄 알았다. 그러나 그는 바로 그 자리에서 간단한 시를 선물했다.

> 태양은 생명을 키우고
> 내 마음도 키운다.

우리는 모두 이 시를 간직하고 여름을 시작했다. **3/8**

시련

교사 대부분이 가족과 일, 개인적인 요구와 직업적인 요구 사이에서 균형을 잡느라고 애를 쓴다.[1] 발도르프 교사로서 할 일은 많은데 시간은 턱없이 모자랐기 때문에 나는 매일같이 요술을 부려 이 문제를 해결해야만 했다. 하여간에 인생은 순조로운 항해를 계속해 가는 듯이 보였다. 위기가 닥쳐 심각한 반성과 재검토를 요구하기 전까지는 말이다. 교실 밖에서 일어난 사건들이 4학년 교사가 된 나에게 많은 영향을 미쳤으므로 4학년 생활을 충분히 묘사하려면 다음 이야기를 꼭 하고 넘어가야 할 것 같다.

내가 우리 반 아이들을 맡기로 하기 2년 전에(실은 내가 결혼하고 딱 한 달만에) 아내 준과 나는 장애가 있는 10대 소년을 집에 데리고 와 함께 살고 있었다. 이야기 진행을 위해 그 아이를 '맥스'라고 부르겠다. 맥스는 윌리엄스 증후군과 선천성 심장병을 앓고 있었을 뿐 아니라(이는 아이가 언제라도 죽을 수 있다는 뜻이다), 어린 시절을 방치된 채 보냈다. 여섯 살이 될 때까지 아기 침대에 갇혀 있었으므로 말이나 사교는 고사하고 걸음마조차 한 번도 해보지 못했다는 설명을 들었다.[2] 아버지는 집을 나가기 전까지 맥스의 세 누나를 학대했으며, 맥스는 엄마가 애인한테 살해당하는 장면까지 목격하였다. 여러 수용 시설을 거치면서 그의 비정상적인 습관과 행동은 더욱 나빠졌다. 맥스는 열여섯 살이 되어 우리에게 오기 전까지 6, 7세의 사회성과 2, 3세의 지능을 가졌다는 진단을 받았다.

맥스는 따뜻한 마음씨를 지녔으며 가끔 '신사' 같은 행동을 하기도 했다. 그때는 활짝 웃으면서 손을 뻗어 인사하고는 자기가 잘하는 몇 마디 말을 최대한 활용하였다. 그러나 평소에는 반사회적 성향을 강하게 드러내었다. 음식을 게걸스럽게 먹었고 자기가 한 일에 책임을 지지 않았으며 부르쥔 주먹을 보고 음란한 말을 중얼거리는가 하면 때때로 벽에다 머리를 찧기도 하였다.

아내와 나는 높은 이상을 품고 맥스를 돌보는 일을 시작했다. 우리는 그를 변화시킬 수 있다고 진심으로 믿었다. 그를 데려올 때 우리는 혁신적인 프로그램을 염두에 두고 있었다. 그 프로그램은 훌륭했다. 이런 '보통의' 장애인에게는 가족적인 환경이 아주 적합할 것으로 생각했다. 아내는 몬트리올에서 자폐아들을 돌본 적이 있었고 캠프힐에서 교육을 받았다.[3] 그리고 나는 집에서 발도르프적인 영감을 실행해 보고 싶었다. 우리는 빵을 굽고 정원을 가꾸고 명절을 보낼 때 어떻게든 맥스를 끌어들여 함께하고자 하였다. 지켜봐 주고 적당히 타이르는 것만으로 혼자서 이 닦고 옷 입는 법을 가르쳤다. 그래도 맥스는 아침에 일어나 때때로 속옷을 겉옷 위에 입고 내려오곤 하였다. 맥스와의 생활은 고난의 연속이었고 우리에게는 휴식이 거의 없었다. 허세를 부리고, 손으로 음식을 움켜잡고, 다른 사람들에게 이상하게 접근하는 맥스를 우리가 사는 사회 안으로 끌어들여야 했다.

1982년 12월 17일에 아들 토머스가 태어났다. 당시 1학년이던 우리 반 아이들은 그날 주요수업 시간을 멋진 수공예 교사와 함께했고, 크리스마스 방학을 맞아 학교를 나서기 직전에 이 소식을 전해 들었다. 즐거운 휴가 기간이었다.

맥스는 토머스가 태어난 뒤에도 우리와 함께 지냈다. 나는 그를 이전의 수용 시설로 되돌려 보내서는 안 된다는 도덕적인 책임감을 느꼈다. 그러나 아내는 이제 우리 가족이 우선이고 맥스에게는 할 수 있는 모든 일을 다했다고 느꼈다. 지금 돌이켜 보면 아내가 옳았던 것 같다. 그러나 맥스는 3년 더 우리 집에 머물렀다. 그동안 나도 학교에서 책무를 더 맡았다.

발도르프학교는 교사회가 이끈다. 이는 학생들과 가장 밀접한 사람들, 즉 교사들이 교육 정책을 수립하고 집행함을 뜻한다. 우리는 목요일 오후 회의 시간에(이따금 화요일에도) 학급 보고를 듣고 학생들에 관해 토론하였다. 또 인지학을 더 깊이 이해하기 위하여 공부도 했으며 시간표, 퇴학, 관리 등을 포함한 학교 운영의 세부 사항을 계획하기도 하였다. 이와 같은 체제에서는 정책과 판단이 지역사회나 학교 이사회의 정치적 고려에서 벗어나 학급의 요구에 바탕을 두고 있으므로 교사들이 학교의 주인이라는 생각을 강하게 심어 준다. 지역사회에서 선출된 이사회가 있으나 이들은 주로 학교의 법률적, 재정적 문제들을 담당한다.

교사회가 하나의 큰 조직이기는 해도 모든 일을 할 수는 없었으므로 특별한 임무를 띤 위원회를 여럿 두었다. 이들 위원회는 회의, 축제, 학부모−교사 저녁 간담회를 준비하였다. 이사회에서 교장을 임명하는 대부분의 학교와 달리, 우리 학교는 교사회에서 매년 대표를 선출하였다.[4] 나는 우리 반이 3학년일 때 대표로 선출되었는데, 우리 반이 7학년을 마치는 5년 동안 대표직을 맡아야 했다. 목요일마다 교사회의 대표로서 의제를 정하고, 학교를 대표하여 학부모와 의견을 나누고, 한 달에 한 번씩 이사회 회의에 참석하고, 교사 임용을 둘러싼 수많은 서신을 처리하는 일 등이 내 업무였다.

나는 세심한 계획으로 수업과 행정업무를 둘 다 고려한 하루, 일주일의 리듬을 어떻게든 유지해 보려고 하였다. 이를테면 하루를 계획할 때는 늘 수업에 우선순위를 두었으며 가능한 한 아이들에게 온 힘을 기울인 '다음에야' 교사대표실로 향하였다. 나를 가끔 힘들게 한 것은 예산 부족, 학부모들과의 마찰, 긴급한 학교 시설의 복구 등과 같이 어떤 학교라도 이따금 겪게 되는 그러한 위기가 닥쳤을 때였다. 한번은 크리스마스 휴가 기간에 보일러 고장으로 수도관이 모두 얼어붙었던 적이 있었다. 끊임없이 전화를 받느라고 가족들끼리의 식사가 방해받는 날이 많아지자 가족들은 나의 과도한 업무 때문에 영향을 받기 시작했다.

학교에서 아이들을 가르치는 일 외에도 맥스를 돌보고 학교 행정업무를 수행해야 하는 과중한 책임은 당장에라도 '비상벨'이 울릴 수 있는 상황으로 나를 몰아갔다. 1985년 4월이 되기 전까지는 나의 의식이 얼마나 넓게 분산되어 있는지를 제대로 감지하지 못했다. 4월의 그 사건은 개인적으로나 직업적으로나 전에 없던 혹독한 재평가를 촉구하였다.

화창한 봄방학의 어느 날이었다. 토머스와 나는 정원의 잔디를 갈아엎고 있었다. 사실 이제 두 살 반 된 꼬마에게는 '잔디밭에서 서성거리고 있었다'는 표현이 더 어울릴 것이다. 맥스와 아내는 봄맞이 대청소로 차고를 치우고 있었다. 오전에 나는 토머스가 잔디밭에서 충분히 놀았다 싶어서 아이를 차고로 데려다 주고 맥스를 데리고 왔다. 아내와 나는 아이들을 한 명씩 맡아 돌보고 지내 왔다. 그러나 그날 아침에는 계획에 없이 아이들을 바꾸었다. 그때 잠시라도 휴식을 취하지 않고 그렇게 한 것은 의식의 과부하를 알리는 신호였다. 우리는 아무 생각 없이 각자의 일을 다시 시작했다. 30분 뒤에 차고에서 날카로운 비명이 들려오고 곧이어 아내가 토머스를 어깨에 들쳐 메고 달려 나왔다.

아내 준이 나무 부스러기를 압축한 오래된 목재를 구석에 쌓아 올리는 동안 토머스는 차고 반대편에서 노는 데 정신이 팔려 있었다. 아내가 몸을 돌려 흩어진 목재 조각을 주워서 차고를 가로질러 목재 더미로 던졌다. 팔을 벌리고 엄마한테로 달려오는 토머스의 모습을 본 것은 특히 날카로운 조각이 이제 막 준의 손을 떠났을 때였다. 그 끝이 아이의 오른쪽 눈에 정통으로 박혔다.

이후의 나날들은 말할 것도 없거니와 사고가 나고 몇 시간 동안 우리가 겪은 비탄과 아픔을 무어라 형용할 수 있을 것인가? 구조대에 연락이 되지 않아 경찰에 호송을 청하여 차에 모두 다 태워서 병원까지 무서운 속도로 달렸다. 응급실 복도에서 아이의 인적사항을 기재하는 동안 맥스는 계속 점심시간이 되지 않았느냐고 물었고 아내는 기절했다. 그동안 나의 아들은 얼굴에 피를 흘리며 눈에 파편이 박힌 채 내 어깨에 매달려 있었다. 토머스는 구급차로 올버니에 있는 더 큰 병원으로 옮길 때까지 내 어깨에서 내려오려 하지 않았다. 나는 뼛속 깊이 부성애를 느꼈다. 병원에 있는 동안 내 인생의 뭔가가 바뀌어야 한다는 것을 깨달았다.

거기 있던 모든 의사는 다친 눈을 제거하고 유리 눈을 끼워야 다른 쪽 눈에 영향을 미치지 않고, 완전한 실명으로 가는 일을 막을 수 있다고 하였다. 그들은 무엇보다도 감염 위험이 있어서 뇌까지 손상 받아 앞으로 학습장애를 일으킬지도 모른다는 점을 우려하였다. 모든 면에서 인간적이던 단 한 명의 의사만이 '희망'이라는 것을 이야기하였다. 그는 눈을 보전할 수 있는 최소한의 희망이라도 있다면 노력해 봐야 한다고 말했다. 희망이라는 그의 상냥한 말 한마디가 그를 제외한 모든 외과의사의 의견과 의료기관의 압박에 저항하는 유일한 것이었다. 우리는 희망을 믿고 상당히 뛰어난 이 의사도 믿기로 했다.

수술은 긴 시간이 걸렸으며, 그 후 석 달 동안은 수술한 눈을 가린 채 지내야 했다. 아내는 토머스가 병원에 있던 2주 동안 매일 밤 토머스 곁을 지켰다. 우리 반 아이들은 나 없이 3주를 지냈으나 다행스럽게도 안티오크 뉴잉글랜드의 발도르프 교육 프로그램으로 10주 동안 교실에서 함께 지내왔던 교육실습생의 친절한 지도를 받았다. 내가 학교로 돌아오자, 토머스의 탄생을 아주 생생하게 기억하고 있고 또 소풍 갈 때 토머스를 데려가면 아주 좋아하던 우리 반 아이들은 날마다 눈의 상태가 어떤지를 물어 왔다. 3개월 동안은 별다른 일이 없었다. 붕대를 풀고 눈을 다시 뜨는 그날 우리 앞에 어떤 일이 벌어질 것인가?

일가친척들이 대기실에 모여 결과를 기다리고 있었다. 사고가 나자 곧 우리를 도와주러 오셨던 부모님은 초조한 심정으로 자리를 지키고 계셨다. 희망의 의사가 대기실로 들어서자 나는 그의 미소를 보고 결과가 좋다는 것을 알 수 있었다. 그는 수술로 시각의 신체적인 기초는 회복되었다고 조심스럽게 말하였다. 눈의 '기능'이 회복될지가 남은 문제였다. 어쨌든 우리는 기뻤다.

우리는 그 후 수개월 동안(실제로는 그 이전부터) 인지학적 의학에서 사용하는 벨레다 제약회사에서 조제한 동종요법 치료약을 썼다. 주로 점안액으로 만들어 눈에 직접 투여했으나 몇 가지는 내복하기도 하였다. 약품 재료는 자연원료로 눈의 상처를 회복시키는 작용을 하도록 효능을 강화한 것이었다.[5]

어머니는 치유 오이리트미스트이고 시력 불균형을 치료하는 색채요법을 전공하셨다.[6] 이제 손자에게 어머니의 전문 기술이 필요하게 되었으니, 어머니는 넘치는 사랑으로 몇 달간 토머스를 치료하셨다. 그러잖아도 '할마'를 만나는 일이 즐겁기만 했던 토머스는 이제 할머니의 작업실로 가서 아름다운 색깔들을 볼 수 있어서 훨씬 더 좋아하였다. 아내도 아이를 데리고 수채화를 하였고 다친 눈의 기능을 자극하기 위해 하루에 몇 시간은 다른 쪽 눈을 가려 주었다.

토머스가 안과에 가서 사고로 잃어버린 수정체를 대신할 렌즈를 갈아 끼울 때마다 우리 반 아이들은 근황을 물어 왔다. 아이들은 토머스를 위해 선물을 만들었고 우리 집에 와서 함께 놀아 주면서 말 그대로 토머스를 완전히 수용해 주었다. 4학년 막바지에 토마스는 다친 눈의 시력을 0.2 정도로 회복했고 다른 쪽 눈은 그 모든 시련에도 100% 무사하다는 최종 시력검사 결과를 받았다. 그것은 우리 반 아이들의 승리였다.

그 사고로 토머스에게는 홍채를 가로지르는 상처가 남았다. 비록 전투기 조종사는 될 수 없겠지만 거의 모든 일을 뜻대로 할 수 있었다. 희망과 훌륭한 외과 의술, 색채치료, 그리고 사랑의 보살핌이 어우러져 우리가 기대했던 것 이상을 이루었다.

나는 토머스의 일을 겪으면서 새로운 삶의 진실을 깨달았다. 최전선에 서서 억지로 자신을 끼워 맞추며 과도하게 성취하려는 것은 어찌 보면 불균형을 가져올 뿐이다. 나는 일과 생활을 단순화할 방법을 찾기 시작했다. '효율적인 일 처리'를 위한 대화는 인간적인 관심사를 소박하게 공유하는 시간으로 대체하였다. 나는 가족과 더 많은 시간을 보내기 시작했고 어려움을 겪고 있는 동료 교사들을 도울 길을 찾았다. 외견상 학교에서 내가 맡은 책임과 교사의 임무가 크게 달라진 것은 아니지만, 가정과 직장에서 보내는 시간의 질에서 미묘한 차이를 느끼기 시작했다. 거듭나기 위하여 나는 천천히, 그러나 쉬지 않고 그 길을 오르기 시작했다.

발도르프 교육과정의 특성상 나는 그전에 한 번도 가르쳐 보지 못한 과목들에도 뛰어들어야 했고, 덕분에 새삼 가르치는 일의 즐거움에 빠져들곤 하였다. 4학년만 하더라도 북유럽 신화, 분수, 동네학, 문법, 동물학, 형태그리기, 그림, 말하기를 가르쳐야 했다. 집에서 개인적인 시련을 겪는 동안 얻은 통찰력을 바탕으로 이전과는 다른 방향에서 새로운 과목을 파악해 들어가면서 나는 경이로움에 휩싸였다. 가르치는 일은 언제나 밀도 높은 노동이었으며 앞으로도 그러하리라 기대한다. 우리는 우리가 가르치는 대로 되며 우리

의 됨됨이에 따라 가르친다.[7]

해마다 개학식 날에는 교사들이 한 명씩 나와 개인적, 인간적 관점에서 새 학년의 밑그림을 제시하는 순서가 있었다. 나는 주로 개인적으로 체험한 사물이나 주제를 선정하여 우리가 배울 과목들의 특징을 설명해 보였다. 4학년 개학 첫날, 나는 가족끼리 케이프코드에서 휴가를 보낼 때 해변에서 주운 조가비를 가지고 가서 다음과 같이 말하였다.

> 이 조가비는 어제 아침 해변을 거닐다 발견한 것입니다.(그것을 들어 보였다) 처음에는 아주 평범해 보였지요. 케이프코드 어디에서나 이런 조가비를 찾아볼 수 있으니까요. 하지만 뭔가 눈길을 끄는 것이 있었습니다. 우리가 4학년에 배울 과목들이 하나씩 펼쳐지기 시작했거든요. 마치 이 조가비 표면의 고리들처럼 말이죠.
>
> 우선 조가비의 둥근 형태를 보자 얼음 거인 이미르의 둥근 두개골이 어떻게 들어 올려져 하늘이 되었는지가 떠올랐어요. 이어서 조가비 표면의 아름다운 무늬를 보고 우리가 하게 될 새로운 형태그리기가 떠올랐습니다.
>
> 그다음에 나선과 방사선을 세어 보았더니 열여섯 개가 있었습니다. 하나의 완전한 조가비가 열여섯 부분으로 나누어지고 각 부분은 전체의 16분의 1이 되는 거죠. 그래요! 조가비는 분수도 보여 주었습니다!
>
> 그리고 나는 이 조가비가 크고 넓은 바다 밑에 머물 때 분명 그 안에서 살았을 바다 생물을 떠올렸습니다. 또한 동물학 주요수업 시간에 공부할 다른 생물들에 관해서도 생각해 보았답니다.
>
> 막 그 자리를 뜨려는 순간 조가비가 모래 위에 남긴 흔적을 보았지요. 자기가 머물렀던 자리를 표시하는 일종의 '땅새김earth writing'이죠. 그 모래 위의 흔적을 보자 우리가 배울 '땅새김'이 떠올랐습니다. 신이 강과 산맥을 만들 때의 땅새김과 인류가 도시와 국가를 나눌 때의 땅새김, 이 모든 것을 우리는 동네학 시간에 배울 것입니다.
>
> 마지막으로, 조가비 한쪽 귀퉁이에 붙어 있는 모래알을 보고 우리가 여태껏 배

워온 것이 얼마나 보잘것없는지 또 앞으로 공부할 것이 얼마나 많은지를 깨달았답니다.

앞서 1학년을 다룬 장에서 보았듯이, 우리는 주요수업에 들어가기 전에 "해에서 나오는 사랑의 빛이…"로 시작하는 아침시를 계속해서 암송하였다. (아침시는 5학년에 가면 새로운 시로 바뀐다) 아침시 중 다음 두 행이 특히 4학년 아이들의 두드러진 특성을 잘 보여 주는 듯하였다.

> 내 혼에 들어있는 정신의 힘이
> 온몸에 힘을 줍니다.[8]

아이들은 세상 속에서 자기 자리를 확인한 듯, 더욱 확신에 차서 교실로 들어섰다. 내부와 외부의 실재를 이제 분명하게 구분할 줄 알았고 주로 켈트의 전통적인 도안에서 유래한 복잡하게 얽혀 있는 문양의 형태그리기에도 기꺼이 도전하였다. 아이들은 자신의 개인적인 요구와 바람을 주장하면서 일종의 내적인 거리 두기를 할 수 있었다. 이것은 의견을 소리 높여 주장하고, 주변의 모든 사물을 날카롭게 관찰하며, 논쟁하고, 때로 자기와 가까운 사람들을 비판적으로 바라보는 데서 드러났다. 아이들은 이를테면, "우리 엄마는 내가…하면 이렇게 하시는데 너희 엄마는 어떠셔?" 하는 식으로 사람들 간의 '차이'를 탐색하는 것을 즐겼다.

때때로 4학년 아이들은 자기가 좋아하는 것과 싫어하는 것을 통하여, 혹은 공감과 반감 사이를 오가면서 자신을 찾아가는 듯이 보였다.

루돌프 슈타이너는 그의 교육학 강좌 '인간에 관한 연구man of study' 두 번째 강의에서 다음과 같이 말하였다. "우리는 공감과 반감의 리듬으로 영혼의 씨앗을 만들어 낸다."[9] 반감은 관찰자와 피관찰자 사이에 경계와 거리를 만들어 냄으로써 과거의 일을 추상적인 지식으로 바꾸어 우리의 심상과 개념을 형성하게 도와준다. 반면, 공감은 관찰자와 피관찰자 사이의 경계를 없앰으로써 행위로 이끌며 우리의 영혼을 미래를 위한 행동 의지로 변화시켜 준다.

통상적인 수업은 대개 반감의 힘이라고 할 수 있는 것, 이를테면 암기, 단답형 필기시험과 사실 위주의 답안들로 과도하게 배타적으로 채워져 있다. 나는 발도르프 교사로서 공감과 반감 사이에 최대한 균형을 유지하도록 하는 것이 나의 임무라고 생각하였다. 물론 이론적인 공부 비중이 점차 늘어가는 것은 분명하다. 하지만 아침 리듬활동과 시 낭송은 공감과 반감이라는 상반된 영역 사이로 흘러들어 가 그 둘의 통합에 도움을 줌으로써 4학년 아이들의 리듬/순환계를 활성하는 데 이바지하였다. 그리고 공감과 반감은 생리학적으로 두뇌 신경계와 신진대사조직과 관계가 있다. 리듬활동을 통하여 인지력과 기억력뿐만 아니라 더 깊이 있는 이해, 즉 종합적 이해력을 강화할 수 있었다.[10]

고대 북유럽 신화집 『시편 에다』에 고무된 아이들은 일제히 시를 낭송하고 웅변, 연극을 하면서 매일 아침을 열었다. 우리는 북유럽적인 활기에 넘쳐서 강한 두운頭韻으로 버무려진 시에 맞춰 발 구르고 손뼉 치며 시 낭송을 하였다. 강세가 주어질 때는 발을 구르고 그 외에는 팔짱을 끼고서 우리는 북유럽 신 토르의 저 유명한 〈토르의 망치〉를 따라 해보았다. 옛날 북유럽 전사들은 이렇듯 두운을 넣은 시를 큰 소리로 외우며 강세가 있는 부분에서 방패를 두드리며 전쟁터로 행진하였다는 설명을 듣자 아이들은 이렇게 반응하였다. "우리도 한번 해봐요!"

이웃 교실을 생각해서 방패를 쓰지는 못했지만 두운은 호흡과 순환을 깊고 강하게 자극했고 정신을 한층 깨어나게 하였다. 아이들의 상기된 뺨과 생생한 표정을 통해서 그러한 시 낭송이 내적인 몰입을 이끌고 감각적 인식을 고양하는 효과가 있음을 알 수 있었다.

　토르의 망치

Blow, bellows, blow
Set the sparks aglow!
For Sindri of Swartheim
The shaper of swords
Is molding and making
Gifs for the Gods.

Blow, bellows, blow
Set the sparks aglow!
A ring of red gold
For the master of men;
A boar with bright bristles
For Frey and his friends
But Thunderer Thor
Needs weapons of war!

Blow, bellows, blow
Set the sparks aglow!
Fierce and fiery
Flames and furnace
Molten metals gleam like gold;
Clash and clang of hefty hammers
In the hands of sweltering smiths
Hard and heavy, strong as steel
Mighty Mjolnir's forged
and fashioned
Blow, bellows, blow
Set the sparks aglow

불어라, 풀무야, 불어라
불꽃 벌겋게 일도록!
쇠 다루는 대장장이
스워드하임의 신드리가
신들께 바칠 선물을
모양 잡아 만들 수 있도록.

불어라, 풀무야, 불어라
불꽃 벌겋게 일도록!
금빛 찬란한 고리는
인간의 왕을 위한 것
빛나는 털 곤두세운 금돼지는
프레이와 그 친구들 차지
천둥 신 토르에게 필요한 건
적들을 무찌를 무기뿐!

불어라, 풀무야, 불어라
불꽃 벌겋게 일도록!
사납게 솟구치는 불길
화염과 용광로에 달궈진
싯누런 쇳덩이가 눈부시게 빛난다.
쨍쨍 찧어대는 무거운 망치
땀에 절은 대장장이 두 손에 들고
단단하고 둔중하고, 강철같이 강력한
막강한 묠니르를
모양 잡아 만들었네.
불어라, 풀무야, 불어라
불꽃 벌겋게 일도록![11]

우리는 위에 소개한 시를 포함하여 다양한 내용과 형식의 시들을 두루 살펴보았다. 이따금 우리는 시를 낭송하면서 교실을 돌며 발을 굴렀다. 이때 나는 시구의 끝에 운각이 붙는다는 것과 시인은 다양한 효과를 내기 위해 긴 운각과 짧은 운각을 교차시킨다는 점을 덧붙였다. 나는 아이들에게 이전 학년에서 배운 여러 단장격 시들과 올해 배운 장단단격의 시들을 떠올리게 하였다. 그런 방법으로 7학년 때에 정식으로 공부할 시의 기초를 마련하기 시작하였다.

위에서 인용한 시에는 꽤 많은 반복이 있으며 이는 내적 확신을 부여한다. 우리는 종종 며칠을 계속해서 같은 활동을 되풀이했고 내 경험상 '옛것'의 반복은 '새것'을 명료하게 해주는 일이 많았다.[12] 아이들은 단일한 경험에서 배울 뿐 아니라 나날이 이어지는 흐름 속에서 옛것을 익혀 새것을 배워 갔다. 담임으로서 나는 이런 유형의 실험을 할 기회가 많았다.

학년이 높아지면서 아침에 낭송하는 시에도 발음이 까다로운 말들을 더 많이 포함했다. 우리에게 친숙한 〈피터 파이퍼Peter Piper〉는 자음과 명료하고 유려한 발음을 강조한 다른 연습으로 대체되었다.[13](다음에 제시한 예의 특징을 적절히 나타낼 우리말이 없으므로 원문을 그대로 싣고 그 아래에 번역문을 실음-역주)

Round the rough and rugged rocks the ragged rascal ran
누더기를 입은 악당이 울퉁불퉁한 바위를 돌아 달아났다
A cup of coffee in a copper coffee pot
구리 커피포트에 커피 한잔

Spitting and spewing	뱉고 토하고
Splitting and splattering	찢고 튀기고
Spilling and spoiling	엎지르고 망치는
Spellbound: the sprite	마법 걸린 꼬마 도깨비
Red leather, yellow leather	빨간 가죽, 노란 가죽

A lump of red leather, a red leather lump	빨간 가죽 한 뭉치, 한 뭉치의 빨간 가죽
Thrice times three	3 곱하기 3
Twice times two	2 곱하기 2

아래에 실은 두 편은 4학년 학생들에게 특히 유익하였다.

Whether the weather be cold	날씨가 춥든 말든 간에
Or whether the weather be hot	날씨가 덥든 말든 간에
We'll weather the weather	우리는 바깥으로 나간다
Whatever the weather	날씨가 어떻든 간에
Whether we like it or not	우리 마음에 들든 말든 간에

Never noisy	떠들지 말고
Only nimble!	재빠르게!
No! No! Do not nettle	아니! 아니!
Your neighbor!	이웃은 귀찮게 말고!

　우리는 이것을 모두 함께 읊었다. 한번은 또박또박 읽어 보고 그다음은 그것을 가다듬기 위해 여러 번 연속해서 읽었다. 그런 뒤 혼자서 해보고 싶어 하는 아이들에게 읊어 보게 했다. 까다로운 발음을 가르치는 방법은 놀이에 가까웠다. 아이들끼리 줄을 바꿔 가며 낭송하게 하거나 한 군데만 모두 같이 하고 나머지는 한 아이가 전부 다 외게 하는 등, 순간순간 연습문을 낭송하는 새로운 방법을 찾아내었다. 낭송과 발음 공부로 활기찬 15분을 보내고 나면 아이들은 주요수업을 할 준비가 훨씬 잘 되었고 전날 공부한 내용을 기억해 내는 데에도 도움이 되었다. 이렇게 얼굴이 달아오를 정도의 기분 전환을 하고 나면 아이들은 온종일 수업을 기운차게 할 수 있었고 나 역시 생

기를 얻었다.

앞서 설명한 4학년의 특성에 맞도록 우리는 북유럽 신화로 새 학년을 열었고 그 시들의 강렬한 두운에 매료당했다. 아이들은 성서의 〈창세기〉와는 아주 다른 천지창조 신화를 듣고 놀라워하였다. 이번에는 '불타는 얼음과 시린 불'에서 세상이 창조되었다. 북쪽 니플하임의 얼어붙은 서리가 남쪽의 무스펠에서 불어오는 더운 숨결을 만나면서 얼음은 녹아 물방울이 되었고 거기서 생명이 움터 거인 이미르가 되었다.[14] 아이들은 그 강렬한 상을 반겼다. 최초의 남자와 여자가 이미르의 왼쪽 겨드랑이의 흐르는 물에서 자라 나왔다. 신들의 지배자인 외눈박이 오딘은 지극히 인간적인 약점을 어느 정도 지닌 존재였다. 책략가이기도 한 로키는 항상 자신과 다른 사람들을 곤경에 빠뜨렸다. 변장의 여신인 프레이야에게는 매의 가죽이 있어서 이것을 쓰면 지하 세계로 내려가 예언의 능력과 운명에 대한 지식을 가져올 수 있었다. 아이들은 겨우살이 나무로 만든 화살에 맞아 결국 살해당하고 마는 '아름다운 자 발데르'의 이야기를 듣고 눈물을 흘렸다. 로키가 일부러 시합을 열어서 맹인 호두르의 손에 운명의 다트(던지는 화살)를 쥐어 주었고, 그 표적이 된 발데르는 죽임을 당한다. 순결무구함의 상징인 발데르는 우리 반 아이들이 그때까지 알고 있었던 어린 시절의 정신을 대변한다. 그의 죽음은 이제 전환점이 왔음을 암시한다. 교활한 지성을 대변하는 로키는 강력한 이탈, 곧 물질계로의 하강을 준비한다. 이는 결국 '신들의 종말'로 이어진다. 최후의 전투(라그나로크)가 끝나자 아이들은 한동안 아무 말이 없었다.

북유럽 신화는 아이들이 작문하고 색색의 굵은 크레용으로 삽화를 그려 넣는 데 아주 훌륭한 소재가 되었다. 아이들은 이 즈음 좀 더 복잡한 과제를 해내거나 가정에서 스스로 공부할 수 있는 준비가 되어 있었다.[15] 사실, 우리의 신화 공부와 이후의 역사 주요수업은 영어 실습시간이기도 하였다. 아이들은 자신들이 배우는 내용의 상을 따라가면서 철자법, 문법, 표현법을 계속 연습해 나갔다.

연극은 북유럽 신화 한 편을 극화하였다. 우리는 〈이두나와 황금 사과〉를 택하였다. 간단히 설명하자면, 그것은 신들이 늙지 않고 계속해서 젊음을 유지하게 하는 마법의 사과에 관한 이야기이다. 오직 이두나 만이 이 사과를 따는 힘과 능력을 지녔다. 독수리로 변장한 거인 티아지에게 덜미를 잡힌 로키는 사과를 가진 이두나를 유괴하는 데 협조할 것을 약속하고 만다. 로키는 그 특유의 교활함으로 이두나를 정원에서 꾀어내는 데 성공하고 티아지는 이두나를 위에서 덮쳐 낚아챈 후 북쪽 자신의 바위 성으로 데려간다. 신들은 곧바로 늙기 시작한다. 살갗은 주름지고 늘어졌다. 지팡이를 짚고 다리를 절뚝거렸으며 눈과 귀가 어두워져 갔다. 이 무서운 현상에서 예외가 될 수 없는 오딘은 신들을 소집했다. 이두나와 로키가 보이지 않자 이 재난의 배후에 누가 있는지 즉각 알아차렸다. 샅샅이 수색한 끝에 로키를 찾아 이두나를 구출할 것을 명하였다. 프레이야가 가진 마법의 매 가죽을 빌려 쓴 로키는 자신의 잘못을 바로잡으려고 티아지의 성으로 날아간다. 거인 티아지는 마침 외출 중이었다. 로키는 어찌어찌하여 이두나를 찾아서 그녀를 호두로 변신시키고는 귀로에 오른다. 그러나 때맞춰 티아지가 돌아와 로키의 출발을 목격하면서 일대 추격전이 벌어진다. 로키는 시간에 맞춰 아스가르드(신들이 사는 곳-역주)로 돌아올 수 있을까? 오딘은 힐드스칼프라는 자신의 높은 자리에 앉아 이 모든 일을 지켜볼 수 있었다. 독수리 모습을 한 티아지에게 로키가 쫓기는 것을 보자, 오딘은 노쇠하나마 신들을 소집하여 아스가르드 장벽 둘레에 대팻밥을 높이 쌓아올리도록 하였다. 신들은 독수리가 매에 바짝 따라붙는 모습을 보았다. 발톱으로는 여전히 호두를 움켜잡고서 매는 하늘에서 아스가르드 안으로 급강하하였다. "대팻밥에 불을 붙여라!" 하고 오딘이 외쳤다. 독수리가 모습을 드러내는 순간 불꽃이 타올랐고 멈추기에는 이미 늦어버렸다. 티아지는 땅으로 곤두박질쳤고 로키는 주문을 외워 호두를 이두나로 돌려놓았다. 이두나의 황금 사과는 곧 신들을 그전처럼 건강하게 만들어 주었다.[16]

이 신화를 연극으로 공연할 때, 우리는 사과 따는 이두나를 묘사하는 돌림노래로 시작과 끝을 장식했다. 조지프와 애비는 로키 역을 함께 맡았고 마크와 제이커브는 오딘 역을 훌륭히 해내었다. 루시는 자연스럽고 우아하게 이두나 역을 하였고 메어리와 에번은 티아지가 되어 무대를 가로질러 날아다녔다. 마지막 장면에서 아이들 중 반은 일제히 대사를 외우고 나머지 반은 오이리트미를 하였다. 이어서 관객들은 물결치는 베일과 극적인 동작이 만들어 내는 불꽃 장면을 볼 수 있었다.

불꽃이여! 불꽃이여!
높이 솟구치고
활활 타올라서
먼 데까지 비추어라.

저 어둠을 지나도록
우리 매를 이끌고
더 빨리 날도록
용기를 일깨워라.
불꽃이여! 불꽃이여!
높이 솟구치고
활활 타올라서
먼 데까지 비추어라.

더 빨리 더 빨리
다가오는 독수리
매의 기운은
다해 가는데
타오르는 봉화에
이를 수 있을까?
저 높은 곳 발할라에
다다를 수 있을까?
기쁘다, 기쁘다
봉화에 다다랐네.
이제 불꽃 위에
그 모습 보이네.

연기구름 뚫고서
마땅한 곳에 내려라.
신들 가운데에
자리를 잡아라.

불꽃이여! 불꽃이여!
더 환하게 타올라
더 세차게 치솟아
티아지를 잡아서
꼭꼭 붙들어라.
맹렬히 타는 불꽃
티아지를 에워싸네.

보라! 티아지를 삼킨 불길
널름대고, 번득이고
확확 뿜고, 활활 타며
빠르게 에워싸서
세차게 끌어안네.

떨어지는 그 모습
순식간에 사라지고
추락한 그곳에는
어둠과 죽음뿐.[17]

동작과 색깔, 같은 자음이 반복되는 두운(원래의 시에서는 두운이 반복된다-역주), 점강법, 점약법으로 이 연극은 아이들 감정의 아주 깊은 곳을 어루만지는 듯했다. 아이들은 완벽히 몰입하였고 이두나에게는 공감을, 티아지에게는 반감을 형성하였다. 아이들은 이 신화의 연기와 극적 효과를 좋아하였으며 그 위풍당당하던 신들이 점점 노쇠해져서 너무나 우스꽝스럽게 변해 가는 모습과 이두나의 사과가 가진 마술적인 특성에 많은 관심을 보였다.

저학년 때처럼, 나는 아이들에게 신화를 '설명'하는 대신에 상이 아이들 안에서 무르익도록 내버려 두었다. 저마다 때가 되면 거기서 의미를 이끌어 내리라는 것을 알고 있었기 때문이다. 이것이야말로 살아 있는 그림의 놀라운 특성이다. 신화의 두운과 상은 아이들 나름대로 '깨달음'에 이르게 하였으며 나는 이를 존중하였기에 아이들이 각자의 시간표에 맞춰 스스로 이를 경험할 수 있도록 내버려 두었다. 만약 내가 설명을 했더라면 장차 그것을 이해하는 날까지 밑바닥에서 힘차게 흐르고 있을 상의 힘을 약화시켰을 것이다. 연극 연습을 할 때는 어른인 나도 신화를 탐구하면서 의문을 가지고 검토하였다. 스스로 그 의미를 찾고자 하였고 나의 내적인 노력이 수업에 활기를 줄 것이라고 믿었다. 그래서 나는 풍요, 젊음, 죽음의 여신인 이두나의 역할에 대하여 곰곰이 생각해 보았다. 나는 자문했다. 왜 사과였을까? 아담과 이브에게 선악을 가르쳐 준 사과와 북유럽 신들에게 영원한 젊음을 준 사과 사이에 어떤 연관이라도 있는 걸까? 이두나 이야기에 호두가 나오는 것도 흥미를 불러일으켰다. 스칸디나비아 민속에서 호두는 죽은 뒤의 삶을 보증하며, 아일랜드 전설에서는 영원한 젊음을 뜻한다는 사실에 나는 매료되고 말았다.[18]

신화의 생생한 그림은 시간이 지나도 퇴색하는 법이 없다. 나는 교사로서 그토록 완전하게 묘사된 상과 사건에 새로운 생명을 부여하는 일이 전혀 싫증이 나지 않았다. 다음 과목으로 넘어가려면 늘 힘이 들었다.

나뭇잎이 눈부신 빨강과 황금빛 노랑으로 물들고 이른 아침에는 잔디에 하얗게 서리가 내려앉는 가을에 우리는 수와 셈으로 눈을 돌렸다. 나는 늘 10월에 수와 셈 수업을 진행하였다. 나도 아이들도 반짝이는 가을날에는 사고가 더 명료해지는 것 같았다. 자연의 외적인 번성과 생장이 약화되면 아이들의 영혼은 그 반대로 집중력과 내면의 활동력이 강해지는 것처럼 보였다.[19] 10월에 수와 셈을 가르치면 항상 효과가 있었다.

4학년 수와 셈은 그때까지 배운 내용을 모두 복습하는 것으로 시작하였다. 지난 3년 동안 같은 아이들과 지내 왔고 또 매년 구성원도 거의 변하지 않았으므로, 반 전체는 물론 아이들 개개인에게 관심을 집중할 수 있었다. 우리는 숫자 넣기, 사칙연산, 도량형, 로마 숫자, 곱셈에서 0의 특수한 역할, 소수, 암산 등을 되돌아보았다. 아이들이 준비되었다는 판단이 들자 우리는 분수의 세계로 출발하였다.

분수는 '세계를 전체에서 부분들의 합으로 나누는 과정'을 직접 반영하기 때문에, 앞서 말한 9~10세의 변화에 비춰 볼 때 아주 이상적인 주제이다. 우리는 크고 빨간 사과를 가지고 시작하였다. 나는 엄숙하게 사과를 반으로 자른 뒤 4등분하였다. 첫날은 그 조각들이 전체의 부분이며, 하나는 전체에서 나와 부분이 되고 다시 전체로 돌아갈 수 있다는 설명을 하면서 분수의 바탕이 되는 기본 개념을 세우는 데 공을 들였다. 다음 날부터 우리는 모두 두꺼운 마분지로 커다란 피자를 만들어 매시간 4등분, 5등분, 8등분, 10등분 등 여러 분수를 알아 나갔다. 마분지 피자에 색칠한 뒤에 조각들을 오려 내어 아이들끼리 '거래'도 하였다. "나는 8등분 조각이 필요해. 내 4등분 조각과 바꿀 8등분 두 조각을 가지고 있는 사람?"이라고 하는 등, 몇 시간이고 계속할 수 있었다. 모든 피자의 반지름을 똑같이 하여 조각 수에 상관없이 전체 피자의 크기가 일치하였으므로 아이들은 4등분 한 조각에 8등분 두 조각이 필요하다는 사실을 실제로 체험할 수 있었다. 아이들은 특별히 아름다웠던 '애비의 5등분'뿐 아니라 다른 친구들에게 있는 색색의 조각들과 바꾸는 일에도 열광하였다. 분수의 덧셈과 뺄셈, 통분, 약분, 대분수를 공부할 때에도 촉각을 사용하여 튼튼한 기초를 마련한 후에야 필기구를 사용하였다. 우리는 그 해 말, 두 번째 수와 셈 주요수업 때에 비로소 분수의 곱셈과 나눗셈을 시작하였다.

두 번째 주요수업 기간에 긴 나눗셈에도 도전하였다. 긴 나눗셈만큼 아이들에게 좌절의 눈물을 흘리게 하고 부모님이 숙제를 도와주면서 힘들어한 내용도 별로 없었던 것 같다. 일상생활에서 긴 나눗셈이 자주 쓰이지 않는 점을 고려하면 그 소동이 무슨 소용이 있는지 이해하기 어려웠으므로 그것이 '큰일'이 되지 않도록 노력하였다. 그러나 긴 나눗셈이 '너무나 어렵다'는 통념은 긴 나눗셈을 배우기도 전에 우리 아이들에게 스며들었다. 나의 대모며 발도르프 교사로 오랫동안 재직 중인 도로시 해러가 작곡한 짤막한 소곡 덕분에 '나누고 곱하고 빼고 내리는'[20] 긴 나눗셈의 네 단계에 율동성과 음악성을 가미할 수 있었다. 칠판에 문제를 풀고, 짝을 지어 공부하고, 어떤 문제는 집까지 가져갔다.

결국 거의 모든 아이가 긴 나눗셈을 익혔다. 참된 성취는 계산 기능 그 자체보다 오히려 지시에 따라 차례차례 단계를 밟아 가며 문제를 풀 수 있는 능력을 개발한 데 있었다. 수많은 학교가 무엇보다도 기능 훈련에 역점을 두고 있다. 나는 이런 믿음을 받아들일 수 없다. 생활에 필요한 기능은 변한다. 발도르프 교사로서 나의 진정한 목적은 아이들에게 특정 기능을 가르치는 것뿐 아니라 그들의 '능력 개발'을 돕는 데 있었다. 다양한 생활 상황과 요구에 적응할 수 있는 그런 능력 말이다. 이것은 지시대로 단계를 밟아 가는 것을 배우는 데 그치지 않고 유연한 사고와 상상력을 개발하고, 문제를 해결하고, 집단 활동에서 경험을 얻는 등 8년 동안 같이 하면서 우리가 추구한 모든 것을 포함한다.

교사가 학생들에게 지식을 쏟아 붓고 '자기가 가르친 것'이 학생들에게 얼마나 잘 반영되었는지 알아보는 시험을 치르면서 교사들은 자신의 성공에 대하여 지나치게 자기 위주로 되어갈 수 있다. 그러한 통제 기제들과 지식 분배자의 강력한 역할 때문에 교육과정은 쉽사리 전복될 수 있다. 교사는 자기를 중심에 두지 않도록 경계해야 한다.[21] 아이들을 발도르프 교육 환경에서 가르치면 가르칠수록 표준화된 시험, 교육학적 '규범', 또는 지식 분배자로서 일반적인 교사상을 점점 더 믿을 수 없게 되었다. 오히려 나의 역할은, 아이들이 타고난 재능과 주위 세계를 점진적으로 깨달아 가는 데 도움을 주기 위하여(가능한 한 예술적으로) 노력하는 것이라고 느꼈다. 나는 쏟아 붓기보다는 이끌어 내려고 애썼다.(이래야 제대로 된 교육이라 할 수 있지 않을까?)

아이들이 주위 세계에 눈뜨기 시작하는 4학년에 동네학geography을 도입한다. 동네학 첫 시간은 물의 흐름을 묘사하는 것으로 시작하였다. 산꼭대기 눈이 녹아 바위로 똑똑 떨어져 계곡을 타고 내려오면 산자락에 펼쳐진 평야를 통과하면서 다른 물줄기와 합쳐지고 이것이 마을을 지나고 비탈을 내려가 큰 강에 이르러 마침내 바다에 닿게 된다. 칠판에 커다랗게 그림을 그려 놓고 물의 흐름에 따라 오랜 시간에 걸쳐 생성된 자연스러운 경계, 곧 '땅 새김'에 대하여 이야기하였다. 우리는 휴식 시간에 학교 뒤편에 있는 시냇물을 보러 갔는데 정말 지난 봄에 비해 경로가 약간 바뀌어 있었다. 시냇물이 지구에 흔적을 남긴 것이다.

나는 또한 나침반의 네 방위를 가르쳐 주었다. 우리는 밖으로 나가 양팔을 쭉 뻗어 북, 동, 남, 서로 돌면서 인간 나침반이 되어 보았다. 태양의 경로 및 학교 주변에서 익히 보아온 경계표와 연관 지어 네 방위에 대해 함께 이야기하였다.

다음 날부터 우리는 교실 뒤편에서 우리 교실의 평면도를 그렸다. 책상, 의자, 화초 들을 위에서 굽어본 모양으로 그린 '조감도'였다. 아이들은 각 책상에 이름표를 달고 연필깎이의 정확한 위치 등 교실의 아주 세세한 부분까지 그리자고 주장하였다. 그다음에는 학교를 그렸는데 한층 어려운 작업이었다. 아이들에게 우선 기억나는 대로 대강 스케치를 하게 했는데 아이들은 틀린 곳이 없다고 생각하는 것 같았다. 그러나 이윽고 다 함께 학교 건물을 돌아다녀 보니, 구석구석에 빠진 곳이 드러났고 심지어 통째로 빼먹은 사무실도 몇 군데 있었다. 이러한 훈련을 통하여 아이들은 주변을 더욱 잘 관찰하게 되었으며 마지막 도면은 아주 정성 들여 작업하였다.

나는 중심에서 바깥으로 옮겨가는 과정을 계속하였다. 이어서 아이들에게 각자 자기 방의 평면도를 그리고, 집에서 학교로 오는 길을 간단한 지도로 작성하게 하였다. 어떤 아이들은 매일 아침 함께 타는 차 안에서 자기들끼리 워낙 수다를 떨다 보니 어떤 길로 오는지를 전혀 기억하지 못하였다. 그 비슷한 상황에 부닥친 한 아이는 교실을 가로지르며 지도에 확실한 곳만 몇 군데 그려 넣고는 이렇게 항변하였다. "하지만 너도 우리 집에 한 번밖에 와 본 적이 없잖아!" 모든 아이가 하던 것을 멈추고 그 말에 주목하였다. 이것이 나보다도 아이들이 서로 더 잘 가르친다는 사실을 증명하는 예이다. 그날 아이들의 '주의집중력'은 정말 대단하였다.

마지막 프로젝트로 학교를 중심에 놓고 우리 마을의 지도를 그렸다. 네 방위를 표시하였고 모든 아이의 집을 정확한 위치에 그려 넣었다.

봄에 진행한 두 번째 동네학 주요수업에서는 매사추세츠의 하우새토닉 밸리와 버크셔 카운티의 초창기 역사를 공부하였다. 이 수업은 하우새토닉 강을 카누로 타고 내려갔을 때 정점에 이르렀다. 우리는 매사추세츠 주에 관한 공부로 이 수업을 마무리하였다.

동네학을 가르치면서 나는 낯익은 환경에서 시작하여 아이들이 공간에 대한 새로운 감각과 물리적인 세계와의 새로운 관계에 서서히 눈뜨게 하였다. 중심에서 주변으로의 이행은 확신을 줌과 동시에 사물들을 현실 속에 붙들어 매는 자연스러운 과정이었다.

크리스마스 휴가 전에 우리는 문법을 다시 공부했는데 3학년 때의 말하기 연습을 심화시켰고 아울러 구두법에도 도전하였다. 물론 그전부터도 작문할 때 늘 구두점을 찍어 왔으나 좀 더 의식적으로 공부할 만한 단계에 이른 듯했다. 나는 문법의 한 부분인 구두법을 소개하면서 각 부호의 특성과 용법을 의인화하여 그 성질을 묘사하였다.[22]

나는 마침표입니다.
나는 조용히 앉아 있길 좋아합니다.
내가 가면 문장은 끝이 납니다.

오, 나는 발랄하고
활달하고, 용감하고

재치 있고, 유쾌한 친구
문장들 사이에서
내가 제법 유명한 것은
쉼표가 내 이름인 때문이지.
어떤 때는 하도 신이 나서
내 얘기는 이어지고, 이어지고, 계속 이어지고….

오호! 만세!
내가 왔노라! 내가 왔노라!
모두 길을 비켜라!
느낌표가 나가신다!
물러서거라! 물러서거라!
느낌표가 문장을 짓고 있노라!
마침표가 앉아서
문장을 맺으려는데
쉼표가 어디선가 급하게 달려오네.
마침표랑 쉼표
그 둘이 함께하면
너희도 알고 있지
쌍반점(쎄미콜론)이 된단다.

마침표 말씀:
"나는 조용히 앉아 있길 좋아하지."
이어지는 두 마침표의 말씀:
"우리 얘기를 잘 들으렴
우리 둘이 모이면 쌍점(콜론)이 된단다."

나는-질주하는- 줄표(대시)라네.[23]
어떤 이들 날 부르길-그들이 날 부르길
기억을 되살려-그들이 날 부르길
날 부르길-붙임표(하이픈: -)라 하지.

알고 싶구나.
네 이름은 뭐니?
너희 집은 어디야?
무엇을 알고 있니?
무슨 일을 하고 있니?
말해 봐, 날 아니?
넌 물음표?

누군가 "중요한 말"을 하면
우리는 그 말을 따온다네.
그 말의 양 끝을 붙들어
데리고 나오는 덕분에
입말이건만 잃어버리는 일이 없다네.

아포스트로피는
말을 줄여 주지.
아포스트로피 다음에 오는 소리를
아주 말끔히 지울 수 있지.

색깔을 넣어 삽화와 예문을 만들면서 아이들은 곧 구두점 친구들과 친숙해졌다. 아이들은 내가 칠판에 적은 문장에서 '오류'를 찾아내어 어떤 구두점을 찍어야 맞는지 수정해 주는 것을 특히 좋아하였다. 이 모든 공부는 문장을 만드는 연습에도 도움이 되었고 우리의 작문 실력도 높여 주었다.

봄에 한 주요수업은 앞에서 대부분 언급하였다. 4학년 장을 마치기 전에 이한 해 동안 가장 마음에 들었던 주요수업에 관하여 이야기하고 싶다. 바로 동물학인데, 발도르프 교육에서는 '인간과 동물'이라고도 한다.

2학년 때에는 우화를 들려줌으로써 아이들이 인간 영혼의 특성을 이해할수 있도록 도왔다. 아이들은 영혼의 여러 특성을 우화에 등장하는 특정 동물의 심상으로 구현하였다. 그래서 우리는 '여우처럼 교활한'이나 '사자처럼 용감한' 또는 '생쥐처럼 겁 많은' 등의 표현을 쓰는 것이다.[24] 4학년 동물학에서는 심상에서 형태로 나아갔다. 우리는 개개 동물의 형태를 다양한 측면에서 인간 형태와 관련하여 살펴보았다. 지리, 분수, 구두법을 포함하여 다른 4학년 과목과 마찬가지로 동물에 대해서도 그것과 '우리와의 관계'에 역점을 두고 공부하였다.

루돌프 슈타이너는 동물이 저마다 인간의 어떤 부분을 반영한다고 지적하였다. 단, 극단적인 형태로 반영한다. 어떤 동물은 다리가, 어떤 동물은 목이, 또 어떤 동물은 후각이나 시각이 특히 발달해 있다. 반면 인간은 다양한 특성이 균형을 이루며 섞여 있다.[25] 하지만 나는 이것을 이론으로 제시하지는 않았다. 나는 각 동물의 특징을 설명하고 인간과 연결지어 토론하는 시간을 주었다.

특정 동물을 바라보는 틀을 제시하기 위하여 나는 우선 인간 신체의 삼중성三中性에 주의를 돌렸다. '머리'는 전차를 탄 왕처럼 어깨 위에 가만히 앉아 있지만 항상 그 목표를 주시하고 있다. 머리는 숙고와 방해받지 않는 사고를 할 수 있게 높은 곳에 조용히 얹혀 있어야 한다. 머리는 시각, 청각, 균형감각, 후각, 미각과 같은 감각기관의 집이다.[26] 머리는 감각기관을 통하여 주위 세계를 지각할 수 있다. '사지四肢'는 힘센 일꾼이며, 덕분에 우리는 움직이고 활동할 수 있다. 팔과 다리는 우리의 충직한 하인으로 온갖 명령을 수행한다. 우리는 곧게 서 있으므로 목적이 있는 활동에 양손을 자유로이 사용할 수 있다. 머리는 바깥쪽이 단단하여 안쪽의 연한 것을 보호한다. 반면, 사지는 그 반대이다. 바깥은 연하고 그 속에는 단단한 뼈가 있다. 인간의 '몸통'은 심장과 폐가 거처하는 곳이다. 심장과 폐는 리드미컬하게 작동하며, 우리는 호흡과 심장 박동의 리듬에 맞춰 영양분을 얻는다. 몸통은 머리와 사지를 연결하여 앞서 말한 통합 과정을 돕는다.[27]

인간 신체를 본보기로 하여 우리는 동물 세계를 공부할 수 있었다. 번들거리는 눈과 휘감기는 발이 달린 문어는 온통 머리와 다리밖에 없는 것처럼 보인다. 아이들은 문어의 발에 빨판이 붙어 있어서 바다 밑을 구물구물 움직여 다닌다는 이야기를 듣고 흥미로워하였다. 우리는 사자와 그들이 서식하는 아프리카에 대해서도 공부하였다. 우렁찬 포효와 무성한 갈기의 사자는 가슴과 몸통의 강인함을 강하게 드러낸다. 신경의 힘이 강한 쥐는 두뇌에 편중된 감각 세계를 보여 준다. 하루는 우리 모두 생쥐가 되어 보았다. 그 난장판이란! 아이들은 교실을 네 발로 쫓아다니며 생쥐의 재빠르고, 겁 많고, 예민한 성질을 파악하였다. 우리는 독수리, 펭귄, 비버, 사향소(발도르프 학교 4학년에서는 전통적으로 소보다 사향소를 가르친다)에 대해서도 공부하였다. 여기서는 이빨을 비교하는 공부를 하였다. 그 뒤 우리는 설치류, 식육류, 유제류에 관하여 토론하였고 특히 앞니(설치동물), 송곳니(육식동물), 어금니(유제동물)에 집중하였다.

나는 이 주요수업을 준비하면서 인간을 동물과 연관 지어 통찰하는 인지학을 비롯해 전에 없이 광범위한 배경지식을 쌓았다.[28] 인간의 삼중성을 설명한 슈타이너의 『인간 연구』 10장을 다시 읽었으며, 『인간, 창조적 언어의 교향곡』이라는 훌륭한 강의록도 살펴보았다. 강의록에는 생각할 거리가 많았다. 이를테면 슈타이너는 사자의 본성을 관찰하되 자신이 사자가 되어보라고 권한다. 사자가 그 환경 속에서 살아가는 동안 겪게 되는 기쁨, 내적인 만족감을 느껴 보라는 것이다. 이러한 만족감이 어떠한 것인지 알려면 사자의 호흡과 순환과정을 느껴 보아야 한다. 사자는 위쪽으로 맥박치는 피와 아래로 박동하는 호흡 사이에서 끊임없는 역동적 균형 상태를 유지하면서 이렇게 상반되는 힘들을 기분 좋게 지배한다. 소는 자세, 눈빛, 몸짓에서조차 '소화'를 표현한다고 슈타이너가 말했다. 소는 소리를 듣고 머리를 쳐들면서 이렇게 묻는다. '내가 지금 왜 머리를 쳐들고 있지? 풀은 안 뜯고….' 소는 풀을 뜯는 것 말고는 어떤 수고도 하지 않는다.[29]

아이들은 동물들의 특징적인 모습을 파고들었고 자기만의 경험을 섞어 가며 수많은 작문을 하였다. 여기 쥐에 관한 마리아의 글을 소개한다.

> 겁쟁이 쥐는 적이 많다. 여우, 오소리, 뱀, 부엉이, 고양이 따위가 모두 불쌍한 쥐를 잡아 괴롭히기를 좋아한다.

생쥐가 지나다니는 길은 지하실, 벽, 다락에 있다. 쥐는 집의 후미진 곳에 굴을 만든다.

쥐를 쳐다보면 쥐가 덜덜 떠는 것을 볼 수 있는데 겁이 많은 짐승이기 때문이다. 쥐는 아주 작은 소리만 나도 달아난다.

쥐가 음식에 닿으면 균을 옮길 수 있다. 또한 밤중에 벽을 타고 오르락내리락하면서 우리 잠을 깨우기도 한다. 쥐 때문에 잠들지 못할 수도 있다. 나도 그런 적이 있었는데 다음 날 아침에 몹시 피곤했다.

4주간의 동물학 수업에서 단 한 가지 아쉬운 점이 있다면 시간이 너무 짧다는 것이다. 다음 번에는 3주씩 두 번에 걸쳐 할 생각이다.

나는 이 장을 시작할 때와 마찬가지로, 개인적인 기록으로 이 장을 마무리지을까 한다. 4학년 말쯤에 나는 스위스 도르나흐에서 개최된 국제 발도르프 교사회의에 참석하였다. 지난 열두 달 동안 내가 어떻게 지내왔는지를 아는 동료 교사 한 명이 나를 따로 불러 이렇게 제안하였다. "회의가 끝나면 한 주 더 머물면서 당신 자신을 위한 시간을 가져 보는 게 어때요?" 회의는 봄방학 때에 잡혀 있었지만 더 머무르게 되면 학교 수업을 한 주간 못하게 된다. 처음에 내 반응은 "그럴 순 없어요!"였다. 그러나 그 여선생은 "하지만 선생님도 원하시잖아요?" 하면서 주장을 굽히지 않았다. 결국 내가 글도 쓰고, 알프스에도 오르고, 반성도 할 시간을 좀 갖고 싶다고 인정하자 그 여교사는 자신의 제안을 꼭 따를 것을 고집하였다. 나도 모르는 사이에 나를 대신할 교사, 시간표, 비용까지 모두 마련해 놓고 있었다. 그 여교사의 배려로 나는 유럽에서 일 주일간 사실상의 휴가를 얻어 당시의 나를 새롭게 가다듬을 수 있었다.

나는 정말 멋진 시간을 보냈다. 아를레스하임에 있던 내 방에서는 멀리 계곡과 산들을 조망할 수 있었다. 길을 따라 조금만 올라가면 〈파르치팔Parsifal〉에 나오는 성城의 폐허가 있고, 그 너머로 산으로 올라가는 오솔길이 나 있었다. 나는 읽고, 쓰고, 산책하고, 노천 카페에 앉아 시간을 보냈다. 독일어를 연습하고, 사람을 만나고, 바젤 중심가를 걸어 보기도 하였다. 하지만 무엇보다도 나를 다시 발견하였다.

교사들은 주는 일에 많은 시간을 쏟는다. 나는 교육의 이런 특성을 바꾸고 싶지는 않다. 그것은 또한 재창조와 새로이 태어나는 과정일 수 있다. 하지만 스위스에 있는 동안 책임에서 벗어나 '고독'을 방해받지 않을 수 있다는 것이 내적 균형을 회복하는 데 도움을 준다는 사실을 알았다. 나는 동료 교사의 친절한 배려를 영원히 잊지 못할 것이다. **4/8**

5학년

균형을 잡고서

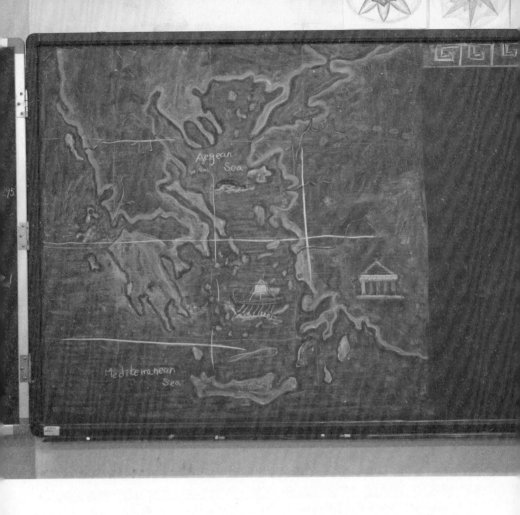

　　　　해마다 학년 말에는 아이들의 학교생활 보고서를 작성하였다.
이야기체로 길게 풀어쓴 이 학교생활 보고서는 아동 발달의 각 단계에 비추
어 우리 아이들의 특징을 파악하고, 교과과정의 개략적인 체계를 세우고, 학
부모와 대화를 유지하는 데 도움이 되었다. 우선 그해 말에 작성한 학교생활
보고서를 소개하고 발도르프학교의 부모-교사 간 협력이라는 주제를 다룬
뒤에 5학년 과정을 하나하나 짚어 가고자 한다.
　　　　1987년 5월 첫날, 우리 5학년 아이들이 5년 동안 고대해 온 일이 드디어 일

어났다. 연례행사인 오월제에서 아이들은 오월주(五月柱_오월제를 축하하기 위하여 꽃이나 리본으로 장식한 기둥-역주)를 장식한 색색의 줄을 엮으면서 뛰어들었다가 물러나고 간격을 넓혔다가 좁히며 함께 춤을 추었다. 서로 조화를 이루어 함께 움직이는 아이들의 웃는 얼굴과 즐거운 눈빛을 보면서 그들이 이 특별한 행사를 어떻게 느끼는지 알 수 있었다.

우아한 몸놀림과 균형은 5학년 아이들의 특징이다. 발걸음은 아직 가볍고 기쁨도 아직 자연스럽다. 새로운 사고력이 깨어나기 시작하지만 아이들은 여전히 아름다움과 질서에 대한 타고난 감각 안에 머물러 있다. 5학년 아이들은 성취하고 자기 이름을 날리고 싶어 하지만 그럼에도 자신의 개별성을 녹여 전체 분위기에 맞출 수 있다. 음악과 시는 열한 살 아이들에게 깃들인 고귀함에 말을 건네고 마라톤과 테르모필레 전투는 아이들의 모험심과 용기를 일깨운다. 학생들은 황금 양털을 손에 넣으려는 이아손의 원정, 헤라클레스의 투쟁, 페르세우스의 공적에 자신을 곧장 동일시하였다. 5학년 학생들과 공부해 보면 고대 그리스의 참된 정신을 엿볼 수 있을 것이다.

우리 반 아이들이 공연한 메이폴Maypole 춤 말고도 오월제에서는 밝은색 리본과 종으로 장식한 의상을 입고 모리스 춤(영국 시골에서 특별히 뽑혀 훈련받은 남자들이 추는 제의적 민속무용-역주)과 화관무도 추었다. 아이들은 수많은 구경꾼에 둘러싸여 흥겨운 아코디언 음악에 맞춰 춤을 추었다. '초록의 잭(Jack in the Green_오월제 놀이에 나오는 푸른 잎으로 덮인 광주리 속의 사내아이-역주)'은 아기 양을 팔로 감싸 안고 이따금 숲에서 신비한 모습으로 나타났다. 춤이 끝나고 아이, 학부모, 교사들이 함께 풀밭에 앉아서 점심을 나누었다. 오후에는 경기를 하였다. 겨울 팀(어른 팀)과 여름 팀(아이 팀)으로 나누어 줄다리기도 하였다. 결국에는 늘 여름 팀이 이겼다.[1]

해마다 교육일정 안에서 학부모와 교사들은 다양한 축제를 함께하였으며, 축제 때는 늘 아이들의 성과를 공유하는 특별 모임을 열었다. 9월 말에는 미카엘 축일, 10월 말 핼러윈 데이,[2] 11월 말 추수감사절, 12월 초 강림절을 지냈으며, 크리스마스 휴가 전에 마지막으로 크리스마스를 위한 모임을 했다.

이 축제들은 계절 변화를 느끼게 하였고 공동체로 하나 되게 만들어 주었다. 이들 기념일을 함께 축하하면서 나는 교사와 학부모 사이가 긴밀해지는 것을 느꼈다.[3]

나는 또한 한 해에 두세 차례 정도 저녁 반모임에서 우리 반 학부모들을 만났다. 우리는 함께 교과과정의 특징을 살펴보았고 그날 아이들이 했던 활동을 몸소 체험해 보기도 하였다. 우리는 아침 활동, 색칠하기, 그리기를 해보았고 시를 낭송하고 리코더도 불어 보았다. 부모님들은 이런 활동에 직접 참여해 보고 나면 발도르프 교수 방법을 더 잘 이해하는 듯했다. 반모임에서는 또한 소풍, 연극, 모든 사람이 참여해야 하는 특별 행사와 함께 아이들에게 일어나고 있는 사회적 변화 및 발달상의 변화를 주제로 토론하였다. 나는 운 좋게도 학부모들의 높은 지지를 받았다. 반모임의 참석률은 높았다. 우리 집단의 기대 수준은 높은 편이었다. 참석하지 못한 부모가 있으면 다음 날 전화를 해서 '보충' 모임을 잡았다. 학부모들은 또한 한 해에 두 번, 교사-학부모 간 개별 면담을 위하여 학교를 찾았다. 아이의 부모와 내가 아이에 관한 공통의 그림을 만들 수 있었으므로 이것은 대단히 중요한 업무 중 하나였다. 나는 이 면담에 계속해서 주의를 기울였으며, 덕분에 학년 말 학교생활 보고서를 작성하고 부모님께서 제기한 문제를 해결하는 데 도움이 되었다.

루돌프 슈타이너는 무엇보다도 교사-학부모의 상호작용에 역점을 두었다.[4] 그는 그것을 실질적인 쌍방 통행이라고 보았다. 말하자면, 교사가 자신의 교육 대상을 위하여 학부모의 지지를 얻어야 한다면, 부모 또한 자기 자녀를 위하여 교사에게 자신의 기원과 열망을 표현할 필요가 있다. 학부모와 교사의 지속적이고 인간적인 접촉은 독립 학교의 유일하고 가장 훌륭한 보호막이다. 정부가 국가의 권한과 법적, 정치적 지침이 있음에도 교육업무에서 손을 뗀다면, 그 공백은 부모와 교사의 상호 신뢰와 조화로 메워 가야 한다.

8년간 아이들을 맡아 가르치면서 부모들과 함께하는 동안, 그들이 참으로 멋진 사람들이라는 것을 알게 되었다. 그들에게는 풍부한 인생 이야기가 있고 다양한 관심과 재능이 있었다. 이것은 종종 초대 강연이라는 형식으로 수업에 활용하였다. 매년 새로운 학부모 집단과 협력해야 하는 다른 학교의 교사들은 그들을 '그렇고 그런 엄마나 아빠'로 보는 경향이 있다. 그러나 여러 해를 함께하면서 그들은 내 인생에 아주 중요한 인물들이 되었다. 그들은 나를 너무나 잘 알았기 때문에 내가 정말 필요할 때 친절한 말과 도움의 손길을 건넨 적이 많았다. 물론, 실망스럽고 심지어 성가신 순간도 있었다. 어떤 부모들은 수차례의 면담과 전화 통화를 하고서도 특정 문제나 사건에 대해 마음을 열지 않아 일을 진행할 수 없을 때도 있었다. 사실, 백기 투항하려고 마음먹었던 적도 있었다. 하지만 시간이 약이었다. 이를테면, 지나치게 간섭하는 학부모를 다른 관점에서 보기 시작하였다. 곧 우리는 함께할 새로운 바탕을 찾아내곤 하였다. 8년 동안 아이들을 계속해서 책임지려면 어려운 상황이 닥치더라도 도망쳐서는 안 되며, 늘 유연함을 잃지 않고 마음속에 있는 상대의 모습을 성숙하게 변화시켜 나가야 한다.

루돌프 슈타이너의 강연록 『공동체에 대한 자각』을 보면 '재 판단re-casting of judgment'에 관해 말한 부분이 있다.⁵ 이것은 최종의 확고한 결론을 짓고 싶어 하는 유혹에 저항하면서, 그보다는 융통성 있는 열린 마음으로 자신의 견해를 심화 발전시킬 수 있도록 하는 영혼의 과정을 뜻한다. 재 판단 전후에 판단 내용이 변하지 않더라도, 내적인 노력이 주는 따뜻함 덕분에 그 느낌은 달라진다. 사람들은 각각의 재 판단을 통하여 새로운 관점을 획득한다. 이때 개인적인 요소는 어느 정도 밀려나고 새로운 인식 능력이 형성되기 시작한다. 이것을 훈련하는 데는 많은 시간과 인내가 필요하다. 그러나 이것은 일종의 사회적 발효제로서, 새로운 사회의식을 위해 분투하는 사람들 간의 관계를 강화한다.

내가 만약 한 번 더 다른 학급을 맡게 된다면 모든 방면에서 학부모와 협력하기 위하여 갑절의 노력을 기울일 것이다. 아이들을 위해서 뿐 아니라 사회 전체의 건강을 위해서.

우리 5학년 아이들은 역사 이해를 흐리게 하는 현대의 사고방식과 태도에 방해받지 않고 사물이 시간을 타고 어떻게 변하는지를 관찰할 수 있었다. 그래서 우리는 고대의 인도, 페르시아, 바빌론, 이집트, 크레타, 그리스에 역점을 둔 고대사의 광범위한 연구에 착수하였다.

나는 이 수업을 준비하면서 수많은 사실과 사건을 수집하여 연대순으로 나열하기보다는 인간 의식의 주요한 변화를 반영한 징후적 예들을 찾아내려고 노력하였다.[6] 어떤 점에서 나는 외적인 역사적 사건들이 그 밑에 감춰진 내적인 과정의 표현이라고 생각하였다. 우리 5학년 아이들은 그 자신의 발달을 통하여 인간이 역사적으로 거쳐 온 의식의 단계들을 되풀이하고 있었기 때문에 이 수업에 깊은 감명을 받았다. 아이들은 고대 문화의 여러 형식과 분위기를 아주 친밀하고도 개인적인 방식으로 경험하였다. 이를테면, 나는 자주 아이들이 내 이야기에 '참여'하고 있다고 느꼈다. "각기 수많은 진화 단계를 거치면서 인간성이 역동적으로 변화해 가는 과정"[7]을 따라가면서 아이들은 자신을 지금까지 계속됐고 우리 시대에도 여전히 진행해야 하는 성장 과정의 계승자로 간주하였다. 따라서 역사를 배우는 것은 우리 자신에 관히여 배우는 것이다.

이어지는 단락들은 역사적 징후와 의식 변화의 본질을 찾기 위해 5학년에서 다루었던 것이다.

전혀 다른 관점에서 또 하나의 창세신화를 들려주었다. 인도의 브라흐마는 물을 창조하고 그 안에 온기를 불어넣었다. 그는 물속에 자신의 씨앗을 놓아두었고 그 씨앗은 태양보다 찬란한 황금알이 되었다. 그 알에서, 바로 브라흐마가 태어났다.[8] 단편적이나마 이 이야기를 마치고 〈마누와 물고기〉를 들려주었는데 아이들은 이야기가 노아의 방주와 유사하다는 것을 알아차렸다.

아이들은 위대한 현자들의 가르침에 귀 기울였고 카스트 제도를 공부하였다. 이 시점에서 많은 이야기들이 오고갔다. "사람들을 어떻게 그런 식으로 나눌 수가 있어요? 그건 공정하지 못해요!" 나는 브라만(승려), 크샤트리아(무사, 수호자), 바이샤(상인, 농민), 수드라(천민)에 관해 이야기해 주었다. 아이들은 정말로 이 부분을 좀 더 깊이 공부해 보고 싶어 하였다. 이런 질문도 해보았다. "자기가 어떤 계급에 속했을 것 같니?" 서로 대담한 말들이 오고 갔다. 모두가 앤서니는 틀림없이 브라만이었을 것이라고 하였다. 라마와 시타 이야기에 이르러, 나는 인도인의 윤회사상도 아이들의 큰 이야깃거리가 될 것이라 예상하였다. 하지만 아이들은 다시 한 번 나를 놀라게 하였다. 아이들의 반응은, "물론 윤회는 이해할 수 있어요."였다.

역사 주요수업에서 누구보다도 두드러진 인물은 고타마 싯다르타였다. 아이들은 그의 탄생이 예견된 것이었으며 한 현자가 그 어머니와 아버지에게 아들이 가난, 질병, 늙음, 죽음을 목격하는 날에는 그들 곁을 떠날 것이라고 경고했다는 이야기를 들었다. 왕자의 가족들은 왕자를 위해 호화로운 궁궐을 짓고 온갖 사치스러운 물건들을 가져다 놓는 등 왕자를 지키는 일이라면 어떠한 일도 마다하지 않았다. 병들고, 가난하고, 늙은이들은 누구도 얼씬할 수 없게 하였다. 왕자는 어떤 식으로도 죽음을 볼 수 없었다. 그러나 이러한 노력은 수포로 돌아갔다. 어느 날 왕자가 수레를 타고 나갔다가 길에서 늙은 거지와 마주친 것이다. 이어서 아픈 사람, 장례 행렬과도 마주치게 되었다. 이러한 광경을 접한 그의 영혼은 심하게 동요하였고 세상에 그러한 고통이 존재한다는 사실에 충격을 받은 나머지 자신이 가진 모든 것을 버리고 왕위도 포기하고 지혜를 찾아 길을 떠났다. 수많은 고행을 하고서도 뜻을 이루지 못한 고타마는 보리수 아래에 정좌하여 깨달음이 자기를 찾아올 때까지 움직이지 않으리라 결심한다. 바로 그곳에서 그는 부처가 되었고 진리가 그의 앞에 드러났다. 지혜의 눈으로 그가 본 것은 생명이 있는 곳이라면 어디에나 고통이 존재한다는 것, 하지만 영혼이 육신의 옷을 입고 계속 환생하여 그 고통을 풀어야만 비로소 열반에 이르러 윤회의 사슬에서 풀려나 자유로워진다는 것이었다.[9]

세상과 하나 된 보리수 아래 부처는 인도 의식의 진정한 징후이다. 고대 인도인들은 초감각적 세계가 인류의 진정한 고향이며 감각 세계는 실재하지 않는 것, 마야라고 느꼈다.[10] 그들은 그 초감각적 세계와 재결합하려는, 곧 하나 되려는 크나큰 열망을 지녔다. 팔정도八正道의 수행은 이러한 영적 합일로 가는 수단이었다.[11] 부처이야기를 끝으로 인도 수업을 마쳤을 때 아이들

위로 깊은 평화가 내려앉았다. 그들은 '전일wholeness'의 분위기에 빠져들었고 그것이 내면에서 공명하였다. 우리는 인도의 합일성에 대한 경험을 뒤로하고 페르시아의 이원적인 세계로 들어갔다.

아후라 마즈다는 빛의 세계를 창조하였다. 두 번째로 태어난 아리만은 어둠을 좋아했다. 그는 빛에 대항하려고 악마 다에바를 창조하였다. 그리하여 선과 악의 싸움이 태초부터 시작되었다.

아후라 마즈다는 완전한 땅을 창조했으나 아리만이 얼음, 눈, 폭풍, 홍수를 가져왔다. 아리만에 대적하는 아후라 마즈다의 최고 무기는 선한 생각과 말, 선한 행동을 하는 인간이었다.

아후라 마즈다는 드젬지드에게 명하여 높은 벽을 둘러친 거대한 은신처를 지어 모든 종류의 식물과 동물, 그리고 인간을 피신시키라고 하였다. 아리만이 혹독한 겨울을 만들고 홍수를 일으켰을 때 은신처 안에 있던 이들만이 살아남았다.[12]

고대 페르시아 문화를 이해하는 데 핵심적인 인물인 자라투스트라(또는 조로아스터)가 이 이원론적인 그림 속으로 발을 들여놓는다. 우리는 며칠을 자라투스트라의 생애와 가르침을 공부하면서 보냈다. 그 중 몇 가지를 간략히 소개하겠다.

유년 시절을 지나 사춘기의 문턱에 이르렀을 때 자라투스트라에게 눈에 띄는 변화가 일어났다. 이전 같으면 즐거움에 반짝였을 눈빛이 점점 우울해져 갔다. 이제 그는 한번 나가면 며칠씩 숲과 초원을 홀로 방황하곤 하였다. 마침내 그는 병이 나서 침대에 맥없이 드러누웠다.

다에바들은 기뻐하며 독을 약으로 가장하여 그에게 먹이려는 음모를 꾸몄다. 어느 날 한 의사가 나타나 그 아픈 젊은이를 낫게 해 주겠다고 약속하였다. 그는 병상으로 다가가 환자에게 죽음의 독약이 가득 담긴 컵을 건네주었다. 자라투스트라는 그 컵을 받았다. 하지만 컵을 잡은 손이 덜덜 떨려서 그 안에 든 것을 마실

수가 없었다. 가짜 의사는 재빨리 다가와 그의 입술에 컵을 대어 주었다. 그때 자라투스트라가 몸을 일으켰다. 그는 의사의 저의를 알아차렸다. 그는 두 손으로 컵을 잡아 내용물을 바닥에 쏟아 버리고는 큰 소리로 외쳤다. "악마의 음모는 수포로 돌아갔다. 다에바들은 나의 승리로 모든 힘을 잃을 것이다."**13**

나는 이 이야기를 하면서 사춘기를 앞둔 우리 5학년 아이들을 염두에 두었다. 그들에게도 수많은 유혹이 기다리고 있을 것이다. 마음 깊이 이 이야기를 아이들의 앞날에 바치면서 다음 이야기를 이어 나갔다.

튜란족은 전투에 능하였으며 자라투스트라의 백성보다 무기도 훨씬 뛰어났다. 이 적들의 창끝은 돌로 만들었으며 단검은 날카로웠다. 그들은 언덕 뒤나 바닥이 불안정한 습지에 몸을 숨겼다가 떼를 지어 거칠게 몰려나와 농민들을 혼비백산케 했는데 수적으로도 우세하였다.

자라투스트라는 깊은 생각에 잠겼다. 동포들을 훈련시켜서 그들처럼 전투에 능하게 할 것인가, 아니면 예로부터 내려오는 동족의 전통에 따라 황금 단검을 평화의 쟁기로 수호할 것인가? 땅을 받드는 것이 신을 섬기고 아후라 마즈다를 섬기는 일이 아닐까?

다시 한 번 수확의 시기가 도래했다. 맑고 서늘한 밤이었다. 산이 멀리서 손짓하였다. 자라투스트라는 산란한 마음으로 활과 화살을 챙겨 들고 산에 올랐다. 그곳에 홀로 있으면 동족이 처한 운명의 수수께끼를 풀 수 있으리라….

계곡을 따라 조심스럽게 올라가던 자라투스트라는 마침내 가파른 절벽에 둘러싸인 산속의 맑은 호수에 닿았다. 그리 멀지 않은 샘가에 흰옷을 입은 소녀가 보였다. 금띠로 묶은 검은 머리가 고귀한 얼굴을 감싸고 있었다. 그 소녀는 물 항아리를 어깨에 올리고 돌아서다가 낯선 젊은이를 보았다.

소녀의 황홀한 모습에 자라투스트라는 할 말을 잃었다. 마침내 그가 침묵을 깨고 물었다. "당신은 누구십니까? 그리고 이 계곡의 주인은 누구입니까?" "당신은 지금 우리들의 태양의 사제인 바후마누의 계곡에 들어왔어요." 자라투스트라가 다가가자 소녀는 계속해서 말을 이어갔다. "그리고 당신이 알고 싶어 하는 내 이름은 아르뒤수르입니다. 이 호수의 이름을 땄지요." "아르뒤수르," 자라투스트라는 머뭇거리며 되풀이하였다.(바야흐로 이 만남의 중요성을 깨닫고 있었기 때문이다)

"아르뒤수르는 우리 말로 '빛의 근원'이라는 뜻이지요. 내 이름은 자라투스트라입니다. 당신 항아리의 물을 좀 마시게 해 주십시오. 멀리서 왔거든요."

아르뒤수르는 꼿꼿하게 서서 꼼짝하지 않고 그를 마주 보았다. 마침내 그녀는 사랑과 고통이 뒤섞인 얼굴로 항아리를 들어서 건네주었다. 자라투스트라는 항아리를 입에 대고 물을 마셨다. 마치 물속에 있는 생명으로 자기를 채우기라도 하는 것 같았다.

아르뒤수르가 "이제 됐어요." 하고 말했지만 그는 계속 마셨다. 그녀가 경고하였다. "이 물을 마시는 자에게는 타는 듯한 목마름이 따를 것이니, 오로지 신만이 그 목마름을 식힐 수 있을 것입니다." 자라투스트라는 빈 항아리를 그녀에게 건네주었다.[14]

이야기를 잠시 멈추고, 나는 위 내용의 앞부분에 언급된 번민에 대하여 곰곰이 생각해 보았다. 이기기 위해서라면, 아니면 단지 지키기 위해서라도 자신의 정신적인 이상을 희생하고 적들처럼 되어야 할까? 그리고 맑은 산기운이 감도는 자라투스트라와 아르뒤수르의 원형적인 만남과 텔레비전이 수없이 그려 내는 거친 남녀 관계의 상을 마음속으로 비교해 보았다. 이 만남의 경이로움과 순결함이 언제 학생들의 삶에 창조적으로 작용하게 될 것인가? 그때 그들은 피할 수 없는 '타는 목마름'과 저 밑바닥까지 들이켜고 싶은 마음을 알게 될 것인가? 자라투스트라가 그를 따르는 자들과 함께 튜란족의 진지로 들어가 적들을 눈으로 확인하기로 하면서 참으로 숨 막힐 듯한 장면이 펼쳐진다. 이야기는 계속된다.

거대한 돌기둥들이 왕좌를 떠받치고 있다. 등받이는 뱀들이 엉킨 모양이다. 어둠이 깔리자 튜란족은 박자에 맞춰 손바닥을 마주치며 힘차고 또렷한 소리를 만들어 내었다. 어떤 이는 뼈다귀를 북채로 삼았다. 소리는 높아졌다가 낮아졌다 하면서 몇 시간이고 같은 리듬으로 반복되었다. 자정이 되었다. 갑자기 북소리가 멈췄다. 기분 나쁜 침묵 뒤에 새롭고 더 강렬한 북소리가 울렸다. 소리가 점점 커지다가 절정에 달했을 때 아치 아래로 아르가스파가 나타났다. 그의 낯빛은 옆에 있던 불꽃에 반사되어 붉게 물들어 있었다. 아르가스파가 왕좌에 오를 때까지 북소리는 미친 듯이 계속되었다. 그의 벗겨진 머리는 번쩍거렸고 그림자는 어른거렸다.

속이 빈 나무 악기의 찢어지는 듯한 고음과 함께, 한 손에는 막대기 다른 한 손에는 채찍을 든 검은 그림자가 나타났다. 그는 흑마술사의 최고 사제였다. 두 마리의 거대한 뱀이 앞으로 들려 나왔다. 검은 사제가 신호를 보내자 뱀은 피를 채운 커다란 병 주위에 내려졌다.

큰 소리는 아니지만 심장을 에는 듯한 비명이 저주스러운 읊조림을 뚫고 들려왔다. 옷이 반쯤 벗겨진 한 여인이 등 뒤로 손이 묶인 채 두 사람의 튜란인 심복에 의해 중앙의 불 앞으로 끌려왔다. 자라투스트라에게 심한 고통이 흘렀다. 그 이방인은 산 위에 있는 호수에서 만났던 아르뒤수르였던 것이다.

"우리는 이 여인을 뱀의 먹이로 줄 것이다." 아르가스파 왕이 소리쳤다. "누군가 대신 피를 흘리고 내 명령이 있을 때까지 머리를 내 발밑에 둔다면 막을 수도 있다." 아르뒤수르가 진저리를 쳤다. 자라투스트라는 꼼짝 않고 서 있었다. 그와 아르뒤수르의 눈이 마주쳤다.

그때 자라목을 한 튜란인이 앞으로 나섰다. 그는 단검을 들어 자기 팔을 찌르고는 그 병 속에 피를 흘려 넣었다. 그러고는 상처를 움켜쥐고 높은 왕좌로 올라가 왕의 발밑에 머리를 두었다. "오늘 밤 뱀의 잔치를 보기는 글렀구먼." 아르가스파가 말하였다. "여인을 가지거라. 저 여자는 너의 것이다. 데리고 가라."

그 튜란인은 의기양양하게 박차고 일어나 아르뒤수르에게 다가갔다. 그녀의 목에서 울음이 새어 나왔다. 그때 자라투스트라가 단검을 빼어 들고 그 튜란인을 덮쳤다. 난장판이 벌어졌다. 그러나 튜란족 군사들이 끼어들기도 전에 아르가스파가 두 사람을 떼어놓고 자라투스트라 앞에 섰다. "네 피를 희생물로 바치고 이후 나에게 복종하겠다고 맹세한다면 여인을 데려가도 좋다."

자라투스트라는 이성을 잃었다. 그는 튜란인들을 맨손으로 목 졸라 죽일 수도 있었다. 그의 무릎이 떨렸다. 그때 추종자들이 뛰쳐나와 재빨리 컴컴한 어둠 속으로 그를 데리고 갔다.**[15]**

 이 장면이 5학년 아이들에게는 너무 강렬하다고 느끼는 사람도 있을 것이다. 마지막 이야기를 이어서 듣지 않으면 물론 그럴 수 있다. 그러나 양극성에 대한 경험은 고대 페르시아에서 워낙 강렬하였으므로 튜란족 장면이 있어야 자라투스트라가 태양신 아후라 마즈다에게 인도되는 마지막 장면이 더 호소력 있을 것으로 보았다.(강한 빛이 짙은 그림자를 만든다는 사실도 보여준다) 그리고 비록 아이들에게 텔레비전을 보지 말라고는 했지만 인디애나 존스류의 영화를 보고 있는 아이들은 그 정도나 그보다 더 심한 장면들에 노출되어 있다. 그러나 우리가 자라투스트라 이야기를 마친 다음 했던 것처럼 긍정적인 장면들로 균형을 잡을 수 없고, 느낌을 반추하고 토론할 기회도 거의 없다. 나는 또한 튜란족 장면의 이미지와 거기 나오는 위압적인 박수 소리가 역사에 가끔 등장하는 이른바 '하등 인간'을 아주 잘 표현하고 있다고 느꼈다. 나는 1930년대의 나치 선전 집회에서 충격적인 유사점을 찾아내었다.**[16]** 단순한 리듬에 맞춰 두드리는 소리는 인간의 저급한 본능을 일깨우고 의식은 가라앉힘으로써 인간으로 하여금 독재자의 발밑에 주저 없이 엎드리게 한다. 우리는 8학년 때 독일 나치를 공부하면서 이 장면을 다시 떠올렸다. 페르시아 시대의 이러한 역사적 경험을 비롯하여 학습 경험을 단계적으로 쌓아 감으로써 8학년까지 단순히 '아는 것'이 아니라 '이해'로 나아가는 계기를 마련하리라 생각하였다.

 어찌 보면 균형이란, 극단적인 경험을 배제하고 회색의 중립을 잘 찾는 것이 아니라, 오히려 철저하게, 단 그 나이에 적합한 방식으로 양극단으로 들어가 각자 그것과 씨름하면서 내적 균형을 찾으려고 노력할 때 얻어지는 것이다. 즉 주어진 상황에서 작용하는 힘에 대한 자기만의 관계방식을 찾아내야 한다. 튜란족 장면에 이어 제시된 자라투스트라 이야기의 마지막 장면은 양극단을 탐색할 수 있는 바로 그 기회를 제공하였다.

은둔자를 찾은 자라투스트라는 튜란족한테 겪은 고통을 털어놓고 어떻게 정의를 이룰 수 있는지를 물었다. 그 현자는 전쟁 무기로는 튜란족을 정복할 수 없을 것이라고 답하였다.

"그러니 우리가 싸우고 있는 상대는 사실 튜란족이 아니오. 진정한 적은 그들의 신인 악령 앙그라 마이뉴(아리만)요. 튜란족은 그를 섬기고 있소. 그들은 그에게 산 제물을 바치고 있소. 그는 오류와 거짓의 신이건만 튜란족은 그 어둠의 신 때문에 눈이 멀고 귀가 막혀 자신의 잘못을 보지 못하고 있소."

"어둠의 힘과 맞서 싸우는 진정한 힘은 위대한 태양신인 아후라 마즈다요. 살아 있는 모든 것은 그에게서 힘을 얻고 있소. 풀, 꽃, 양, 말 할 것 없이 말이오. 그는 모든 인간 안에 정신으로 살고 있다오. 지상에서 인간의 생명은 덧없지만 그 불멸의 영혼 속에서 인간은 태양신을 향해 열려 있소. 모든 이가 빛의 옷을 입고 있다는 말이오. 그러나 육신의 눈은 언젠가는 사라질 육체만을 볼 뿐이지요.

알보드쉬 산으로 올라가시오. 거기, 독수리들이 하늘과 땅의 경계에서 쉬고 있는 그곳에 기거하면서 기도하시오. 그러나 조심하시오. 앙그라 마이뉴가 깊은 곳으로 들어와 그대의 길을 막아서려 할 테니. 낮에는 기도로 그대의 영혼을 준비하고 밤에는 우주에 충만한 저 위대한 울림에 그대의 영혼을 열어 두시오. 머지않아 아후라 마즈다의 말씀이 있을 것이니 그 소리를 잘 들으시오."[17]

자라투스트라는 이 충고를 받아들여 높은 곳에 있는 동굴로 들어가 밤샘기도를 시작했다. 낮에는 추위와 배고픔으로 고통받았고 밤에는 악몽에 시달렸다. 날이 가고 달이 갔다. 그는 변함없이 기도하였다. 벗이라고는 높은 동굴 밖에서 허공을 맴도는 독수리들뿐이었다. 눈 내리는 겨울이 오자 그의 사지는 얼어붙었다. 그 고통의 와중에, 특히 무서운 악몽을 꾸고 난 다음에는 한 아이의 형상이 자주 나타났다. 이 아이는 누구란 말인가? 그는 서서히 공포를 극복하는 법을 배워 갔다. 그는 더한 감격에 젖어 열심히 기도하였다. 그 아이가 다시 나타났다. 그러나 이번에는 달랐다.

다음 날 밤, 그 형상에서는 하얀빛이 났다. 그 빛은 아이보다 더 넓게 퍼져 있었다. 두 눈은 빛났고 그 눈길은 자라투스트라의 두 눈과 이마 사이를 부드럽게 어루만지듯 하였다. 그의 몸에 한 줄기 따뜻한 기운이 흘렀다. 그 형상은 떠올라 사라졌다. 자라투스트라는 형상이 빛 속으로 사라지는 모습을 응시하였다.

자라투스트라가 정신을 차려 보니 해가 중천에 떠 있었다. 간밤의 꿈을 기억해 내자 그의 온몸이 따뜻해짐을 느꼈다. 빛이 그의 영혼을 가득 채웠다. 그것은 오직 아르뒤수르에게서만 느꼈던 따뜻함이었다. 그녀는 어디 있으며 영기 속으로 사라져 간, 빛으로 가득 찬 그 존재는 누구란 말인가?

자라투스트라는 동굴속에 똑바로 서서 눈길이 닿는 산봉우리 너머, 이 세상을 응시하였다. 눈앞의 세상이 흐려지고 산봉우리가 흔들리더니 이 외로운 자에게서 눈물이 솟구쳐 흘렀다. 이 세상에서 아르뒤수르를 다시는 볼 수 없으리라, 다시는. 꿈에서 본 것들을 깊이 생각해 보니 이제 이 사실이 분명해졌다. 비틀거리는 그에게 벼랑이 희미하게 다가왔다. 동굴의 벽을 더듬어 나아가던 그는 바닥에 쓰러졌다. 육체적 정신적 저항력이 모두 무너졌다. 그는 거기에서 정신을 잃었다.

공간과 시간에 매여 있음에도 그의 영혼은 소리가 울리듯이 퍼져 나갔으며 그의 정신은 신을 향하여 올라갔다. 불덩어리가 하늘을 채우고 거기서 어떤 형상이 나타났다. 천지를 울리는 천둥소리처럼 말씀이 울려 퍼졌다. "내가 말하노라! 들으라! 자라투스트라여, 그대 최고의 사람아. 나는 창조자 아후라 마즈다, 너를 선택하였노라. 지금부터 너에게 말하리니 내 말은 살아서 너에게 이를 것이다."[18]

그리하여 그가 가장 바닥으로 떨어졌을 때, 자신의 삶에서 모든 외적 내적 지지력을 상실했을 때, 자라투스트라는 아후라 마즈다의 음성을 듣기 시작했다. 나는 이 장면이 교사, 부모 그리고 5학년 아이들을 위한 원형적인 상과 메세지를 담고 있다고 생각한다. 나락에 떨어져 모든 지지력을 상실하는 것은 20세기적인 경험이다. 많은 사람이 옛 공동체와 대가족, 50년 전만 해도 유지되었던 삶의 단순한 리듬에서 벗어나 홀로 서 있다고 느끼는 때가 많다. 그러나 인간은 나락에 떨어져 봄으로써 문턱을 넘어 새로운 의식을 획득할 수 있다.

자라투스트라 이야기를 마무리하겠다. 그는 아후라 마즈다에게 세상에서 가장 좋은 것과 두 번째로 좋은 것, 세 번째로 좋은 것이 무엇인지를 물었다. 대답은 이러하였다. "가장 좋은 것은 선한 생각이며 그다음은 선한 말이며 그다음은 선한 행동이니라."[19] 이 순서가 흥미를 끌었던 것은 서구 문명에서는 흔히 행동을 첫째로 두고 말은 하찮게 여기며 생각하는 힘에는 거의 주의를 기울이지 않기 때문이었다.

하지만 아이들과 아후라 마즈다의 대답을 곱씹어 보는 자리에서 아이들 반응은 뜻밖이었다. "맞아요. 사람이 선한 말과 행동을 하려면 먼저 선한 생각을 해야 해요. 무언가를 하려면 먼저 생각을 해야 하니까요." 나는 그들이 위대한 영적 진리를 있는 그대로 받아들이는 것을 보고 다시 한 번 깜짝 놀랐다.[20]

나는 이 엄청난 고대 문명 체험에서 헤어나기가 어려웠다. 하지만 10월은 왔고, 그때는 역사에 '망각의 약'으로 그 약효를 기대해야 할 시기였다.[21] 주기집중수업이라는 교수법의 배경에는 교수 내용이 시간을 두고 '저절로' 조용히 익어 가게 해야 한다는 지혜가 깔려 있다. 수많은 교사가 다른 것은 제쳐놓고 암기에 온 힘을 쏟는다. 반면에 나는 자주 건강한 망각을 권장하였다. 11월까지 역사 공부를 중단하는 경우도 마찬가지인데, 한동안 잊고 있다가 그 과목 공부를 다시 시작하게 되면 아이들이 새로운 인식으로 수업에 임한다는 사실을 발견하였다. 마치 한철을 묵힌 밭이 생장을 위한 새로운 힘을 축적하는 것과 마찬가지로 5학년 아이들도 건강한 휴지기를 보내고 나면 열의에 넘쳐서 역사를 다시 공부할 준비가 되는 듯했다.

그 사이 우리는 십진법 섬을 찾았다. 나는 이 새로운 수와 셈 단원을 소개하는 자리에서 벌목꾼들이 강을 이용하여 목재를 운반하는 북부 지방의 한 목재소를 묘사하였다.(뉴펀들랜드에서 자란 아내의 도움이 컸다) 벌목꾼의 생활방식과 관습을 적절한 세부 묘사를 곁들여 설명하고 난 뒤, 나는 강 한가운데에 가상의 섬이 자리하고 있는 모습을 칠판에 그려 넣었다.

산꼭대기에 기다란 막대기를 든 한 벌목꾼이 서 있다. 그는 떠내려가는 목재 중

통나무는 모두 섬의 왼쪽으로 몰아서 제재소로 향하게 하고 나무 조각은 오른쪽으로 몰아서 제지 공장으로 향하게 하였다. 밤이 되면 그는 섬에 있는 오두막으로 돌아갔다. 날카로운 기억력으로 그는 '목재' 수첩에 그날의 총량을 기록할 수 있었다. 왼쪽으로 보낸 통나무와 오른쪽으로 보낸 나무 조각의 수를 기록하였다. 그 사이에 그는 섬을 온점(.)으로 표시하였다. 오늘 우리는 그 십진법 섬의 점을 소수점이라고 부르겠다.

그다음 몇 주 동안 우리는 십진법의 다양한 용례를 찾아보았다. 우리는 돈을 가지고 구두口頭 문제를 풀었고 더하고 뺄 때는 소수점을 맞추고 곱셈과 나눗셈을 할 때는 소수점을 옮겨야 한다는 것을 배웠다. 5학년의 십진법 단원과 같이 수와 셈의 새로운 특성에 접근할 때마다 나는 아이들이 알지 못하는 사이에 모든 기본 기술을 복습하게 된다는 사실을 발견하였다. 매년 똑같은 내용을 단순히 되풀이하여 연습하기보다는(그렇게 하면 오히려 빨리 싫증을 낸다) 매번 새로운 주제를 도입하여 학습에 신선한 생명력을 부여하였다. 초등학교 시절 내내 수학을 지겨워했던 어른들을 워낙 많이 알고 있었으므로 나는 이런 식의 복습으로 연습이 아닌 것처럼 '위장'할 수 있는데 감사했다. 그러나 이전에 배운 수와 셈을 '잊은' 학생들을 위해서는 연습이 꼭 필요하였다.

나무들이 헐벗은 모습을 드러내는 11월이 되자 우리는 고대 문화로 되돌아갔다. 이번에는 이집트의 이시스와 오시리스 신화에 초점을 맞추었다.[22] 페르시아가 이원성 혹은 양극성을 경험하게 해 주었다면 이집트는 삼원성을 대표한다. 이는 거대한 피라미드의 모습과 이시스, 오시리스, 세트(또는 티폰)의 역관계에서도 확인할 수 있다. 루시가 자신의 주요수업 공책에 적어놓은 그들의 이야기를 옮겨 보면 다음과 같다.

오시리스는 한때 이집트의 왕이었다. 그는 강하고 선했으므로 백성은 그를 사랑했다. 아내의 이름은 이시스였다. 그녀는 아름답고 현명했다. 그녀는 오시리스를 그의 악한 형제인 세트에게서 보호하였다.

세트는 질투심이 강했다. 그는 사막을 가로질러 불어 대는 바람을 만들었다. 그는 생장과 사람들의 행복한 모습을 보는 것이 싫었다. 하루는 오시리스가 혼자서 있는데 세트가 몰래 뒤에서 다가가 그의 그림자를 재고는 도망쳤다.

며칠 후 세트는 잔치를 크게 열었고 모든 사람이 잔치에 왔다. 오시리스도 왔으나 이시스는 참석할 수 없었다. 잔치가 열리는 방 한가운데에는 커다란 궤짝이 있었다. 값비싼 보석이 많이 박혀 있는 그 궤짝은 아주 예뻤다. 사람들은 모두 그것을 찬미했다. 그때 세트가 일어나 말했다. "누구든지 저 궤짝이 몸에 맞는 사람에게 궤짝을 주겠소." 모든 사람이 들어가 보았으나 몸에 맞는 사람은 아무도 없었다. 오시리스가 들어가자 꼭 들어맞았다. 일흔두 명의 남자가 달려들어 뚜껑을 닫고는 궤짝을 나일강에 던졌다.

이 소식을 들은 이시스는 머리를 한 움큼 잘라내어 상복에 올려놓고 궤짝을 찾아나섰다. 그녀는 오랫동안 나일강을 따라갔다. 하루는 커다란 궤짝이 강변에 닿아 그 주위에 나무 한 그루가 자라났다는 이야기를 들었다. 나무는 그 나라 왕의 집무실 천장을 받치는 기둥으로 쓰고 있었다. 이시스는 자기가 누구인지 알게 되면 왕이 어떻게 나올지 몰라서 자기를 유모라고 말하고 왕비의 아기를 돌보았다.

어느 날 밤, 왕비는 아기의 방 앞을 지나다가 아기가 불 속에 있는 것을 보았다. 그녀는 달려가서 불길 속에서 아기를 꺼냈다. 그러나 이시스는 슬픈 얼굴로 말했다. "하룻밤만 더 아기를 불 속에 두었더라면 영원한 생명을 얻을 수 있었을 것이오." 그러고 나서 그녀는 왕과 왕비에게 자기가 어떤 사람인지를 얘기하였다. 왕과 왕비는 이시스의 남편이 들어있는 나무를 그녀에게 주었다. 그녀는 나무속에서 궤짝과 함께 오시리스를 찾아냈다.

집으로 돌아오는 길에 이시스는 오랫동안 보지 못한 아들 호루스에게 들렀다. 그녀가 아들을 만나는 동안 세트가 와서 오시리스를 열네 조각으로 찢어 이집트 전역에 흩뿌렸다. 그러나 이시스는 포기하지 않았다. 그녀는 열네 조각을 모두 찾아 묻었고 그 후 오시리스가 묻힌 자리마다 배움의 전당이 들어섰다.

이 이야기는 인간 의식의 또 다른 변화를 그림 형식으로 보여 준다. 자라투스트라가 산 정상에 올라 신에게 최대한 가까이 다가가려 했다면, 오시리스는 궤짝에 이어 나무속에 갇혔다가 종국에는 땅속에 묻힌다. 자라투스트라가 사악한 튜란족의 신인 앙그라 마이뉴(아리만)와 아후라 마즈다(빛의 신)의 싸움에서 여전히 초감각적인 세계와 직접 소통할 수 있었지만, 이집트인들은 죽음의 관문을 통과해야만 영적인 세계를 발견할 수 있었다.[23] 미라를 만드는 복잡한 과정과 피라미드에서 볼 수 있는 정교한 매장 의식은 죽음과 죽음 후의 삶을 준비하는 데 초점을 두었다는 사실을 보여 준다.

이시스 이야기를 파고들어 가 보면 이러한 의식 변화를 보여 주는 미묘한 징후를 포착할 수 있다. 이시스는 오시리스를 찾아서 페니키아 왕궁에 이른다. 인지학에서 얻은 통찰력이 없었다면 이런 세세한 데까지 주의를 기울이지 못했을 것이다. 당시 이집트 문화는 상형 곧 그림으로 의미를 전달했지만 페니키아인들은 이미 글자를 쓰고 있었다. 이집트의 오래된 비전秘傳이 고대의 영적 상상력을 그림 형태로 보존해 왔다면, 페니키아인들은 이미 더 추상적이고 근대적인 의식으로 진입하여 문자로 기록할 수 있었다.[24] 생명을 부여하는 존재인 오시리스를 재결합하려고 이시스는 기호와 글자라는 새로운 의식을 가지고 이집트로 돌아왔다. 현실에 대한 직접적인 경험은 인간의 지성 때문에 '조각을 조합하는 것'에 자리를 넘겨주었다.[25]

우리는 수업시간에 이런 견해들을 놓고 토론하지는 않았지만 주요수업 공책에 이와 같은 의식 변화를 반영하는 수많은 글과 그림을 남겨 놓았다. 아이들은 이집트인들의 그림문자를 즐겨 연습하였고 복잡한 영어 문법과 철자법에 약간 질린 터라 상형문자를 아주 편안하게 받아들였다. "늘 이렇게 쓰면 안 되나요?"가 아이들이 반복하던 질문이었다. 고대 이집트인들이 서기에게 특별히 깊은 존경을 표하였다는 이야기를 듣고 나자 아이들의 이집트 문자 사랑은 더욱 각별해졌다.

우리는 피라미드와 그 구조를 탐색하는 일뿐 아니라 파라오가 되기 위한 준비와 학습 과정을 설명하는 데에도 많은 시간을 보냈다. 이집트의 외적인 장대함을 충분히 묘사하는 것도 중요할 것 같았다. 행렬의 선두에는 자신의 거대한 방패에 올라탄 파라오가 서고 그 뒤로 왕족, 사원 전수자, 제사장, 고관, 상공회원들이 저마다 고유의 휘장과 산들바람에 나부끼는 깃발을 앞세우고 따라가는 장면을 묘사하였다. 또 밤이 되면 화려한 의상을 차려입은 왕궁의 악사들이 불빛으로 반짝이는 인공 호수 옆에서 달콤한 곡을 연주하곤 하였다. 나는 또한 통치자에게 요구되는 내적인 준비 과정을 설명해 주었다. 이 과정은 통치자 후보자가 사원 바깥문을 두드리는 것으로 시작한다.

> 사제(교사)가 위엄 있는 태도로 새로 들어온 이에게 다가간다. 속을 헤아릴 수 없는 사제의 검은 눈동자가 장차 제자가 될 이를 뚫어지라고 응시한다. 무언가를 숨긴다는 것은 불가능하다. 그 사람은 배경과 가문에 대하여 질문을 받는다. 자격이 없다고 판단하면 간단한 몸짓으로 집으로 돌아가는 길을 가리켰다. 그러나 사제가 후보자에게서 진리를 향한 진지한 열망을 보았다면 사원으로 들어가는 것을 허락하였다.
>
> 일단 안으로 들어가서 그들은 위장한 실물 크기의 이시스 상 앞을 지나간다. 명상 자세로 앉아서 생각에 잠겨 있는 그 여신의 무릎에는 펼치지 않은 책이 얹혀 있다. 그녀의 얼굴은 베일에 싸여 있고 아래쪽에는 이런 문구가 쓰여 있다. "산 자는 아무도 내 베일을 벗기지 못하였노라." 그러고 나서 제자는 더 높은 지식은 심연을 거쳐야만 얻는다는 훈계를 듣는다. 제자는 바깥뜰에서 완전한 침묵을 지키며 당분간 천한 일을 해야만 한다.[26]

다음 날 우리가 배운 것을 복습하는 자리에서 아이들은 침묵의 맹세를 지키는 것이 어떤 일인가를 놓고 토론을 벌였다. 이것이 해볼 만한 일이라고 생각하는 아이들도 있었으나 우리 반에서 가장 활달하고 말이 많은 편인 리가 "어, 그거 쉬운 일 같은데. 말만 안 하면 되는 거잖아! 문제없다고"라며 큰소리친 것이다. 리의 급우들은 여러 해를 함께 지낸 덕에 가능해진 사회적 통찰력도 있었으므로, 리의 허풍에 "그래? 그럼 어디 한번 해보시지!" 하고 받았다. 우리 반에서는 늘 있는 일이었다. 다음 날 아침, 리는 마스킹 테이프를 가져와서는 내게 자기 입을 봉해 달라고 부탁했다. 그는 그날 만족스러운 모습으로 자리에 앉아 단 한마디도 하지 않고 용케 종일을 버티었다. 후에 내가 그때의 경험을 이야기해 보라고 하였다. 그는 정말 놀라운 말을 했다. 리는 그전에는 한번도 생각해 본 적이 없는 말들을 들었다고 했다. 그날 단 하루의 수업만으로 그전 몇 주간보다 더 많은 것을 배운 것이다. 이제 리는 이전에는 별로 눈여겨보지 않았던 몇몇 친구들을 제대로 인식하였다. 그날 고대 이집트는 내게 참된 모습으로 다가왔다. 각설하고 이야기를 계속하겠다.

오직 이 침묵의 맹세를 지킨 뒤라야 그 제자는 다음 단계로 넘어갈 수 있었다. 그는 불이 켜진 작은 램프를 받아 들고 벽에 뚫린 어두운 구멍으로 들어갈 것을 지시받는다. 신성한 곳으로 통하는 문은 뒤에서 쾅 소리를 내며 닫힌다. 이제는 돌아 나갈 수도 없다.

에두아르 슈레는 그다음 이야기를 아름답게 묘사하였다.

그 초심자는 더는 망설일 수 없었다. 그는 통로로 들어가야 했다. 무릎을 대고 천천히 기어서 굴을 통과해 가려는 순간에 굴 저편에서 "지식과 권력을 탐하는 바보는 여기서 멸망하리라!"는 목소리가 들려왔다. 기이한 음향 때문에 이 소리는 여기저기서 일곱 차례나 메아리쳐 울렸다. 어쨌든 그는 앞으로 나아가야만 했다. 통로는 넓어졌으나 아래로 더 가파르게 경사져 있었다. 마침내 그 용감한 여행자는 자신이 어떤 구멍으로 이어지는 수직 통로 앞에 있음을 깨닫는다. 쇠사다리가 구멍 안쪽으로 사라져 보이지 않는다. 초심자는 운에 맡기기로 한다. 사다리의 맨 아래 칸에 매달려서 무서운 심연을 두려운 눈으로 내려다보았다. 떨리는 손으로 필사적으로 쥐고 있는 초라한 기름 램프가 그 끝없는 어둠을 희미하게 비추고 있었다. 도대체 어떻게 해야 하나? 위로는 되돌아가는 것이 불가능하다. 아래로는 무서운 밤의 암흑 속으로 추락할지도 모른다. 난관에 부닥친 그에게 오른편으로 갈라진 틈이 보인다. 한 손으로는 사다리를 잡고 다른 한 손으로는 램프를 들고서 몸을 앞으로 내밀어 발 디딜 자리를 살펴본다. 계단이다! 살았다! 그는 위쪽으로 기어올라 심연을 벗어난다…. 마침내 초심자는 커다란 홀로 통하는 청동으로 된 창살문에 다다랐다…. 벽에는 프레스코 화법으로 그린 두 줄의 기호 그림을 볼 수 있다…. 신성함을 상징하는 수호자가 창살문을 열어 주며 상냥한 미소로 초심자를 반긴다. 그는 첫 번째 관문을 성공적으로 통과한 것을 축하받는다.[27]

시험은 계속되었다. 거기에는 흙, 바람, 불, 물이라는 네 가지 요소를 체험하는 일도 들어 있었다. 각각의 정화 체험은 제의적 성격이 강하였다. 이는 초심자가 영혼을 씻어 내는 도덕적 훈련을 거침으로써 좀더 차원 높은 지식에 대비하게 하기 위함이었다.[28] 시험을 무사히 통과한 이들은 이시스의 '베일'을 벗기고 비전秘傳의 지혜를 전수받을 수 있었다. 우리 5학년 아이들은 고대 이집트에서 비전 전수의 과정이 길게는 21년이나 걸렸다는 얘기를 듣고 놀라움을 감추지 못했다.

이 주요수업의 내용을 보충하려고 우리는 점토로 빚은 피라미드 모형들로 사막 위의 이집트 유적을 만들어 창가 선반 위에 올려놓았다. 이번 진열품은 햇빛에 녹지 않았다. 나아가 뉴욕의 메트로폴리탄 미술관을 방문하여 이집트 전시를 관람하였다.

12월에는 영어 주요수업을 하였다. 이번에는 쓰기에 중점을 두었다. 아이들은 그리스 신화인 〈이아손과 황금 양털〉로 열심히 작문하였고 집에서도 매일 저녁 부모님의 지도를 받아 작문을 계속하였다. 그 결과 저마다 자신의 공책을 만들 수 있었다. 나는 매일 철자법과 문법을 가르치면서 학생들이 쓴 글 중에 취약하거나 보완이 필요한 부분을 찾아내어 수업 준비에 반영하였다. 부모님들과 나는 이미 초가을 저녁 반모임에서 다음 주요수업에 관하여 의견을 나누었고 그 자리에서 합의한 기대치에 따라 매일 저녁 아이들을 지도할 수 있게 개인별 일정을 조정하였다. 아이들은 이렇듯 강도 높은 연습 덕분에 작문 실력이 비약적으로 성장하였다.

1월에 다시 수와 셈 주요수업을 한 뒤에, 우리는 고대사로 돌아갔다. 이번에는 그리스였다. 우리가 앞에서 보아온 것처럼, 이집트인들은 내부로 향한 신성한 길을 따라갔는데 이는 피라미드와 비전 전수 과정에 잘 나타난다. 그러나 그리스인들은 파르테논과 여타 신전에서 볼 수 있는 것처럼 외부로 향하였다. 이집트인들이 대지의 힘과 죽음의 불가피성에 매여 있고 또 의존하는 반면, 그리스인들은 인간의 자유와 삶의 기쁨을 찬양하였다. 이집트의 인물화에서는 옆모습만 볼 수 있다. 이와 같은 엄격한 정향성orientation은 공간이 한쪽으로 고정되어 있고 인체 밖에서 작용하는 힘에 영향을 받는다. 그리스인들은 인간의 몸을 둥글고 편안하고 생명력으로 가득 차서 마치 그 안에서 쉬고 있는 것처럼 묘사하였다.[29] 아이들에게 이러한 특성을 전달하기 위해서 나는 신화를 맛보기로 제시하면서 그리스 단원을 시작하였다. 이어서 아테네인과 스파르타인의 특징을 묘사하였고 페르시아 전쟁과 펠로폰네소스 전쟁으로 나아갔다.(마라톤 전투와 테르모필레 전투 이야기를 양념으로 곁들였다) 그리고 그리스의 올림픽으로 끝을 맺었다. 활기찬 한 달이었!

의식의 진화라는 주제에 맞추어 인도, 페르시아, 이집트를 묘사해 오면서 나는 그리스의 한 가지 특수한 면에 초점을 맞추고 싶었다. 즉 '사고하는' 능력 또는 개념화하는 능력을 새로이 발견한 점을 강조하고 싶었다.

이러한 특성은 페르세우스 이야기에서 가장 잘 드러난다. 나는 아이들의 작문에서 발췌한 글로 이 이야기를 다시 꾸며 학교 신문을 통해 부모님도 보실 수 있게 하였다.

> 사악한 왕 아크리시오스는 아름다운 딸 다나에와 그녀의 어린 아들 페르세우스를 상자에 가두어 바다로 떠내려 보냈다. 여러 날 후에 한 친절한 어부가 그들을 구해 주었다. <u>이안의 글에서</u>

그리스 영웅들은 옛 혈통 문화의 퇴조와 함께 개성의 시대가 동터 오는 것을 표상한다. 영웅들은 낡은 관습에 맞서는 인성을 대표한다. 이를 극적으로 표현한 것이 아직 어린 아기인 페르세우스가 추방당하는 장면이다. 그는 폭풍우 치는 바다를 건너야만 한다. 그곳은 심해(그리고 변덕스러운 폭풍우 같은 인간 열정)의 지배자인 포세이돈의 영역이다. 조그만 상자에 갇힌 페르세우스와 그 어머니는 생명의 바다에서 표류하다가 안전한 항구에 가닿는다.

여러 해가 지났고 페르세우스는 자라서 아주 힘센 청년이 되었다. 새로운 땅의 왕인 폴리덱티스는 다나에를 사랑하게 되었지만 그녀는 그와 결혼하려 하지 않았다.

하루는 페르세우스가 항해를 떠났다. 어떤 섬에 닿아 나무 아래에 앉아 쉬었다. 비몽사몽간에 팔라스 아테네가 그에게 다가왔다. 그녀는 그에게 머리카락이 뱀으로 되어 있고 바짝 마른 입술에 독을 흘리고 있는 괴물을 보여 주었다. 그녀는 그에게 이 괴물을 기꺼이 죽일 수 있는지 물었다. 페르세우스는 할 수 있다고 답하였다. 팔라스 아테네는 그에게 집으로 돌아가 때가 올 때까지 기다리라고 말했다. 조녀선의 글에서

마지막 문장은 사춘기를 앞둔 아이들에게 강력한 메시지를 던진다. 제우스의 아들인 페르세우스는 태양의 창조력을 지니고 있지만 그에 합당한 준비를 해야 한다. 신이 그에게 내린 선물만으로는 충분하지 못하며 그는 자신이 가진 것을 개발하려고 노력해야 한다.(재능을 타고난 아이들에게 또 다른 강력한 메시지가 된다) 인류의 발달을 따라잡지 못하고 악의 화신이 된 저 무시무시한 고르곤과 싸워야 하기 때문이다. 나는 신화에서 악이라는 것이 제때 자리를 찾지 못한 어떤 것, 다시 말해서 한때는 어울렸으나 이제는 뒤떨어진 양식이나 능력으로 그려지는 것을 종종 보아왔다.

페르세우스가 물었다. "아테네님, 메두사를 죽여야 할 때가 되었습니까?"

"그렇다. 하지만 너는 먼저 그레이 세 자매를 찾아야 한다. 그들이 너에게 아틀라스가 어디에 있는지 가르쳐 줄 것이다. 아틀라스만이 메두사에게 가는 길을 네게 가르쳐 줄 수 있다. 또한 네가 기억해야 할 것이 있다. 그 고르곤의 눈을 쳐다보아서는 안 된다. 눈을 쳐다보는 즉시 너는 돌이 될 것이다." 도나의 글에서

영웅이 되려면 수많은 난관을 거치고 오랜 기간을 참고 견뎌야 한다. 그런 때에도 지식은 필요하다. 그리하여 페르세우스는 그의 방패에 비친 메두사의 모습만을 주시하면서 메두사에게 치명적인 일격을 가하라는 충고를 듣는다. 저학년 아이들에게 배움은 감각 지각적이고 직접적이고 친밀할수록 좋다. 어린아이들은 세계와 하나 되어 산다. 5학년 아이들은 이제 직접적인 경험에서 한발 물러나 개념을 다루는 법을 개발하기 시작한다. 페르세우스가 번쩍이는 방패에 메두사의 모습을 비춰 보듯이 좀 더 나이가 든 아이들은 세상의 '반영'인 지식을 쌓아가는 데 '개념'을 활용한다. 배움의 한 양식에서 다른 양식으로 변화하는 과정이 발도르프 교육에서는 충분히 확인되고 생생하게 나타난다. 이야기를 계속하겠다.

> 페르세우스는 남쪽으로 여행하여 마침내 큰 산에 이르렀다. 거기서 님프들을 보았다. 님프들은 그에게 어둠의 모자를 주고 고르곤들에게 가는 방향을 일러 주었다.
>
> 정오쯤 되어 페르세우스는 고르곤들이 사는 곳에 다다랐다. 그들은 해변에서 잠을 자고 있었다. 메두사는 다른 두 자매 사이에 앉아 있었다.
>
> 페르세우스가 천천히 내려가서는 메두사의 머리를 베었다. 그러고는 머리를 자루에 넣고 뛰어올라 날아갔다. 나머지 두 고르곤이 오후 내내 페르세우스를 쫓아갔다. <u>조지프, 마크, 새뮤얼의 합작품에서</u>

위대한 열망, 진정한 인간성에 대한 열망이 그리스인의 영혼을 채웠다. 그리스는 자신의 영혼이 페르세우스의 행위를 통해서 탄생하였음을 깨달았다. 메두사로 대표되던 고대의 어둡고 꿈결 같던 의식은 마침내 전복되었다. 무기력을 낳는 과거의 원초적이고 어두운 힘에 대한 공포는 극복되었다.

인류는 악에 대항한 싸움에서 새롭고 강력한 무기를 얻었다. 그것은 인식하고 사고하는 능력이다. 인류는 이 능력을 올바로 사용할 수 있을 것인가?

메두사를 정복하면서 페르세우스는 날개 달린 말 페가소스를 놓아준다. 이제 막 새로운 단계로 진입한 5학년 아이는 그러한 영상을 낚아채 단단히 붙잡을 수 있다. 날개 달린 환상이자 창조적 재능인 페가소스는 지적이고 개념적인 지식을 뛰어넘는 사고의 해방이다. 그것은 즐거움과 경이로움을 부여하여 5학년 아이들의 배움을 북돋을 수 있다.[30]

나는 매년 교사회에서 그해의 교육과정과 내가 가르치는 아이들을 소개하였다. 5학년 때에는 고대 문명이라는 주제를 택하여 아이들을 각 시대와 연관 지어 설명하였다. 인도 문명을 다룰 때 가장 편안해 보이는 아이들이 있었다. 이들은 세상과 강한 일치감을 느꼈으며 수용적이고 대범하였다. 또 감정이입이 잘되었다. 마크, 이안, 더그를 고대 인도와 연결하여 설명하였다. 어떤 아이들은 삶의 이원성을 아주 강렬하게 경험하는 듯했다. 우리 반의 페르시아인들은 메러리, 마거릿, 새뮤얼, 재커리, 에번이었다. 앤서니는 바빌로니아인과 그들의 천인의식天人意識이라는 맥락 속에 두었다. 우리 반에는 이집트인들도 몇 명 있었다. 교사회에 제출한 보고서에는 타라, 스티븐, 조너선을 이집트 학자로 묘사하였다. 우리 반 전체가 5학년 내내 어떤 의미에서는 그리스인이었지만, 균형, 조화, 상상력이 풍부한 생활과 그리스인들의 움트는 개념화 능력을 잘 체화하고 있는 아이들을 꼽아 보았다. 루시, 애비, 수전, 도너, 리, 커스튼, 조지프, 마리아가 그들이다.

우리는 봄철의 역사 주요수업을 그리스 올림피아드로 마무리하였다. 5월의 그 찬란했던 날을 나는 결코 잊지 못할 것이다. 우리는 바로 산 너머에 있는 뉴욕의 호손밸리 학교에 초대받았다. 그들 또한 이 특별한 행사를 위하여 연습해 오고 있었다. 그날 아이들은 하얀 옷을 입었다. 마크를 비롯하여 밝게 타오르는 횃불을 치켜든 아이들과 함께 쉰 명의 5학년 아이들이 들판을 줄줄이 가로질러 올림픽 경기를 개최하였다. 달리기, 높이뛰기, 투창, 원반던지기, 그리스 레슬링 경기가 열렸다. 각 경기의 우승자는 속도나 힘뿐 아니라 우아함, 기술 그리고 스포츠 정신까지 고려하여 판정하였다. 마지막 시상식은 그리스 전통에 충실하였다. 많은 아이가 올리브 관(호손밸리에서는 올리브 나무가 자라지 않아서 버드나무 가지로 엮었다)을 받았으며 우승자의 머리마다 그 관이 엄숙하게 씌어 있었다. 아이들은 모두 그날 밤 건강하고 행복하게, 또 햇빛에 익어 집으로 돌아갔다.

5학년의 지리학은 북미를 주제로 한 두 차례의 주요수업으로 구성되었다. 우리는 4학년에 이어 외적인 확장을 계속하면서 우리 대륙의 다양한 지역을 공부하였다. 우리가 탐구한 내용을 모두 이야기하는 것은 애초에 불가능하므로 가장 흥미진진했던 두 부분만 언급하겠다. 멕시코와 라틴아메리카를 집중적으로 공부하던 한 주 내내 주요수업 시간에 스페인어 선생님께서 나와 함께하였다. 그 여선생님은 노래와 시, 그리고 그 나라들과 사람들에 얽힌 개인적인 경험을 풀어놓았다. 우리 반은 여러 해 동안 외국어를 공부해 왔으므로 아이들의 귀는 다른 소리에 열려 있었고 다양한 나라 간에 표현과 관습의 미묘한 차이를 식별할 수 있었다. 이처럼 팀을 이루어 가르치는 것이 나에게도 도움이 된다는 사실을 알았다. 나는 아이들과 함께 배운 것이다. 우리는 그 주를 피냐타(라틴아메리카의 파인애플 음료-역주)와 멕시코 축제로 마무리하였다.

두 번째로 흥미진진했던 부분은 북서부 지역의 지리를 공부하면서 채택한 한 권의 책이다. 케니스 토마스마가 쓴 『달리는 소녀 나야 누키』에서 우리는 1801년, 적대적인 관계에 있던 인디언 부족에게 잡힌 쇼쇼니족 인디언 소녀의 용감한 이야기를 접할 수 있었다. 나야 누키와 그녀의 절친한 친구인 사카제웨아는 고향인 서부 몬태나에서 노스다코타의 낯선 땅으로 억지로 끌려가야 했다. 가까스로 탈출에 성공한 나야 누키는 온 길을 되짚어서 집까지 약 천 마일이 넘는 거리를 홀로 여행하였다. 지리를 가르치는 관점에서 보아 이 이야기에서 눈여겨볼 만한 점은, 나야 누키가 주변의 자연환경에 대한 날카로운 관찰력을 길러 왔다는 것이다. 그리하여 잡히고 나서도 개울과 들판과 동물 생태 등을 잘 봐 두었다가 이들 표지를 쫓아 길을 되짚어 올 수 있었다. 이 이야기는 생존과 개척의 한 예로서, 인간적 성취를 매우 흥미롭게 풀어놓았다.[31]

5학년 때 우리는 식물학 공부도 하였다. 두 단계로 나누어, 첫 번째는 낙엽

이 지고 자연이 겨울로 물러나는 때 진행했고 새로운 성장이 시작되는 봄에 다시 공부하였다. 2학년과 4학년 때 공부한 동물학이 인간 영혼의 특성을 이해하도록 도와주었다면, 식물 영역은 이제 우리의 시야를 넓혀 하늘과 땅 사이를 흐르는 힘, 즉 자연에서 작용하는 천지의 힘을 포함하였다. 우리는 거시적인 관점에서 흙, 햇빛, 공기, 물의 상호의존성과 세계 각 지역의 식물 분포를 살펴보았다. 적도와 극지방에서 태양의 경로를 따라가며 툰드라, 지의류, 이끼류, 양치류, 수목류를 살펴보았다. 우리는 나무 유형에 따른 형태상의 차이를 파악하려고 그림을 많이 그렸다. 버드나무와 전나무도 가지가 벌어진 형태로 차이점을 인식할 수 있었다. 어느 날 아침, 복습시간에 내가 팔로 이런저런 나무를 나타내 보이면 아이들이 즉석에서 답을 하던 일이 기억난다. 아이들은 큰소리로 나무 이름을 답하였다. 발도르프 교육이 늘 그러하듯, 이러한 학습 내용도 인간과 관계가 있다. 우리의 바람은 이러한 상호 연관성을 학습함으로써 우리가 환경 보존에 결정적인 역할을 한다는 인식이 서서히 아이들 속으로 스며들게 하는 것이다.

우리는 또한 괴테가 말한 '원형元型 식물'을 살펴보면서 뿌리와 줄기의 관계, 줄기와 잎의 관계, 잎과 꽃의 관계를 조사하였다.[32] 우리는 꽃받침, 꽃부리, 암술, 암술머리, 암술대, 씨방, 수술 등을 식별하는 법을 공부하였다. 식물의 생식을 부활이라는 맥락에서 다루었으며 치료 효과를 지닌 특별한 식물들을 살펴보았다. 이를테면 어느 날 학부모 중 한 분이 오셔서 아이들에게 생강 뿌리에 관해 이야기해 주셨다. 그 어머니가 가져온 생강으로 우리는 차멀미뿐 아니라 소화불량에도 효능이 있는 생강 액을 만들었다. 우리는 천연 물질 대對 합성 물질이라는 주제도 건드려 보았으며 7학년에 가서 목면을 공부할 때 이것을 좀더 다루었다.[33]

우리는 〈데메테르와 페르세포네〉 신화와 함께 5학년을 마쳤다. 이 신화는 5학년의 수많은 주제를 한데 아우르는 듯했다. 페르세포네가 자연의 은혜로움에 취해 있던 어느 날, 플루토가 그녀를 잡아 지하 세계로 데려갔다. 페르세포네의 어머니인 데메테르는 너무도 괴로운 나머지 대지의 모든 성장을 멈추게 했다. 식물은 시들어 죽고 말았다. 결국 신들이 중재에 나선다. 그러나 페르세포네는 이미 지하 세계의 석류 한 알을 먹은 뒤였다. 그 결과로 그녀는 일 년 중 여섯 달은 인간 세상에서, 나머지 여섯 달은 사자死者들의 세상인 지하에서 지내야만 했다. 이 때문에 해마다 생장과 죽음의 계절이 반복된다.

이 신화는 아이들이 5학년일 때 처음 가르쳤는데, 지금까지도 흥미를 끄는 구석이 있다. 아이들은 이 신화를 그 해의 주제인 '균형'을 담고 있는 이야기로 경험하였다. 자연계의 생장과 사멸 사이에서, 신화 속 인물들의 관계 속에서, 또 전체와 부분 사이에서 균형을 발견하였다. 나는 우리가 균형에 대해서 배웠다는 사실을 말로 설명하는 대신에 신화의 상과 경험이 그 자체로 무게를 지니게 하였다. 그러나 어른으로서 나는 좀 다른 것을 원하였다. 페르세포네 이야기를 더 고찰해 볼 필요가 있었다. 이러한 의미 찾기가 아직 끝난 것은 아니지만 그 과정에서 두 명의 연구자를 더 만날 수 있었다. 로버트 블라이는 『아이언 존』에서 다음과 같이 쓰고 있다.

우리는 그리스 여신 데메테르가 밀밭, 보리밭, 올리브 농원, 채소밭, 목초지 등 지구 표면을 소유하고 있다고 말할 수 있다. 우리는 데메테르의 딸인 페르세포네가 어느 날 이 표면의 꽃밭에서 놀다가 플루토 또는 하데스에게 아래로, 안으로 붙들려 갔다는 것을 알고 있다. 그녀는 그리로 가서 플루토와 함께 산다. 플루토라는 이름은 '부'를 뜻한다. 그래서 우리는 모두 담장을 두른 정원 안으로 들어설 때 영혼의 부를 만날 수 있으며, 영혼의 부는 슬픔 속에서 더 풍요롭다.

인간으로 보면, 이름도 없는 의무의 신이 모든 주식시장, 모든 축구장, 모든 회사 주차장, 모든 교외지, 모든 사무실, 사격장 모두를 자기 것으로 삼아 지구 표면을 장악하고 있다. 거기서 사람은 설 자리를 만들고, 농장을 만들고, 흔적을 만들고, 제국을 만들지만, 그가 행운아라면 언젠가는 안쪽으로 들어가 '정원'에서 사는 때가 온다. 여기에서 야만인The Wild Man은 페르세포네와 흡사하다. 사람이 영혼의 부를 찾아내는 곳은 정원 안이다.[34]

다음에 인용한 부분은 오늘날 교사들의 생활에 너무나 꼭 들어맞는다. "정원을 만들고 그 안에 산다는 것은 경계에 주의를 기울인다는 뜻이다. 우리에게 때때로 경계가 필요한 까닭은 관리가 안에까지 미쳐서 우리 시간을 다 잡아먹는 일이 없도록 하기 위함이다."[35]

나는 플라톤의 『메논』을 읽다가 소크라테스의 발언에서 연구자를 또 한 명 찾아냈다. 소크라테스는 페르세포네에 대한 시를 인용하면서 다음과 같이 말한다.

> 영혼은 죽지 않고 거듭 태어나면서 이승과 저승의 모든 일을 보아 왔으므로 영혼이 배우지 못한 것이라고는 없다. 따라서 영혼이 미덕이든, 그 밖의 다른 것이든 그 전에 알고 있던 것을 기억할 수 있다는 사실은 전혀 놀라운 일이 아니다. 자연의 모든 것은 닮았고 영혼은 모든 것을 배워 왔기 때문에 용감하게 지칠 줄 모르고 탐구하는 인간이라면 한 가지 것(인간이 배움이라 부르는 과정)만 기억하고 나면 그 밖의 모든 것은 스스로 발견하게 되어 있다. 탐구와 배움은 모두 기억이기 때문이다.[36]

그리하여 그리스 철학자 소크라테스는 우리를 5학년의 처음으로 데려가 계속되는 영혼의 환생과 불멸성이라는 고대 인도의 깨달음을 생각나게 하였다. 그래서 기억 또는 회상은 나날의, 매주의, 매년의 복습을 뛰어넘는 것이다. 그것은 지난 경험을 떠올리고 비교하는 것을 포함한다. 그래서 우리가 교육이라 부르는 이 모든 것은 처음 우리 눈에 비친 것, 그 이상이다.

이 해를 마치면서 내가 영감에 싸여 어쩔 줄 모르고 가슴이 벅차올랐던 것은 놀랄 일이 아니다. **5/8**

두 발로
대지를
단단히 딛고서

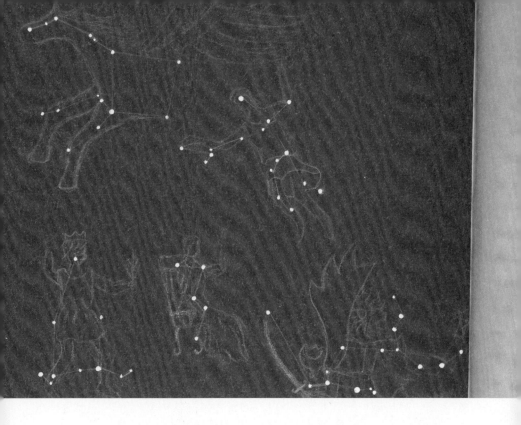

　　사람들은 대개 아이들이 자라는 것을 보고 '큰다'고 말한다. 아이들이 친척 어른을 만나면 지겹도록 듣는 소리가 "너 참 많이 컸구나!" 같은 얘기다. 이 말은 아이의 키가 컸다는 뜻으로 아래에서 위로 자랐음을 암시한다. 그러나 내 경험상 아이들은 위로 자라지 않는다. 아이들은 아래로 자란다.

　　6학년 아이들은 이렇듯 아래로 향하는 힘을 확실히 보여 준다. 이 나이의 학생들은 두 발로 대지를 단단히 딛고서 단호하게 일어선다. 아이들은 육체적으로 이전보다 더욱 단단해진다. 바야흐로 근육과 뼈대가 한데 뭉쳐 새로운 힘을 발휘하게 되는 것이다.[1] 땅이 아이들의 영역이 된다. 12세 아이들은 실제적인 관점에서 사고한다. 인간의 동기, 역사, 과학을 이해하는 데 원인과 결과가 점점 더 중요한 요소가 된다. 정의, 충성과 같은 개념을 두고 격렬한 토론이 벌어질 수 있지만 결국에는 삶의 경험이라는 엄밀한 시험을 통과해야 한다. 6학년 아이들은 참으로 세상을 '경험'하기 원하고 가능하다면 세상을 자기 것으로 만들고 싶어 하기 때문이다.

이 발달 단계에 부응하기 위해 발도르프 교육과정은 학습의 소재를 실질적, 물질적으로 응용함으로써 배울 수 있게 한다. 돈을 불려 주는 이자 계산법을 공부할 때 수와 셈은 일상생활에 유용한 것이 된다. 비록 학생들은 여전히 아름다운 것에서, 예컨대 기하학적 도안을 색칠하는 데에서 기쁨을 맛보긴 하지만, 이제 개념적 사고의 여명이 밝아옴에 따라 사고는 특별한 매력을 느끼는 도구가 된다.[2] 열성적인 지질학자인 12세 아이들은 말 그대로 물질적인 지구를 만지고 쥐어 보면서 지구 광물의 비밀을 발견한다. 음향, 열, 자기, 광학적 현상들을 구체적인 응용과 실험을 통해서 탐색한다. 고대 로마의 문화를 물질적이고 실제적인 데 역점을 두고 공부한다. 이것이 발도르프학교 6학년의 세계이다.

가을이 되어 학생들이 6학년을 시작하려고 돌아왔을 때 나는 아이들이 옷, 음식, 돈, 사회 문제에 부쩍 관심이 많아졌음을 알아차렸다. 그들은 어느 순간 기쁨에 들떠서 열심히 하는가 하면 금방 실쭉해져서는 침착성을 잃고 심지어 성을 내기까지 하였다.[3] 대부분 아이들이 독립적인 작업에 책임감을 갖고 임할 준비가 되어 있었다. 그리고 어떤 주제나 과제에 흥미를 느끼면 산이라도 옮길 태세로 덤벼들었다.[4] 격렬한 신체 활동 시간과 무기력하고 흐트러진 자세로 책상에 앉아 있는 시간이 교차했다.

학년을 시작하고 며칠이 지나자 마리아가 한마디 했다. "핀서 선생님은 정말 많이 변하셨어요." 나는 이 말을 듣고 기뻤던 것이, 사실 '그들이야말로' 워낙 많이 변해서 새로운 교수 방법이 필요했기 때문이다. 그들은 실제적이고, 명료하고, 무엇보다도 공정한 사람을 원했다. 개념과 관념은 이제 현실이 되었고 아이들은 변호사처럼 논쟁할 수 있었다. 그들은 영성에 대하여 노골적으로 언급하는 것을 원치 않았으며 무엇보다도 인과관계에서 안정감을 느꼈다. 게다가 '우리도 남들처럼'이라는 명분 아래 '발도르프다운' 어떤 것도 거부하였다. 아이들은 새로운 종류의 가르침과 새로운 과목들을 받아들일 준비가 되었다.

우리는 6학년을 기하학으로 시작하였다. 그에 대한 준비는 다양한 형태그리기를 통하여 저학년부터 이미 해 오고 있었다. 1, 2학년 때는 반복되는 패턴에 중점을 두어 자유롭게 그렸고, 3학년 때는 대칭 형태(거울상)를 많이 그렸다. 4학년 때에는 매듭 형태와 켈트식 도안을 그렸으며, 5학년 때는 기하학을 준비하는 원형圓形 도안을 하였다. 이제 6학년이 된 학생들은 새로운 도구를 선물 받았다. 컴퍼스, 각도기, 삼각자, 직선 자가 그것이다. 아이들은 3학년 주요수업으로 도량형을 한 이후 자를 사용해 왔다. 나는 컴퍼스를 도입하기에 앞서 아이들에게 바깥에서 할 수 있는 과제를 주었다. 모래에 원을 그리는 방법을 가능한 한 많이 찾아보라고 하였다. 아이들은 이 과제를 해결하기 위하여 반 전체가 빙 둘러서서 원을 만들어 보고 줄을 사용하거나, 중심축에 줄을 매고 이 줄을 팽팽하게 당겨 원을 그려 보기도 하였다. 우리는 교실로 들어와서 이번에는 연필에 실을 매어 종이에 원을 그려 보았다. 이 모든 활동이 그들이 받게 될 컴퍼스에 대하여 건강한 기대감을 조성하였다. 아이들이 마침내 이 반짝이는 도구를 손에 쥐었을 때 깊이 감사할 수 있었던 것은 사전 실험들 덕분이었다. 아이들이 이 컴퍼스로 할 수 있는 일을 하나둘씩 찾아낼 때마다 감사의 마음도 커졌다. 이러한 준비 덕분에 아이들은 그 도구를 소중히 여겼고 더욱 조심스럽게 다루었다. 교사가 "모두 하나씩 받아 가렴." 하고 상자에서 배급하듯이 컴퍼스를 꺼내 주면서 이토록 중요한 교육 기회를 놓쳐 버린다는 것이 놀라울 따름이다. 나는 아이들에게 새로운 과목을 준비시키는 것이 결국에는 시간을 번다는 사실을 알았다. 왜냐하면 '학생들이 그 과목 또는 학습 내용에 대해서 자발적인 관계를 형성'하게 되면 그렇지 않았을 때보다 반응이 훨씬 빠르고 과정을 빨리 마칠 수 있기 때문이다. 이것은 하나의 교육경제학이다.

우리는 원을 도안하면서 6학년을 시작하였다. 그것은 미술 실습이면서(색연필로 원에 명암을 넣었다), 간단한 컴퍼스 사용 연습이기도 하였다. 같은 중심에서 펼쳐지는 동심원들을 그렸고, 6등분 한 원을 아주 많이 그렸다. 그리하여 어떤 원이라도 하나같이 반지름으로 둘레가 정확히 6등분 된다는 사실을 발견하였다.[5] 아이들은 원 둘레의 6등분 점에서 또 다른 원들을 그려 여러 가지 꽃 모양을 만들어 내고는 색색의 물감으로 정성스레 칠하였다. 계속해서 예각삼각형, 둔각삼각형, 직각삼각형, 이등변삼각형 등 삼각형들과 정사각형, 평행사변형 등 여러 가지 도형을 그렸다. 이 첫 주요수업은 기하학의 아름다움과 명료함, 그리고 예로부터 전해오는 개념과 일반원리에 초점을 맞추었다. 우리는 실제 찾아보고 그려봄으로써 이들 개념과 원리를 깨우칠 수 있었다.

학생들이 기하학 주요수업을 하는 동안 저마다 힘든 작업을 워낙 열심히 해서 아이들을 관찰하고 그 관찰한 바에 따라 내 교수 방법을 조정할 수 있었다. 기하학에서는 '아이들의' 활동에 중점을 둔 데 비해 역사나 다른 과목에서는 대체로 나의 활동에 중심을 두었다. 균형을 맞추기 위해서는 주요수업 시간표에서 이 두 가지가 번갈아 강조되어야 한다고 생각한다. 이는 수렴과 확장의 반복이라고도 볼 수 있다. 기하학 도형을 그릴 때 학생들은 자기 내면으로 당겨지고, 역사에 푹 빠져 있을 때 그들의 의식은 자신을 넘어 확장한다.[6] 아이들은 평면 기하학 수업이 단 3주 만에 끝나는 것을 아쉬워하였다. 그래서 오후에 별도로 시간을 잡아 기하학적인 그림 그리기를 계속하였다. 봄철에는 넓은 나무판자에 작은 못을 박고 끈으로 연결하여 기하학 도안을 만들었다.[7]

9월의 마지막 날, 우리는 로마사로 뛰어들었다. 다음 내용은 내가 교실에서 아이들에게 들려준 로마 이야기인데 나의 생각과 함께 특히 인간의 본질과 관련하여 로마 역사를 바라보는 인지학적 관점을 미주로 달아 설명해 놓았다.

트로이가 함락되자 아에네아스는 새로운 나라를 찾아 먼 길을 떠났다. 아에네아스와 그 일행은 우선 마케도니아로 항해하였고 다음에는 시칠리아, 그리고 마침내 로렌툼, 오늘날의 이탈리아 영토에 닿았다. 그 방랑의 와중에 가진 것을 모두 잃었다.

일단 해안에 닿자 먹을 것을 찾기 시작했다. 그러던 중, 라티누스 왕이 이끄는 무장한 원주민 세력과 맞닥뜨렸다. 라티누스 왕은 아에네아스와 그 수하들이 로렌텀으로 온 까닭을 물었다. 왕은 트로이에서 있었던 일과 새로운 도시를 세우기 위한 장소를 물색 중이라는 이야기를 듣고 깊은 감명을 받았다. 라티누스는 아에네아스에게 왕으로서 우정을 맹세하였다. 협정이 맺어지자 트로이인들은 정착지를 건설하고 라비니움이라고 이름 지었다.

여러 해가 지나고 수많은 왕이 그 도시를 통치하였다. 그중 프로카라는 한 통치자에게 두 아들이 있었고 그 이름은 누미토르와 아물리우스였다. 아버지는 나라를 장남 누미토르에게 물려주었다. 그러나 아물리우스는 아버지의 뜻을 따르지 않았다. 그는 형을 추방하고 왕위에 올랐다. 폭력은 또 다른 폭력을 불러왔다. 아물리우스는 형의 아들마저 살해하여 왕위 계승자를 없애 버렸다. 그는 또 조카인 레아 실비아가 아이를 갖는 것을 금하였다. 그러나 왕의 명령에도 레아 실비아는 로물루스와 레무스라는 쌍둥이 형제를 낳았고 아이들의 아버지는 다른 누구도 아닌, 바로 마르스 신이라고 천명하였다.[8]

신화 속 전쟁의 신 마르스는 로물루스와 레무스의 탄생과 함께 로마 역사의 흐름 속으로 들어왔다. 마르스가 상징하는 바는 인간을 지상으로, 단단한 물질 형태로 이끄는 것을 말한다.[9]

땅속(과 사람의 핏속)에 철이 들어 있다는 사실은 마르스의 영향을 물질적으로 드러내는 것이라고 볼 수 있다. 로마인들은 후에 모든 면에서 마르스의 인간임이 증명되었다. 그들의 호전적인 풍습, 신체 단련에 대한 강조, 그리고 통치자의 강한 성품은 마르스의 영향을 유럽 대륙까지 퍼뜨렸다. 우리 반 학생들은 새로워지고 강해지는 근육과 지성으로 로마인들의 사나운 실재를 만날 준비가 되어 있었다.

마르스의 그림자는 두 소년, 로물루스와 레무스 위로 짙게 드리웠다. 잔인한 왕 아물리우스는 그들의 어머니를 포박하여 차가운 감옥에 처넣어 버렸다. 두 소년은 물에 빠뜨려 죽이도록 명하였다. 그러나 티베르 강이 범람한 지 얼마 되지 않았으므로 강의 본류에 접근할 수 없었다. 그래서 왕의 신하들은 쌍둥이를 범람한 물의 가장자리에 떠내려 보냈다. 마침내 홍수가 물러가자 쌍둥이를 담은 바구니는 물이 빠진 가장자리에 남아 햇빛에 건조되었다. 목을 축이려고 언덕에서 내려온 암늑대 한 마리가 아이들 울음소리를 듣고 무슨 일인지 보려고 다가갔다. 전설에 따르면, 아이들을 발견한 늑대는 그들을 굴로 데려가 키웠다고 한다. 그 후 한 양치기가 굴안에서 놀고 있는 쌍둥이를 발견하여 양자로 삼았다.

이 대목에서 아이들이 끼어들어 3학년 때 들은 모세 이야기와 4학년 때 들은 펜리르(북유럽 신화에 나오는 괴물 같은 늑대-역주) 이야기가 이와 유사함을 지적하였다. 나는 이러한 관찰력을 칭찬하면서 문화가 다르더라도 사람들이 간직하는 상과 이야기는 엇비슷하며(어른들 말로는, 원형元型), 실은 그것이 서로 다른 민족들을 묶어 주는 듯하다고 설명해 주었다. 나는 이 기회(내가 발도르프 교육을 '선전'한 것이 드러난 경우이다)에 우리가 그 많은 세월 동안 한 반에서 함께 공부하며 역사와 신화에서 이러한 비교를 할 수 있어서 얼마나 기쁜지도 이야기하였다. 발도르프 교사들의 바람은 아이들을 정교하고 치밀하게 지도함으로써 학년이 올라갔을 때 학과목과 문화 간의 관계라는 큰 그림을 볼 수 있도록 하는 것이다. 이는 각 교과과정이 분리되어 서로 다른 교사에게 배운다면 불가능할 것이다. 각설하고 로마 이야기를 계속하겠다.

형제는 청년이 되자 그들이 아기였을 때 버려진 장소에다 도시를 건설하고 싶은 열망에 사로잡혔다.(그 사이 그들은 사악한 아물리우스에게 복수를 하였다) 쌍둥이 중 누가 새로운 도시의 왕이 될 것인지를 두고 논란이 빚어졌다. 그래서 형제는 신들의 계시를 따르기로 하였다. 전설에 의하면 로물루스는 팔라틴 언덕을, 레무스는 아벤틴 언덕을 각자 계시받을 장소로 정하였다. 먼저 레무스에게 징조가 나타났다. 독수리 여섯 마리가 머리 위를 날았던 것이다. 그러나 얼마 뒤에 로물루스의 머리 위로 독수리 열두 마리가 나타났다. 양편의 추종자들은 즉시 자기들의 지도자를 왕으로 추대하였다. 한 편은 시간적 우선에 근거하여 주장하였고 다른 편은 독수리의 수에 근거를 두었다. 거친 말들이 오고 갔으며 뒤이어 주먹질이 시작되었다. 이 싸움의 와중에 레무스는 그의 형제에게 살해당했다. 그리하여 그 도시는 로마라고 칭해졌고 로물루스가 초대 왕으로 등극하였다. 다른 전설에 의하면, 레무스가 형제의 새 정착지에 짓고 있던 성벽 위를 조롱 삼아 뛰어넘다가 살해당했다고 한다. 로물루스는 분노에 치를 떨며 "나의 성가퀴를 뛰어넘는 자는 이처럼 죽을 것이다"라고 말하며 형제를 살해했다고 한다.[10]

아이들은 3학년 때 카인과 아벨 이야기를 통하여 이미 형제 살해를 접하였다. 6학년 이야기에서는 두 개성의 차이가 그리 분명치 않다. 그럼에도 승리한 자는 좀더 완고한 로물루스라는 사실을 눈여겨볼 수 있다. 이리하여 공동체의 협동은 퇴조한다. 독수리 열두 마리가 여섯 마리를 이긴 것이다. '양, 힘, 정복, 팽창'은 장차 로마제국이 건립할 네 기둥을 상징한다. 6학년 아이들이 이런 속성에 가치를 부여하는 모습을 심심찮게 봐 왔으므로(운동 경기에서 이 어휘들이 자주 쓰였다), 로마사를 통하여 그 결과를 알아보는 것뿐 아니라 이러한 면들을 객관화하는 일이 중요하였다.

로물루스는 이내 튼튼한 성벽만으로 도시가 만들어지는 것이 아니라는 것을 깨달았다. 인구를 늘려야 할 필요성에 직면한 로물루스는 집이 없는 모든 이들에게 성문을 열어 시골을 떠돌던 하층 부랑민들을 받아들였다. 통제 불능의 어중이떠중이, 노예들, 도망자들을 끌어모아 로마 '공화국'을 성립한 것이다.

여기서 우리는 이야기의 핵심에 이른다. 온갖 사회 하층민들이 후에 그 대륙에서 가장 위대한 도시가 되는 곳으로 모여드는 그림, 나는 이 그림을 우리 반 열두 살 아이들에게 가능한 한 생생하게 전달하려고 애를 썼다. 그러고 나서 아이들에게 물었다. "그런 시민의 지도자가 어떤 문제들에 봉착할는지 예상할 수 있겠니?" 대화가 오고 가는 데 시간이 꽤 걸렸다. 마침내 아이들은 무질서하고 난폭한 주민을 다스리려면 특별히 명료한 법률 체계가 요구된다는 사실을 인식하였다. 그것은 오늘날에도 여전히 우리 생활의 일부이다.[11] 게다가 법과 질서, 인과율에 근거한 결론은 권위에 대한 새로운 관계를 모색하고 있는(때로 지극히 개인적인 방식으로) 사춘기 직전의 아이들에게 필요한 기본 개념이다. 그리하여 로물루스는 백 명의 원로들로 원로원을 구성한다. 로물루스는 정치로 힘을 누를 수 있는 국가조직을 만들고 있었던 것이다. 이 '원로'들, 이른바 파트레스(patres_아버지라는 뜻의 라틴어-역주)는 미국 상원과 하원 의원의 선조 격이다. 그리하여 미국 헌법 제정 의회에 대한 이해는 미국사 주요수업에서가 아니라 로마 법체계의 기원을 공부하면서 그 기초를 마련하였다.

로물루스가 거센 폭풍우 속으로 사라지고 난 뒤 원로들은 후계자를 정할 수가 없었다. 그토록 강했던 건국자를 누가 가장 잘 계승할 수 있을 것인가? 1년간의 공백 끝에 마침내 그들은 정의와 신앙심으로 이름 높은 누마 폼필리우스를 청하기로 하였다. 원래 사비니인이었던 누마는 학식이 높은 사람으로서 인간과 신의 법에 모두 조예가 깊었다. 그러나 처음에는 누마 폼필리우스가 왕위 수락을 거절하여 원로들을 무척 당황케 하였다. 누마는 통치야말로 신과 인류에 대한 봉사라는 얘기를 듣고서야 비로소 마음을 누그러뜨렸다.

로마는 그때까지 육체적 힘과 물질적 소유라는 원칙을 기반으로 해 왔다. 바야흐로 누마가 마음과 영혼의 요청에 근거한 문화적 삶이라는 또 다른 기초를 세우려 하고 있었다. 이제 종교적인 관례와 인간적인 배려가 지도 원리가 되었다. 한번은 숨차게 달려온 사자使者가 적군이 쳐들어오고 있다는 소식을 전하자, 누마는 몸소 모범을 보였다. 누마는 즉각 반응하는 대신에 이렇게 답하였다. "그렇다면 나는 산 제물을 바칠 것이다."

누마는 야누스를 섬기는 신전을 지었다. 전쟁이 임박했을 때는 신전 문이 열려 있었고 평화 시에는 닫혀 있었다. 이웃 공동체와의 협상을 이끌어 가는 누마의 솜씨 덕분에 야누스 신전은 누마의 통치 기간 내내 닫혀 있었다. 그는 또한 농사를 장려하였고 어린이를 사고파는 행위를 금지하였다. 누마는 심지어 역법에도 영향을 미쳤다. 이때부터 한 해를 3월(3월인 March의 기원은 마르스Mars이다)

이 아니라 1월(1월인 January의 기원은 평화의 신 야누스Janus이다)에 시작하였다. 또 처음으로 2월(2월인 February는 '몸을 정화하는 의식'을 뜻하는 februa에서 왔다)이 포함되었다.**12**

아이들은 토론 없이도 로마 왕들 간의 차이를 알아차릴 수 있었다.

로마 제3대 왕의 성품은 '호스틸리우스(Hostilius호전적이라는 뜻-역주)'라는 그 이름에서 분명하게 드러난다. 실제로 툴루스 호스틸리우스의 통치 기간은 전쟁과 공격적인 군사주의의 시대였다. 이 세 번째 왕은 누마 시절 43년간의 치세를 비굴한 쇠락의 반영이라고 보았으며 로마 시민의 사리사욕과 명예욕에 불을 댕기기 위하여 온갖 구실을 찾아내었다.

다음 사건은 호스틸리우스의 호전적인 성품과 로마인의 영리하고 교활한 의식을 모두 그려 보인다.

이웃한 알바 왕국과 작은 충돌을 겪고 나서 영토 분쟁이 일어났다. 알바의 통치자인 메티우스는 양측 군대의 불필요한 출혈을 피하고자 양쪽에서 각기 세 명의 형제를 뽑아 백병전으로 이 문제를 풀자고 제안하였다. 사실, 양 군대 모두 나이도 같고 힘도 막상막하인 세쌍둥이 형제를 자랑하고 있었다. 이윽고 싸움에 나설 양측 형제들이 지명되었고 이긴 쪽이 분쟁이 되고 있는 영토를 차지하기로 하였다. 툴루스는 필시 전면전이 더 마음에 들었을 터이나 결국 마지못해 이 제안을 받아들였다.

로마의 역사가 리비우스는 그날의 전투를 묘사해 놓았다.

이윽고 여섯 명의 전사들이 전투에 임할 준비가 되었다. 그들은 기세 좋게 두 군대 사이의 시합장으로 나섰다. 양 군대는 그대로 자리를 지키고 있었다. 위험하진 않았지만 거기 있던 모든 이들이 초조하게 긴장하고 있었다. 제국이 되느냐

속국이 되느냐가 세 사람의 운과 용기에 달린 큰 판이었다.

나팔 소리가 울려 퍼졌다. 형제들은 양 군대의 자존심을 걸고 칼을 뽑아 전투에 임하였다. 알바의 세 전사는 부상을 당했다. 로마 쪽에서는 한 명이 쓰러지고 또 한 명이 쓰러졌다. 알바의 군대에서 환호성이 터져 나왔다. 로마 쪽에서 살아남은 한 명이 세 명의 적에게 포위당했다. 적들은 다쳤지만 그는 온전하였다. 그는 적들을 한꺼번에 상대할 수는 없지만 한 명씩 상대하면 분명 승산이 있다는 사실을 알아차렸다.

이런 생각으로 그는 적들이 부상 정도에 따라 서로 다른 속도로 쫓아올 것이라고 확신하고 줄행랑을 놓았다. 얼마 후 그 로마인이 뒤를 돌아보았다. 세 명의 상대가 그의 뒤를 한 줄로 따라오고 있었다. 그는 민첩하게 돌아서서 첫 번째 적을 공격하여 순식간에 목숨을 끊어 놓았다. 그리고 두 번째, 세 번째 알바인도 마찬가지였다. 로마 군대에서 환호성이 터져 나왔다.[13]

한번은 툴루스가 반역자를 처단할 적에 팔과 다리를 서로 다른 전차에 묶어 놓고 대중이 보는 앞에서 두 전차를 반대 방향으로 몰게 함으로써 분열한 충성심이 어떤 결과에 이르는지를 보여 주었다. 생의 마지막에 단 한 번, 툴루스는 마르스가 아니라 주피터에게 신탁을 청하였다. 그러나 주문을 잘못 외우는 바람에 왕궁에 번개가 내리쳤다. 툴루스는 화염에 싸여 죽음을 맞았다.

여기서, 이 같은 일들을 6학년 학생들에게 이야기해 주어도 되는지 의아하게 여기는 분도 계실 것이다. 물론 이러한 일들이 '정치적으로 옳은' 것은 아니다. 그러나 이것은 로마사의 대단히 중요한 일면이다. 또한 로마 유산은 분명 현재까지도 영향을 미치고 있으며 호전적인 군국주의도 우리 사회에 여전히 남아 있다. 교사로서 나는 중대한 고민에 봉착하였다. 이러한 상은 로마가 방종으로 치달을 수도, 아니면 멍에를 매고 더 높은 권위에 헌신할 수도 있는 영혼의 특성들임을 학생들이 깨달을 수 있도록 어떻게 논의를 끌어낼 것인가? 외적인 권위와 내적인 권위의 차이는 무엇인가? 6학년 학생들은 이제 교사의 권위에 근거하여 모든 일을 받아들이려고 하지는 않았다. 그러나 객관적인 역사 수업은 다른 문제였다. 아이들은 누마를 자연 및 신과 조화를 이루며 살았던 인물, 또 풍부한 문화적 삶이 생명을 싹 틔우는 힘이 있다고 믿었던 인물로 보았다. 우리 반 학생들은 또한 툴루스 호스틸리우스의 존재를 있는 그대로 평가할 수 있었지만 동시에 사춘기 초기의 호르몬 변화를 겪고 있던 자신을 공격적인 본성을 지닌 툴루스와 동일시하기도 하였다. 비록 여기서 학생들의 개인적인 발달상의 변화를 논하지는 않겠지만 7학년 때 생리학과 건강 주요수업을 하기 전에 이를 '간접적으로' 접하고 있다는 느낌이 들었다. 아이들과 8년을 함께하면서 항상 나의 목표는 인생의 복잡한 문제들을 우선 느낌의 수준에서 다루고 그다음에 사실과 상을 가져오도록 하는 것이었다. 나의 견해는 마약, 10대의 임신, 에이즈를 막기 위해 고안된 대부분의 프로그램과는 상반되는 것으로, 아이들에게 다가가려고 사람의 성기를 세세히 묘사하기보다 다른 무언가로 시작해야 한다는 것이었다.

그러나 한 가지 의문은 남는다. 모든 사람이 언제고 어떻게든 겪게 마련인 격심한 기분 변화와 공격 행위를 조절하는 방법으로 인류 속에서 일깨울 수 있는 것은 무엇인가? 나는 로마의 제4대 왕인 안쿠스 마르키우스에게서 자아(인간 영혼의 격정을 지배할 수 있는 원리)를 상징하는 인물을 발견하고 기뻤다.[14] 안쿠스는 누마와 툴루스의 자질들을 조금씩 지니고 있었다. 나름의 운명을 타고난 안쿠스는 전쟁과 평화를 모두 계획하였고, 티베르 강을 가로지르는 다리를 건설했으며, 불법을 방지하는 정책을 통과시켰고, 사람들을 도와주는 행정가로서 봉사하는 방법을 알고 있었다. 그는 전쟁을 선포하고 지휘하는 특수한 정식 절차를 수립함으로써 전쟁에 통제 요소를 도입하기도 하였다. 안쿠스가 다스린 25년간은 균형과 질서의 시대였다.

로마인이 현실적인 민족이었다고는 해도 그들은 '상서로운 조짐'을 알아보는 건강한 감각을 지니고 있었다. 그것이 그들의 이익에 들어맞는 것이라면 더욱 그러했다. 루키우스라는 한 부자가 아내와 함께 지붕이 없는 마차를 타고 여행을 하는 중이었다. 그때, 독수리 한 마리가 살며시 내려와 그의 모자를 낚아챘다. 그 독수리는 세차게 날개를 치며 떠올랐다가 얼마 뒤 다시 급강하하여 마치 하늘이 보낸 듯 그 모자를 도로 루키우스 머리에 단정하게 올려놓았다. 그의 아내는 즉시 이것을 좋은 징조로 보고 소리쳤다. "저 독수리가 당신의 가장 높은 부분인 머리에 다가온 것은 어떤 의미가 있는 것이 아닐까요? 말하자면, 왕관을 인간의 머리에서 가져가 하늘의 승인을 얻고 본래 자리로 돌려준 것은 아닐까요?"[15] 로마로 이주한 루키우스는 자신의 부를 이용하여 왕과 가까워졌고 곧 왕의 신임을 받는 조언자가 되었다. 안쿠스가 세상을 떠나자 루키우스는 왕의 아들들을 도시 바깥으로 긴 사냥 여행을 보냈다. 그는 원로원에서 지지를 호소하는 정치적 연설을 하였고 쉽사리 로마 왕으로 선출되었다.

제6대 왕에게도 전조가 있었다. 세르비우스 툴리우스라는 어린 하인 소년이 잠을 자고 있던 어느 날, 머리에 갑자기 불길이 치솟았다. 누군가 그 불길에 물을 끼얹으려고 하자 그것이 전조임을 알아차린 왕비가 그를 말렸다. 얼마 후 아이는 깨어났고 불은 꺼졌다. 왕과 왕비는 세르비우스를 양자로 삼았고 그는 후에 왕이 되었다.

아마도 로마의 초기 역사에서 가장 극적인 시기로는 집정관 제도가 확립되기 직전의 마지막 왕, 루키우스 타르퀴니우스 수페르부스의 시대를 꼽을 수 있을 것이다. 그가 통치한 기간은 로마사의 고전적인 문제들을 아주 많이 포함하고 있으므로 이 시기는 학급 연극을 하기에 좋은 내용이 될 것 같았다. 이 극에 열의를 보이는 모든 아이에게 배역이 돌아갈 수 있게 한 역을 두 사람이 맡았다. 로마의 토가를 걸치고 3주간의 고된 연습 끝에 연극을 공연하였다. 배역은 다음과 같았다.

> 루키우스 타르퀴니우스 수페르부스, *로마 마지막 왕* 토리, 커스튼
> 세르비우스, *집권 중인 왕* 재커리
> 타르퀴니우스의 두 아들 조너선 F, 마이클
> 브루투스, *타르퀴니우스의 조카* 수전, 메어리
> 사제, *델포이 신전 소속* 조지프
> 폰티펙스 막시무스, *사제단의 최고 신관* 조너선 B

켄투리온(백부장, 각 집단에서 백 명을 받아 지휘하는 장교-역주) 팀

릭토르(집정관의 수행원-역주) 앤서니

쿠마이(나폴리 서쪽에 있던 도시-역주)의 무녀 에멀리

툴리아, *세르비우스의 딸이자 타르퀴니우스의 아내* 커스튼, 토리

세르펜트(뱀 모습의 신-역주) 루시

원로들 새뮤얼, 마리아, 도너, 타라, 데이비드, 애비, 마크, 마거릿

　연극은 모두 입을 모아 초기 왕들의 이름을 열거하는 대사로 시작한 뒤 세르비우스가 타르퀴니우스에게 무자비하게 폐위당하는 장면으로 이어졌다. 늙은 왕의 몸이 툴리아가 모는 말과 전차에 짓밟히자 경고의 합창이 시작된다.

하늘까지 오르려는 오만을 조심하라.

수많은 날을 가진 칼을 조심하라.

만족이 수치로 변하는 때를

조심하라… 조심하라.

만인의 머리 위에

마음을 볼 수 있는 신들

마음을 알 수 있는 신들이 여전하시다!

타르퀴니우스 수페르부스여!

너의 나날은 가을날과 같으니

낮은 점점 짧아져

겨울로 가도다.[16]

　아홉 권의 책을 가진 지혜로운 무녀 장면은 로마 시대에 일어나고 있던 의식의 변화를 상징적으로 나타낸다.

무 녀　　：나는 쿠마이에서 온 방랑자입니다.

타르퀴니우스 : 무엇을 원하는가?

무 녀　　 : 당신에게 이 아홉 권의 책을 팔려고 왔습니다.

타르퀴니우스 : 여인아, 로마의 왕에게 책이 필요한가?

무 녀　　 : 아닙니다. 사지 않는 편이 좋겠습니다.

타르퀴니우스 : 하지만 사라고 하지 않았느냐?

무 녀　　 : 값은 황소 900마리입니다.

타르퀴니우스 : 가거라, 여인아. (웃는다) 너는 미쳤구나.

무 녀　　 : 아닙니다. 사지 않는 편이 좋겠습니다.(무녀가 책 세 권을 화로에
　　　　　 다 태운다.) 이제 여섯 권밖에 남지 않았습니다. 책을 사려면 같은
　　　　　 값을 치러야 합니다.

타르퀴니우스 : 여섯 권이니 황소 600마리를 주겠다.

무 녀　　 : (책 세 권을 더 태운다.)
　　　　　 (폰티펙스 막시무스가 들어온다.)

무 녀　　 : 이 세 권만 남았습니다. 책값은 같습니다.

타르퀴니우스 : 너는 누구냐?

무 녀　　 : 선물을 가져온 자입니다.

타르퀴니우스 : 너는 나를 속이고 있다. 하지만 책을 꼭 사야 할 것 같구나. 나를 굴
　　　　　 복시킨 너의 힘에 저주를. 돈을 받거라!
　　　　　 (무녀가 퇴장하다.)
　　　　　 (책을 보면서) 미친 여자가 갈겨놓은 것을 사려고 황소 900마리 값을
　　　　　 치렀단 말인가? 그리스 말로 씌어 있건만 나는 그리스 말을 모른다.

　로마인의 논리대로라면 책 여섯 권에 황소 600마리 값을 치르는 것이 맞
지만 타르퀴니우스는 신비한 무녀의 마력에 저항하지 못한다. 책이 세 권씩
불에 탈 때마다 호기심도 커진다. 그러나 결국 타르퀴니우스는 그 책을 읽
을 수 없고 고대의 지혜에 다가갈 수 없다. 그는 이전 문명의 지혜를 상실한
다. 여기서 우리는 인간 의식의 '하강'을 본다. 초기 징조들(독수리와 불)은

이제 사라졌고 개인의 지성과 자유를 획득한 대가로 영적 지혜를 담은 책들은 폐기되었다.

이 연극에는 감동적인 장면이 많았다. 루시가 타르퀴니우스에게 붙어 다니는 세르펜트로 등장하고 이어서 사제들이 행렬을 지어 과거의 잔영처럼 손에 촛불을 들고 등장하는 장면도 그 중 하나였다. 또 델포이 장면도 볼 만하였다. 델포이 신전에서 타르퀴니우스의 두 아들은 세르펜트에 관해 물어보라는 왕의 명령을 어기고 대신에 "아버지가 돌아가시면 누가 왕이 됩니까?" 하고 자기들 입맛에 맞는 질문을 한다. 신탁은 이러하였다. "너희 중에서 어머니에게 먼저 입 맞추는 자가 왕이 되리라." 두 아들이 뛰쳐나간다. 그러나 그들과 함께 왔던 브루투스가 사제들 발밑 땅에 엎드려서 다음과 같이 선언한다. "우리 모두의 어머니는 바로 대지가 아니던가?"

마지막 장면에서는 원로원이 반란을 일으켜 타르퀴니우스를 폐위하고 대신 두 명의 집정관이 로마법에 따라 1년을 임기로 나라를 통치하는 방식에 지지를 보낸다.

타르퀴니우스 : 누가 이 반란의 책임자인가?
원로 1   : 로마의 파트리키가 정의의 이름으로
              너의 자리를 폐하노라!
타르퀴니우스 : 누가 로마의 파트리키를 이끄는가?
원로 3   : 법이오.
타르퀴니우스 : 법이라고?
원로 4   : 사리사욕과 야망에 이끌리지 않는 사람은 없소.
              오직 법만이 유혹에 초연하오.
원로 3   : 이제 우리에게 왕은 없소!
원로 1   : 왕의 자리는 법이 대신할 것이오.
              개인과 무관하며 편견 없고 공정한 법 말이오.[17]

그러나 왕보다 법이 먼저라는 주제는 브루투스를 막다른 곳으로 몰고서야 비로소 자리를 잡는다. 집정관이 된 부루투스는 누구든 왕정 복귀를 꾀하는 자는 참수형에 처한다는 법을 처음 통과시켰으나 정작 그 법을 자신의 두 아들에게 적용해야 할 처지에 놓이게 된다. 원로원은 브루투스가 '로마에 공헌한 바가 지대하므로' 그의 두 아들을 추방하고자 했지만 브루투스는 번민한다.

브루투스 : 우리가 했던 말을 기억하오? 개인과 무관하며 편견 없고 공정한 법이라고 했소. 그 법이 정당하려면 독수리이건 굴뚝새이건 법 아래에서 평등해야 하오. 법이 첫 번째 시험에 실패해서는 절대로 안 되오! 들으시오! 자신의 죄를 실토한 이 자들을 로마의 뜻에 따라…. (잠시 침묵한다) 타르퀴니우스라면 너희를 벌하지 않을 테지만… 이 자들을, 내 아들들을 사람들 앞에서 매질하고… 목을 베시오. 이들을 데려가시오.

아들 1 : 우리는 첫 집정관의 아들들이다.

아들 2 : 너희가 감히 우리를 어쩌지는 못할 것이다!

아들 1 : 아버지…. (아들들이 퇴장한다)

브루투스 : (혼자 있다) 그래, 이것이 그대가 자신의 모습을 드러내는 방법이로군. 그대, 법이여! 그대는 어느 신보다도 가혹하다. 일찍이 어떤 신도 받아보지 못한 제물을 요구하는구나. 내게 참으로 큰 고통을 안겨 주는구나. 이제 결국 눈물 속에서… 고통 속에서… 내가 깨닫는 것은… 법이란 자신의 자유의지를 넘어 스스로 희생하려는 사람들이 있을 때에만 지속할 수 있다는 것이다.[18]

메어리와 수전은 깊은 감동과 연민으로 브루투스를 연기하였다. 그들의 대사와 동작은 가족애와 공평무사한 법 사이의 심적 고뇌를 참으로 잘 표현하였다. 나는 또한 커스튼과 토리가 오만한 타르퀴니우스를 얼마나 잘 표현하였는지를 결코 잊지 못할 것이다. 우리 반의 로마 원로들이 보여 준 훌륭한 집단정신도 마찬가지이다. 우리 반 아이들이 공연한 수많은 연극에서 나는 우리 학교 오이리트미스트의 덕을 톡톡히 보았다. 그는 아이들이 촛불 행진을 할 때의 걸음걸이와, 녹색, 청색 베일을 쓴 세르펜트의 물결치듯 우아하고 부드러운 동작을 지도해 주었다. 한 아이가 막판에 이런 말을 하였다. "루시는 대사가 한 마디도 없었지만 그 역은 정말 훌륭했어요."

계속해서 집정관 시대와 그 후의 황제 통치 시대를 공부하면서 나는 다시 한 번 나 자신에게 묻고 있었다.

"로마 법체계의 탄생은 우리의 근대 법체계와 어떤 관련이 있는가? 근대 법체계 속에서 사회문제들은 교회나 대가족 내에서 또는 일터에서조차도 해결되지 못하고 법정에서 판결이 나는 일이 빈번하다. 사람들의 비판 능력은 완전히 깨어 있건만 건강한 판단을 내릴 수 있는 내적인 능력은 어디에 있단 말인가?"

"로마인들이 법을 강조한 것과 루돌프 슈타이너가 '삼중 사회 구조론'에서 권리생활의 영역과 독립적인 문화생활의 필요성을 기술한 것은 어떤 관련이 있는가?"[19]

"정부 교육위원회에서 관리를 받는 공립학교가 왜 그토록 많은가?"

"문화적이고 정신적인 노력을 하기보다는 수적 우세, 능력, 성취, 그리고 기업과 산업을 위한 준비에 열을 올리는, 여전히 만연해 있는 이 로마적인 태도에 현대의 교육이 왜 그리도 깊이 물들어 있는가?"

나는 마침내 발도르프 교사로서 이렇게 자문해 보았다. "나의 명상 생활에서, 동료와 같이하는 나의 일터에서, 그리고 내가 관여하는 학교 밖 문화 활동에서 이 로마의 장벽을 깨뜨리려면 나는 어떤 노력을 기울일 수 있을 것인가?"

긴 여행의 다른 단계에서도 그랬던 것처럼 나는 쉽사리 해답을 찾지는 못했다. 그러나 질문을 하고 그 질문과 더불어 지내면서 위안을 받았다. 그것은 우리가 로마에서 물려받은 딜레마에 대한 나의 의식을 강화하였다. 이런 식의 개인적인 탐구가 인지학에 근거하여 가르치고 일하는 생활의 흐름에 밑거름이 되고 길을 안내하며 향상을 가져온다는 생각이 들었다. 나는 이 내면적인 탐구가 실제로 드러나는 것이 교육이라는 사실을 해를 거듭할수록 더욱 강하게 느꼈다.

다음 주요수업은 실용적인 수학으로, 백분율 이자에 초점을 맞추었다. 우리는 학급 은행을 설립하였고 이자를 복리로 계산하는 법을 배웠다. 또한 우리만의 수표장을 만들어 마음껏 수표를 떼는 즐거움을 누렸다. 단, 월간 대차 잔액을 맞춰보기 전까지만 말이다. 한 아이가 물었다. "수표는 은행에서 어떻게 처리되나요?" 대답을 장황하게 늘어놓는 대신에 우리는 가까운 저축기관으로 견학을 갔다. 아주 친절한 안내 덕분에 금고실뿐만 아니라 아래층의 수표처리실도 둘러볼 수 있었다. 우리 반 아이들은 수표가 어떻게 처리되고 저축한 돈이 담보부 대출로 어떻게 전환되는지를 단계적으로 알 수 있었다.

이 장의 첫머리에서 밝힌 6학년의 특성에 맞게, 이어지는 국어 주요수업에서는 계약서, 지원서, 약정서, 감사장 등 상용常用 문서 쓰기에 주력하였다. 이들 문서를 작성하는 동안 문법, 맞춤법, 구두법을 복습하는 한편 조건문도 공부하였다. 특히 이 시기의 학생들은 수많은 방식으로 조건을 달 수 있다는 것이 흥미로운 듯했다. "네가 이렇게 저렇게 하면 나도 … 할 거야." 어쨌든 집에서나 학교에서나 아이들이 그런 문장들을 사용하고 있었으므로 나는 그것을 문법을 익히는 기회로 이용하는 것이 좋겠다고 생각하였다.

낮이 짧고 밤이 긴 12월에 천문학 예비학습을 시작하였다. 우리는 계절에 따른 태양의 경로와 달의 위상位相에 관해 이야기하였다. 하루는 밤에 모여 뜨거운 초콜릿 음료를 마시며 별을 관찰하였다. 7학년 때에 하늘을 제대로 탐구할 것이기 때문에 6학년 때는 그것을 위한 준비 작업 정도가 되길 바랐다. 한 해 전에 항성 일지를 써 보고 간단한 별 관측 기술을 배움으로써 7학년 때 공부할 천문학의 기초를 마련할 수 있을 것이다.

크리스마스 휴가가 끝나고 우리는 두 차례에 걸친 물리학 주요수업 중 첫 수업을 시작하였다. 이 과목은 나와 아이들이 모두 좋아하였으므로 우리가 공부한 내용을 자세히 설명하고자 한다. 과학 교과는 학년에 따른 아동 발달 단계의 특징에 적합하도록 편성되며 연령별로 아이들에게 적용할 수 있는 새로운 교수법의 실례를 제시한다.

발도르프 교과과정에서는 교사가 물리학의 개념들을 삶 자체에서 발전시키고 문제의 현상을 아이들에게 가능한 한 창의적으로 제시하고자 애쓴다.[20] 6학년 때에는 음향학, 열, 자기학, 광학을 공부했으며 그 중 광학은 봄철의 두 번째 주요수업에서 다루었다.

경험 많은 발도르프 과학 교사들은 현악기를 연주해 보거나 음의 고저를 경험해 보는 등 음악적인 것에서부터 음향학에 접근하는 방법을 제안하였다.[21] 나는 동료 교사들을 십분 존중하긴 하지만 동의하지는 않았다. 물론 우리 반 아이들은 그때까지 6년간 날마다 음악을 접해 왔다. 한 사람의 음악가로서 나는 아이들이 음악에 대한 이해를 증진할 기회라면 모두 반겼다. 그러나 우리 반 아이들에게는 새로운 접근 방법이 필요하다는 생각이 들었다. 그들은 '진짜 과학'을 갈망하고 있었고, 나는 그들의 주의를 환기할 새로운 방법으로 현상학적 접근법을 시도할 때가 되었다고 판단하였다. 처음에 '음악적 접근'을 시도해 보기도 했지만 아주 지루한 경험이 되고 말았다. 이번 기회에 새로운 교수 방법을 적용하여 학생들이 과학에 진정 흥미를 갖게 하고 싶었다.

그래서 우리는 소리의 여러 현상에서 출발하였다. 크리스마스 휴가를 마치고 돌아온 첫날, 교실로 들어서던 아이들은 내 책상과 교실 앞쪽을 가리고 있는 널따란 장막을 보았다. 이것만으로도 아이들의 호기심이 동하였지만 그들의 물음에 대한 답은 "기다려 보라"는 것이었다. 늘 하듯이 아침 리듬활동으로 말하기 연습(주로 육보격 시를 다룬다)을 한 후에 나는 아이들에게 종이와 연필을 나눠 주면서 각자 자기 책상에 앉아 5분 동안 잘 듣고 들리는 소리는 모두 적어 보라고 하였다. 한 학생이 투덜거렸다. "별로 들리는 소리도 없어요." 그러나 잠시 후 그 학생이 종이에다 바쁘게 써 내려가는 것이 보였다. 긴 목록은 아이들이 생각했던 것보다 훨씬 많은 소리를 들었음을 말해 주었다. 목록에는 문 닫히는 소리, 새 울음소리, 잔디 깎는 소리, 비행기 지나가는 소리 등이 들어 있었다. 보통 때에는 전혀 알아차릴 수 없는 소리였다. 그다음, 나는 장막 뒤로 가서 동전, 유리컵, 물, 숟가락, 망치와 못, 종이, 가위, 달걀곽, 분무기, 콩주머니 등으로 여러 가지 소리를 만들어 내면서 아이들에게 무슨 소리가 들렸는지 순서대로 받아 적게 하였다. 그리고 적은 것을 서로 비교해 보았다. 그런 다음 아이들은 어떤 물건인지 하나하나 확인했다.

이런 식으로 소리 현상을 체험하고 나서 우리는 우리가 알아낸 것을 놓고 토론을 벌였다. 나는 "무슨 소리인지 어떻게 알 수 있었지?" 하고 운을 띄웠다. 아이들은 늘 그렇듯이 "그거 모르는 사람이 어딨어요!" "별거 아니던데요!" 하고 큰소리부터 치고 나서 자신들의 체험에 초점을 모으기 시작했다. 토론을 거쳐 장막 뒤에 있던 물건들이 저마다 다른 소리를 만들어 내며, 마침내 모든 소리는 그 소리의 발생원을 드러낸다는 결론에 이르렀다. 나는 장막 때문에 그 물체들을 볼 수 없었으며 그들은 오로지 귀밖에 사용할 수 없었음을 상기시켰다. 그러고 나서 앞서 아이들의 시야를 가린 것처럼 이번에는 아이들에게 내가 만들어 내는 소리가 들리지 않도록 자기 귀를 막으라고 하였다. 아이들이 모두 귀를 꽉 막고 있을 때 리코더로 높은 '솔' 음을 불었다. 아이들은 모두 아주 분명하게 들린다고 이야기하였다. 나는 이 실험으로 소리는 시각적 체험과는 달리 아주 깊숙한 곳까지 도달한다는 사실을 알았다.[22] 그다음 날 복습을 하는 중에 어떤 아이가 누나가 집에서 자주 큰 소리로 곡을 연주하는데 그 소리 때문에 잠을 이룰 수 없다는 말을 하였다. 이 이야기는 특정한 유형의 음악과 이 곡이 연주되는 음악회에서 청력을 잃을 가능성에 관한 토론으로 이어졌다. 저마다 이 주제에 대해서 할 말이 많았으므로, 이 시점에 다음과 같은 질문을 하여 음향학으로 화제를 돌렸다. "우리가 듣지 않을 때는 소리가 어디에 있을까?" 이 질문에 아이들은 조용해졌다. 잠깐 이 질문이 마음에 새겨질 시간을 주고 나서 우리는 실험을 계속하였다.

나무토막 다섯 개로 음색에 대해서 알아보았다. 나무토막은 각각 참나무, 호두나무, 벚나무, 자작나무, 소나무로 만들었다. 나무토막을 똑같은 방법으로 하나하나 두드려 보고 나서 이 나무토막들이 서로 다른 음질을 지녔다는 사실을 알아냈다. 그러자 저마다 '음향'이라는 단어를 입에 올리기 시작했으며 몇몇 아이들은 악기로 '라' 음을 연주하였다. 매번 우리는 서로 다른 소리의 특성을 체험하였고 이 특성을 '음색'이라고 한다는 것을 배웠다. 우리는 공명과 소리굽쇠로 넘어갔다. 아이들은 저마다 소리굽쇠를 두드리고 그 아랫부분을 책상 위에 놓아 보았다. 이어서 다시 소리굽쇠를 두드리고 그것을 비슷한 크기의 다른 소리굽쇠와 평행하게 놓아 보았다. 마지막으로 우리는 소리굽쇠를 두드리고 물컵에 담가 보았다. 이때 나타나는 현상들을 관찰한 후 아이들에게 체험한 바를 서술하도록 하였다. 수전은 자기가 관찰한 바를 다음과 같이 적었다.

1. 소리굽쇠의 진동이 자루를 지나 단단한 물체의 표면에 전달되면 그 물체를 진동시켜 소리굽쇠와 같은 음높이로 울리게 한다. 이것을 '공명'이라고 한다.

2. 소리굽쇠를 물에 넣었을 때 우리는 진동하는 끝 부분이 물보라를 일으키는 것을 관찰하였다. 따라서 소리는 운동하고 진동한다.

3. 소리굽쇠의 진동은 다른 소리굽쇠를 같은 진동수로 움직이게 할 수 있다. 우리는 두 번째 소리굽쇠에서 윙윙거리는 소리를 들었다. 두 개의 소리굽쇠가 서로 공감한다고 할 수 있다. 그러한 진동을 '공명'이라고 한다.

이튿날 복습시간에 나는 아이들에게 다른 사람과 공감하는지를 어떻게 알 수 있는지 물었다. '공감'이라는 좀 더 폭넓은 주제를 건드린 것이다. 아이들은 다음과 같은 관찰 결과를 제출하였다. "서로 비슷하고", "관심사가 일치하고", "오랫동안 우정으로 공통된 경험 기반을 다져 왔다면" 공감하는 것이다. 그리하여 우리는 비록 음향학에 심취해 있었지만 그 주제는 공동체 형성과 사회문제에 관해 계속하여 탐색할 수 있는 계기를 주었다. 이 실험 역시 익살스러운 돌출 행동으로 마무리되었다. 이 주요수업이 끝날 즈음, 학생들의 요청으로 학교 조회 시간에 몇 가지 물리실험이 예정되었다. 소리굽쇠 실험을 보여 주기로 한 것이다. 그들은 커다란 수조를 가지고 왔고 수조에 담긴 물속에서 어떤 변화가 일어나는지 가까이서 관찰할 수 있도록 청중 가운데서 지원자를 받았다. 그다음 아래 학년 동생들이 뺨을 수조에 꼭 붙이고 있을 때 사랑스러운 6학년 학생들은 스물네 개의 커다란 소리굽쇠를 두드려서 그것들을 일제히 물속에 넣었다. 많은 저학년 동생들은 물리가 무엇인지, 그리고 그것이 어떻게 사람 얼굴에다 물보라를 일으켰는지를 생생한 그림으로 간직한 채 집으로 돌아갔다.

음향학 시간에는 클라드니 판 실험도 하였다. 금속제 판을 집게로 책상에 고정하고 식용소금을 그 위에 흩뿌렸다. 낡은 바이올린 활을 판의 가장자리에 대고 그어 내리자 울림이 일어났다. 가장 흥미로운 것은 소금이 접시 위에서 사방으로 튀어 복잡하고도 규칙적인 기하학적 형태를 이루는 장면이었다. 그리하여 소리의 운동이 형태도 만들어 낸다는 사실을 알아냈다. 그다음 재활용을 위해 모아 둔 음료수병을 가져와 병에다 물의 양을 서로 다르게 채우고 각자 하나씩 가졌다. 나는 학생들에게 음높이에 맞춰 한 줄로 서 보도록 요청했다. 아이들이 병 입구 쪽에서 입김을 불어넣어 거기서 나는 소리로 자기들의 순서를 정하는 모습은 놀라웠다. 마침내 우리는 다장조 음계를 미세하게 조율해 냈다. 몇 번 연습한 후 '메어리의 어린 양'이라는 곡을 우리의 연주곡목에 추가하기로 했다.

우리는 물리학 주요수업에서 음향학 부문을 음정音程과 수학 실험으로 끝맺었다. 나는 첼로를 가지고 와서 아이들과 함께 길고 가느다란 종이 줄을 첼로의 지판指板에 고정하였다. 이때 종이 줄이 현의 길이와 정확히 일치하도록 주의하였다. 그다음에 우리는 그 종이 줄을 중간 지점에서 직각으로 꺾어 빨래집게로 지판에 고정하고 접힌 부분이 가리키는 음을 연주하였다. 이어서 $\frac{1}{4}$, $\frac{1}{8}$ 등 여러 가지로 접어서 해보았다. 그리고 나서 발견한 사실을 칠판에 도표로 나타내었다. 종이 줄을 반으로 접었을 때 표시 부분에서 연주된

음은 한 옥타브가 높았고, $\frac{2}{3}$을 접었을 때는 5도가, $\frac{3}{4}$을 접었을 때는 4도가 높게 소리 났다. 그다음 나는 재빨리 음악 이론으로 넘어가 올림표와 내림표, 장조와 단조에 관해 이야기하였다. 이처럼 수학적, 현상학적 접근을 통하여 아이들은 음악을 다른 방향에서 다룰 수 있었고 완전히 새로운 방법으로 인식하였다.

창문 너머로 고드름이 주렁주렁 달린 한겨울에, 우리는 열에 관한 공부를 시작하였다. 그 전날 아이들에게 여태껏 지내 오면서 가장 추웠던 날과 가장 더웠던 날을 소재로 두 편의 설명문을 써 오라는 숙제를 내주었다. 주제를 다루기에 앞서 과제로 '몸을 푼' 아이들은 모종의 실험 준비를 하여 학교로 왔다. 첫 번째 실험에 아이들은 놀라워하였다. 나는 교실 앞에 책상을 놓고 물이 담긴 대야 세 개를 올려놓았다. 첫 번째 대야에는 뜨거운 물을, 두 번째 대야에는 차가운 물을, 세 번째 대야에는 미지근한 물을 채웠다. 학생들은 한 사람씩 나와 왼손은 찬물에, 오른손은 조심조심 뜨거운 물에 담갔다. 그다음, 두 손을 재빨리 미지근한 물에 담갔다. 모두 실험을 다 해보기 전에는 아무 말도 못 하게 하였다. 아이들은 미지근한 물에 담근 두 손의 느낌이 서로 다르다는 사실에 의견이 일치하였다. 즉, 찬물에 담갔던 손은 뜨겁게 느꼈고, 뜨거운 물에 담갔던 손은 차갑게 느꼈다. 그리하여 우리 몸의 자체 온도에 따라 더위나 추위에 서로 다르게 반응한다는 사실을 관찰하였다.

우리 몸은 일종의 자동온도조절장치로서 온도를 객관적으로 느끼기에 모호하다는 인식에서 출발하여 학생들은 온도를 재는 객관적인 방법을 찾을 준비가 되었다. 우리는 열을 가했을 때 액체, 기체, 고체의 전도와 팽창을 측정하는 실험을 하였다. 가장 열광적인 호응을 얻은 실험은 과망가니즈산칼륨 $KMnO_4$을 사용한 실험이었다. 다음은 수전의 관찰 기록이다.

우리는 물이 담긴 비커를 스탠드 위에 놓고 칼륨 결정을 조심스럽게 비커 바닥에 넣었다. 그다음에 비커 밑에 불을 갖다 놓았다. 물이 가열됨에 따라 결정은 녹기 시작했고 아름답고 가는 보랏빛 줄기들이 물을 통과하여 위로 올라오기 시작했다. 그 빛깔이 믿기 어려울 정도로 아름다웠다.

　이 아이들에게 물이 열을 받으면 위로 올라간다는 부연 설명 따위는 불필요하였으며 시각적인 아름다움과 힘은 잊을 수 없을 만큼 깊은 감동을 주었다.

　존 베니언스는 아동 발달에 관한 자신의 책에서, 과학 교수법은 아동의 관찰을 끊임없이 자극하는 것이어야지 그저 해답이 적힌 책이나 쥐여 주는 것은 옳지 못하다고 하였다. 아이들이 저마다 혼자 힘으로 해답을 찾기 위해 노력하면 할수록 그만큼 더 나아진다. 이런 식의 훈련을 거친 아이들은 할 수 있는 것은 최대한 해보기 마련이므로 오늘날의 교과서가 제공하는 너무나 일반적인 지식을 습득하기 위해서 쓸데없는 시간 낭비를 할 필요가 없다.[23]

　나는 실험 전에는 거의 아무 얘기도 하지 않는다. 대신 실험 중에 무슨 일이 일어나는지 모두 잘 볼 수 있도록 자리를 배정하는 데에는 신경을 썼다. 다음은 자기磁器에 관한 실험이다. 이 실험에 우리는 다 같이 참여하였다.

　아이들 모두 여러 가지 자석을 받아 그 위에 가벼운 종이 한 장을 얹었다. 그다음에 나는 종이 위에 쇳가루를 흩뿌렸다. 쇳가루가 각 자석 둘레의 자기장에 따라 선을 그리며 자리 잡는 모습을 관찰할 수 있었다.(클라드니 판 실험에서 보았던 모습과 비슷했다) 4.5kg이나 되는 커다란 자석으로 했던 실험은 특히 재미있었다. 우리는 그 자석들을 이용하여 반대 극끼리는 서로 잡아당기고 같은 극끼리는 서로 밀어낸다는 사실을 실연해 보았는데, 학생들은 인력과 척력을 바로 자신들의 근육과 뼈로 생생하게 '느꼈다'. 지원자를 청했을 때 많은 아이가 손을 들었다. 나는 그 해 관계에 약간의 어려움을 겪고 있던 아이 두 명을 골랐다. 그들은 서로 3m 간격을 두고 섰다. 두 아이에게 강력한 자석을 하나씩 주었다. 자극磁極의 개념을 미리 소개하지 않고 두 아이에게 반대 극이 마주 보도록 자석을 쥐여 주었다. 그다음 둘 다 상대편 쪽으로 조금씩 다가가되 자석이 붙게 해서는 안 된다고 하였다. "문제없어요. 어차피 그렇게 가까이 가고 싶지도 않은 걸요." 하는 태도를 보이며, 그들은 천천히 나아갔다. 눈앞에 과학실험 이상의 것이 연출되고 있다는 사실을 알아차린 반 아이들은 마음을 졸이며 이 광경을 지켜보았다. 어떤 지점에 이르자 두 아이가 앞쪽으로 튀어나오는 듯하더니 두 개의 자석이 철컥 붙어 버렸다. 반 전체가 매혹 당하여 모두 해보고 싶어 했다. 다음 차례로 나는 그 반대 각본이 필요한 남녀 어린이 한 쌍을 골랐다. 그들에게 앞의 두 아이처럼 하게 하였다. 단, '같은 극'끼리 마주 보게 하였다. 아무리 애를 써도 두 아이는 자석을 붙일 수 없었다.

그 후 며칠 동안 우리는 실험을 진전시키면서 친구 사이나 형제자매간에 보이는 '인력과 척력'의 사회적 측면에 대해서도 짧게 토론을 하였다. 나는 이 주제를 조심스럽게 다루었다. 동물학, 식물학을 비롯한 모든 과학과목이 마찬가지이지만 아이들이 자신의 경험을 인간의 상황과 연결지으며 과학을 공부할 때도 인간을 '그림 안에' 두고 보는 것이 얼마나 중요한지를 느꼈다. 이 주제는 8학년에 원자력의 출현과 그 결과를 살펴보는 시간에 좀 더 직접적으로 언급하였다.

봄철의 물리학 주요수업 시간에는 광학을 공부하였다. 우리는 원색과 중간색secondory color, 잔상殘像, 빛의 명암, 프리즘 사용법 등을 가지고 실험하였다. 다행히도 우리가 가진 프리즘은 한 학생 앞에 하나씩 돌아갈 만큼 충분하였다. 프리즘을 통하여 교실에 있는 다양한 물건을 살펴보았고 이어서 학생들의 책상 위에 놓여 있던 어두움과 밝음 사이의 경계를 관찰하는 실험을 할 수 있었다. 우리는 밝은 면 위에 놓인 어두운 면이 스펙트럼의 한쪽 끝인 빨강-주황-노랑으로 되고 어두운 면 위에 놓인 밝은 면이 스펙트럼의 다른 쪽 끝인 파랑-남-보라가 된다는 사실을 관찰하였다. 그런 다음 색을 칠하면서 색채의 세계를 좀더 탐험하였다.

나는 그 해에도 여전히 교사대표와 학교 이사로 일했다. 국고보조금을 한 푼도 받지 못하는 상황이었으므로 재정은 학부모와 학교 후원자에게 전적으로 의존해야만 했다. 우리 학교에는 수업료를 감당할 수 없는 학부모들이 많았으므로 장학금을 모으는 일을 벌였는데 매년 임시 휴일을 정해서 수공예품

장터를 열었다. 학부모, 교사, 후원자들이 직접 뜨거나 꿰매고 손질하여 만든 놀랍도록 아름다운 물품을 팔아 필요한 장학금을 마련하였다.(이들 수공예품 또한 발도르프 교육에 스며들어 있는 예술적 이상을 표현함으로써 학교가 지향하는 바를 보여 주었다) 그러나 최선을 다했음에도 우리가 모은 돈이 필요한 장학 기금에 미치지 못하는 때도 가끔 있었다. 이때는 고통스러운 경비 삭감을 단행해야 했다.

예산 부족에 따른 고통은 내게는 혹독한 경험이었다. 지나고 보니 이 고통스러운 재정 위기가 사실은 이로웠다는 생각이 든다. 그 때문에 우리가 무엇을 하려 하며 시급하게 해결해야 할 것은 무엇인지 더욱 의식적으로 생각할 수 있었다. 루돌프 슈타이너는 현대를 '의식혼意識魂'의 시대라고 했다. 다시 말해서 굉장한 노력을 기울여야만 일이 성사될 수 있고 개인의 분투를 통하여 명료함에 도달할 수 있는 시대인 것이다.[24] 사회에서 흔히 볼 수 있는 세금 지원을 받는 교육 체계는 사실 학교와 사회 간의 이러한 의식적인 관계를 약화시킬 수 있다. 선택 기준이 드러나지 않을 때가 많고 능동적인 참여가 필요 없기 때문이다. 하지만 발도르프학교는 학부모의 능동성 없이는 결코 존립할 수 없다.

그러나 내가 스칸디나비아와 독일, 네덜란드의 발도르프학교를 부러워하며 지켜본 적이 많았다는 사실은 인정하지 않을 수 없다. 그 학교들은 예산의 80%를 정부보조금으로 충당하고(기본 업무용), 20%는 국가에서 요구하지 않는 과목을 위해서 학부모가 지원한다. 예산 분담률이 이쯤 되면 더 바랄 나위가 없을 듯싶다. 나는 발도르프학교가 잘되려면 능동적인 학부모회가 필요하다고 생각한다. 그러나 재정 문제로 늘 과도한 압박에 시달리는 일도 되도록 없어야 한다. 미국에서 스칸디나비아의 모범을 따를 수 있는 단 한 가지 길은 발도르프 교육에 대한 이해도를 끌어 올리는 것이다. 그러한 이해가 교육 선택권에 대한 지지를 이끌어냄과 동시에 발도르프 학교들의 재정 확보를 위한 대안 마련에도 이바지할 수 있을 것이다. 나의 바람은 학령기의 자녀가 있건 없건, 교육을 지원하는 사람이 점점 더 많아지는 것이다. 교육을 지원하는 일이 우리 사회의 변화와 성장을 지원하는 것이기 때문이다.

그리하여 나는 수업 시간에는 6학년 아이들과 물리, 로마사, 은행업을 공부하였으며 행정업무 시간에는 위원회와 실무진을 조직하고 재정 문제와 씨름하고 이사회에 참석하는 데 신경을 쏟았다. 어느 날 오후, 학교에서 집으로 돌아와 보니 다섯 살 난 아들 토머스가 지하실에서 목재를 끌어다가 거실에서 뭔가를 만들고 있었다. 가만히 보고 있자니, 아이는 힘들여 조심조심 각종 판자를 의자들 위에 걸쳐 놓는 것이었다. 나는 집이라도 짓느냐고 물었다. 실로 나의 큰 착각이었다. 아이는 "아니야, 아빠. 난 지금 판자모임(board meeting이사회)을 여는 중이야"라고 대답하였다.

그 학년의 마지막 몇 달 동안 수학, 영어 주요수업과 중세사 연구가 예정되었고 아울러 지리와 광물학 준비 학습도 해야 했다. 가족과 함께 케이프코드로 일주일간의 봄방학 휴가를 떠나기에 앞서, 나는 암석과 광물의 심화 학습에 필요한 자료들을 꾸렸다. 광물학 지식도 쌓고 극적인 소개와 특별한 프로젝트로 학생들의 흥미를 일깨울 방법도 찾고 싶었다.[25] 그때까지만 해도 나의 광물학 준비가 그토록 극적인 것이 되리라고는 생각도 못하고 있었다.

하루는 불편한 몸으로 잠자리에 들었다. 얼마 후 나는 침대에서 몸을 구부리고 가장 지독한 독물이라도 먹은 듯이 토해댔다. 이렇게 몇 시간을 끌다 보니 워낙 기운도 빠지고 힘이 들어 침대로 돌아갈 기운조차 없었다. 아내는 내가 독감에 걸린 것 같다고 했다.(나는 아내의 엉뚱한 짐작에 화가 머리끝까지 치밀었지만 내 반응기제는 엉망이 되어 이 말을 제대로 받아칠 수조차 없었다) 우리 가족의 주치의 집에 전화하고 나서 아내에게 병원으로 데려다 달라고 했다. 진찰실 구석에서 그전에도 또 그 후로도 한번도 겪어보지 못한 고통으로 몸을 뒤틀며 누워 있던 일을 절대로 잊지 못할 것이다. '왜지? 이사회를 너무 자주 한 탓일까?' 하고 자문하던 기억이 난다. 일단 의사가 도착하자 진단은 금세 나왔다. 담석증이었다.

진통제를 투여받고 그날 이후 며칠 동안 엄청난 물과 음료를 마신 덕분에 나는 수술 없이 담석을 배출해 낼 수 있었다. 일주일 후에 교실로 돌아갔다.

아이들은 내 책상 위에서 화성암, 수성암, 수정, 보석의 표본 외에 작은 유리 병 하나를 볼 수 있었다. 그 속에는 광물계를 축소한 듯한 아주 작은 표본 하나가 들어 있었다. 고생고생하며 얻은 돌이었다.

오뉴월 더위를 코앞에 두고 우리는 가까운 강을 따라가거나 더 먼 데까지도 나가 돌을 수집하면서 멋진 시간을 보냈다. 뉴욕주의 하우캐번스와 캣스킬 산맥 북쪽을 방문하였고 땅속 깊은 곳까지 실제로 들어가 보았다. 거기서 기기묘묘한 색깔의 종유석과 석순을 보면서 감탄을 금치 못했다.

교실에서 우리는 갖가지 광물을 철저히 조사하였다. 주로 금에 초점을 맞추었는데, 여기서 나는 무엇보다도 금이 돈을 버는 수단이 된다는 점에 주목했다. 다시 말해서 금은 지배를 낳는 근거가 되어 왔다. 우리는 미국의 골드러시와 금을 얻기 위해 냄비로 이는 법, 금의 광물적 특성 등 이 주제와 관련한 전통적인 측면들을 훑어 보았다. 그리고 나서 남아프리카 광업을 중점적으로 살펴보았다. 황금의 존재가 드러나면 언제 어느 때고 엄청난 부를 획득할 수 있으며 이와 직접 관련된 현상으로서 인간 착취의 가능성이 열린다는 점을 지적하였다. 황금의 진정한 본성은 무엇이며 그것은 인간에게 어떤 영향을 미치는가? 황금은 그때까지 여러 주요과목에 등장하였으므로 나의 별다른 언급 없이도 아이들은 황금에 관한 일들을 재빨리 상기해 냈다. 1학년 동화에서 황금은 돈과 부로 나타났고 황금을 높이 평가한 이집트에서 보듯이 고대 문명에도 황금이 있었다. 또 어떤 아이는 6학년의 은행업 주요수업에서 실제로 은행을 방문했을 때 많은 돈을 보기는 했지만 금은 없더라는 얘기를 하기도 했다.

그리하여 우리는 인간적 관점에서뿐만 아니라 과학적, 역사적 관점에서 황금의 본성을 탐구할 수 있었다. 우리는 이 귀한 금속을 특징짓는 작업을 마치면서 영어에서 '금'이라는 단어가 포함된 관용구를 모두 찾아 나열해 보기로 하였다. 그중에 '그 여자는 황금 심장을 가졌다'는 아름다운 마음을 지녔다는 뜻으로, 황금이 종종 인간 심장과 연결된다는 사실을 발견하였다.

황금이 고대에는 태양의 지혜를 나타냈지만 오늘날에는 세계 경제 발전의 장애로 작용할 수 있다는 루돌프 슈타이너의 통찰을 곰곰이 생각해 보았다.[26] 금 본위제에 묶인 화폐제도하에서 국가 이익을 놓고 경합하기보다는 오늘날과 같이 통화 가치가 유동적인 세계경제가 상업과 무역에서 인간의 독창성을 더 잘 반영할 수 있다.

우리는 8학년 여행에 필요한 경비를 모으기 위한 자전거 마라톤으로 6학년의 대미를 장식했다. 학생들은 자신들을 믿어 주는 학부모와 후원자들에게서 후원금에 대한 약속을 받았다. 나조차도 저 6학년 로마인들이 '그토록 멀리까지' 자전거를 탈 것이라고는 예상하지 못했다! 어느 날 오후, 우리는 학교에 모였다. 나는 뒷좌석에 아들 토머스를 태우고 아이들과 함께 시골 길을 돌기 시작했다. 몇 시간이 지난 뒤에도 (나는 중간에 자전거 타기를 그만두었지만) 계속 자전거를 타고 있는 학생들을 보면서 자리를 지켰다. 학부모들이 자녀를 데리러 왔다. 몇몇 아이들은 탈진하여 중간에 그만두었지만 아이들 대부분이 밤이 될 때까지 계속해서 자전거를 탔다. 정말 놀랍게도 그날 우리는 2000달러가 넘는 돈을 모았다.

한 해 동안 배워온 로마의 성취, 물리학, 은행업, 황금을 더할 나위 없이 잘 마무리했다. 얼마나 멋진 한해였던가! 우리 반 아이들은 그 모든 것을 마음을 다해 해내었다. 내가 항상 그들과 함께 했다는 사실이 참으로 흐뭇했다. **6/8**

7학년

탐험의 시대

7학년을 돌이켜 보면 다음과 같은 상들이 떠오른다.

나는 작은 조각배에 몸을 싣고 바다에 떠 있다. 노는 물에 빠트리고 없다. 넘실거리며 밀려드는 파도 때문에 몸을 가눌 수가 없다. 파도는 점점 높아만 간다. 날이면 날마다 암운이 감돌지만 폭풍은 좀처럼 일어나지 않는다. 공기 중에는 뇌우의 냄새가 짙게 배어나고 대기의 압력이 나를 짓누른다. 마음 같아서는 차라리 폭풍이 몰아쳐서 공기라도 맑아졌으면 좋겠다. 그러나 머리 위의 두꺼운 구름과 발아래의 넘실거리는 바다는 도도히 흘러갈 뿐이다. 나는 나보다 훨씬 위대한 자연의 힘이 내리는 처분을 바라고 있다. 바깥은 어둡고 나는 완전히 혼자다.

7학년 초기의 내 느낌은 그랬다. 우리 교실은 학교에서도 가장 어두운 곳이었다. 게다가 교실 안은 사춘기에 접어든 소년 소녀 스물여섯 명의 격정으로 가득하였다. 그들은 내가 지난 6년 동안 가르쳐 온 아이들과 다른 아이들 같았다. 그들의 태도는 180도 달라져 있었다. 서로 너무나 몰두한 나머지 나는 별 필요 없는 '덤' 같은 생각이 들었다. 애정이 넘치던 예전의 등교 악수는 "아, 예. 안녕하세요?"로 바뀌었고, 학생들은 교실 문에 들어서자마자 곧장 더 중요한 사람에게로 다가갔다. 내게는 기껏해야 때늦은 눈길을 줄 뿐이었다. 나는 이런 상황이 도통 마음에 들지 않았다.

이렇게 끝나는 것이란 말인가? 나를 알아봐 줄 날이 올까? 내가 이런 대접을 받을 무슨 잘못이라도 했는가? 이봐요, 여러분. '날 기억하세요?'

종종 그렇듯 개인 생활에서도 묘하게 짠 것처럼 나를 궁지로 몰아넣는 일이 생겼다. 눈부신 가을 어느날, 나는 우리 집 뒤뜰의 포도 덩굴 주위에서 잡목을 쳐내고 뿌리를 덮어 주고 가시덤불과 잡초를 매면서 주말을 보냈다. 가려움이 시작되기 전까지는 찬란한 주말이었다. 그다음 날부터 옻이 올랐는데 살면서 그보다 심한 경우는 겪어 보지 못했다. 손가락은 오리발 모양으로 부풀어 올라 아무 일도 할 수 없었고 곧 얼굴도 알아보지 못할 지경으로 변하였다. 눈자위가 부어 눈을 뜰 수도 없었다. 먹지도 못했다. 한동안 학교도 나가지 못하고 집에 있었음은 두말할 필요도 없다.

그 어쩔 수 없던 휴가 동안 얄궂게도 우리 가족에게는 희소식이 있었다. 여러 해의 기다림 끝에 둘째 아들이 우리에게로 왔다. 결과가 임신으로 나왔을 때 나와 아내와 토머스가 부엌을 돌며 춤을 추었던 기억이 난다. 옻이 올라 퉁퉁 부은 얼굴로 춤을 추는 모습이 가히 볼만했을 것이다.

그날 밤 저녁을 먹고 나서 토머스는 몇 주 전 자신이 했던 말을 상기시켰다. 어느 날 밤 침실 창가에 서 있다가 "엄마, 아빠, 별 하나가 반짝이며 떨어졌어요. 우리는 이제 아기를 가질 거예요!" 하고 말했었다. 토머스는 옳았고 우리는 이듬해(1989년) 여름 6월 2일, 우리와 함께할 이완 알렉산더를 기다렸다.

나는 그다음 주에 학교로 돌아갔는데 내 교재의 일부가 없어진 것을 발견했다. 그중에는 그때까지 우리 반 아이들을 위해 모아 온 시며 노래, 서사곡을 모두 묶은 소중한 자료철도 들어 있었다. '내 삶에서 모든 것이 다시 한번 바뀌고 있구나. 나는 사춘기의 바다를 헤엄치는 법을 배워야 하고 부모로서 새로운 책임에 적응해야 하며 교사로서 다시 한번 변화해야 한다'고 생각했던 일이 기억난다.

교사로서 꽤 많은 세월을 지내 왔음에도 나는 이제 어려움이 닥칠 때마다 해답을 끌어내던 초기의 의문으로 되돌아가 다시금 자문해 보았다. '이 아이들은 누구인가? 다시 한번 이 아이들의 교사가 되기 위해서 나는 무엇을 배워야 하는가?'

나는 그저 아이들을 관찰하기 시작하였다. 아이들의 팔과 다리는 더 길어져서 거북하다 못해 때때로 거추장스러워 보이기까지 하였다. 5학년 때의 경쾌하던 몸놀림은 이제 딱딱하고 어색하게 바뀌어 팔다리가 그 주인의 뜻을 거스르는 것처럼 보일 때도 있었다. 남학생들보다 여학생들이 키도 크고 더 성숙하며 말도 훨씬 많은 것 같았다. 되도록 어른들과 눈을 맞추지 않으려는 듯이 보였고 또래들끼리 있을 때에는 선생님과 얘기하는 것을 꺼렸다. 때때로 감정의 깊은 골을 감지하기도 했지만 아이들 영혼의 창에는 장막이 드리워져 있을 때가 많았다.[1]

아이들이 자신과 세상과의 새로운 관계를 모색하는 데 나는 어떤 도움을 줄 수 있을 것인가? 그들은 과거와 유년기에서 단절된 것처럼 보였다. 그러나 호기심은 몹시 강하였다. 점심시간의 대화를 들어보면 건강과 인간관계, 외국 여행, 사물이 돌아가는 이치 등 그들이 흥미를 느끼는 일에 관해 이야기하였다. 그들의 어휘는 기막히게 풍부해졌고 지적인 유희를 즐기는 듯했다. 나는 아이들에게서 자신과 세계에 대한 판단력이 새롭게 형성되고 있음을 감지하였다.[2]

발도르프 교육과정 안에서 7학년의 특성에 맞추어 우리가 어떤 노력을 하였는지를 설명하기에 앞서, 자기에게 맡겨진 아이를 이해하기 위해서 분투하는 모든 학부모와 나와 같은 교사에게 말해 주고 싶은 것이 있다. 아이들을 실제로 잘 관찰하라는 것이다. 나와 교사회가 학급이나 아이들 개개인에 대해 관찰하고 토론하기만 하여도 사태는 '호전되는 듯'하였다. 나는 여러 해가 지나서야 하이네만의 논평을 읽었다. "어떤 일을 변화시키려거든 그것을 관찰하라."[3] 나는 이것이 교육의 정신적인 참모습으로 마술적인 효과를 발휘한다고 믿는다. 시간을 두고 관찰하다 보면 아무리 난처한 경우거나 아무리 어려운 문제라도 예기치 못했던 긍정적인 인식, 나아가 변화의 가능성을 얻을 수 있다. 의심할 바 없이, 우리는 통찰력을 얻기 위해 열심히 노력해야 한다. 하지만 아이들을 이해하려는 우리의 노력은 아무래도 정신계의 더욱 위대하고 강력한 응답에 조응하는 듯이 보인다. 우리는 이 여행을 홀로 하는 것이 아니다.

내가 7학년 아이들에게 도움을 주고자 사용한 방법 중 하나가 전기傳記를 많이 활용하는 것이었다. 다른 사람의 개별적인 분투와 탐색이 아이들에게 자극을 주었으면 했다. 바버러 터크만Barbara Tuchmann은 명저인 『역사연습Practicing history』에서 전기의 잠재력을 설명했다. 이 책에서도 여러 차례 거론한 바 있는 영혼의 경제학이라는 주제를 다시 한번 언급한다.

전기는 역사의 프리즘으로 독자의 관심을 더 넓은 주제로 끌어들인다. 사람들은 다른 사람의 운명에 흥미를 느낀다. 두 번째, 전기가 유익한 것은 특수성 속에 보편성을 담고 있기 때문이다. 초점을 적절히 맞춤으로써 작가는 자신이 다룰 내용을 적정한 범위로 한정하고 독자는 주제를 좀더 쉽사리 이해할 수 있다. 범위를 너무 넓게 잡으면 핵심 주제가 산만하고 흐려지며 상을 형성하지 못한다. 모름지기 전체를 다 제시하는 것이 아니라 진실로 그 인물을 대표할 만한 것을 제시해야 한다.[4]

발도르프 교육과정을 밟아 가는 내 앞길에 무엇이 기다리고 있는지 곰곰이 생각해 보면 터크만의 통찰은 나에게 커다란 위안이었다! 내가 대표적인 전기를 찾을 수 있다면 더 적은 것으로 더 많은 것을 가르칠 수 있을 것이다. 이 것이 내가 준비할 것들을 줄여 준다는 의미는 아니었다. 사실, '대표적인' 전기를 찾기 위해 나는 더 많은 준비를 해야 했다.

나는 일종의 반항기를 거쳤다. 7학년 때 들려줄 전기에 대하여 다른 사람들이, 혹은 루돌프 슈타이너가 이러저러한 제안을 했다고 해서 그것을 그대로 따라 하고 싶지는 않았다. 내가 아는 전기 중에서 우리 반 학생들에게 감동을 줄 만한 것을 고르고 싶었다. 함께할 나만의 친구들을 만나 인간 본질에 대한 인지학적 통찰의 구현인 발도르프 교육을 이해하려는 나 자신의 노력을 통하여 가르치고 싶었다. 해마다 아이들의 변화에 부응하여 인간 의식의 발달을 추적하면서 우리가 저학년부터 해 온, 시대를 관통하여 폭넓게 훑어 보는 작업을 앞으로도 지속해 가야 한다는 것을 나는 알고 있었다. 역사와 과학에서 탐험의 시대, 종교개혁, 르네상스를 아우르고, 유럽의 역사와 지리를 통해 아메리카 식민지 개척으로 나아가야 한다는 것도 알고 있었다. 대체적인 윤곽이 잡혀 있었고 거기에는 아무런 이의가 없었다. 하지만 일반적인 7, 8학년 아이들에게 적합한 동시에 우리 반의 이 특별한 아이들에게 호소력이 있는 전기를 찾고 싶었다.[5] 결국 내가 고른 전기는 다른 7학년 교사들 것과 별로 다를 바 없었지만, 내가 거친 과정으로 말미암아 전기 이야기들이 나의 감정을 통과하면서 생명과 힘을 얻어 내 안에 살아 있는 덕분에 내 마음을 다해 이야기를 풀어낼 수 있었다.

아이들이 7학년쯤 되면 이야기를 꼭 처음부터 시작하여 순서에 따라 진행하지 않아도 된다. 그래서 나는 전기를 하나의 징후, 즉 인물의 삶과 분투를 본질적으로 보여 주는 특징적인 장면이나 사건으로 시작하였다. 예컨대 마젤란의 생애는 다음과 같이 풀어 갔다.

때는 1516년 10월의 어느 날로 해가 지기 직전이었다.(정확한 날짜는 모른다) 장소는 타구스 강기슭에 있는 왕궁의 안뜰. 그 곳에 포르투갈 행운의 왕, 마누엘이 흑단과 황금으로 된 왕좌에 장엄한 모습으로 앉아 있었다. 종일토록 탄원하는 사람들이 줄을 이었다. 개인적으로 어디 하소연할 데도 없는 이들로, 공개석상에서 왕의 발아래 무릎을 꿇고 초라한 모습으로 왕의 선처를 바라고 있었다. 이윽고 전령관이 마지막 탄원자의 이름을 불렀다. 해는 지고 있었고 왕은 피로를 느꼈다.

"페르낭 데 마갈랴잉시!"

잠시 궁정 전체가 놀라움으로 술렁거렸다. 페르디난드 마젤란은 재산가이자(비록 하급이기는 하나) 왕실의 관리로서 분명 공개석상에서 무릎을 꿇을 이유가 없는 사람이었다. 키가 작고 땅딸막한 모습으로 그가 거북하게 절름거리며 왕 앞으로 나아가자 사람들은 목을 쭉 빼고 지켜보았다. 그 모습에 마누엘은 눈살을 찌푸렸다. 마젤란을 워낙 싫어하기도 했거니와 소년 시절 숙모의 궁에서 마젤란과 시동 노릇을 함께 하였는데 그 시절을 떠올리는 것도 내키지 않았기 때문이다.

그 선원은 나지막한 소리로 탄원하기 시작했다. 그는 아프리카, 인도, 인도네시아에서 복무한 9년의 세월을 대강 이야기하면서 자신이 참가한 여러 큰 전투와 세 차례의 심각한 부상에 관해 말했다. 그러더니 피달구 다 카사 데 엘 레이 fidalgo da casa de El Rei로 지위 상승을 의미하는 몇 푼 안 되는 급료의 인상을 청하면서 탄원을 마쳤다. 마누엘 왕은 이를 거절했다. 마젤란이 어느 정도 예상했던 일이었다. 그는 계속 무릎을 꿇은 채로 다음 청을 하기 시작했다. 동방의 전설적인 향신료 군도인 몰루카 출범을 코앞에 둔 로열 캐러벨 중 한 척의 지휘권을 부여받고 싶다는 내용이었다. 마누엘 왕은 또다시 거절했다. 캐러벨이든 다른 어디든 간에 마젤란을 쓸 생각이 없다고 퉁명스럽게 말하였다. 이는 마젤란이 예상치 못했던 일이었다. 그의 정의감은 여지없이 짓밟혔고 더구나 사람들이 보는 궁정에서 굴욕을 당했기 때문에 그의 분노는 더욱 컸다. 그는 외쳤다. "그렇다면 제가 다른 군주를 섬기어도 좋다는 말씀입니까?"

마누엘이 왕좌에서 일어서자 그의 위용은 마젤란의 보잘것없는 모습을 압도하였다. 왕이 큰소리로 말하였다. "마음대로 하려무나, 안짱다리 주제에. 우리는 아무래도 상관없느니라."

마젤란은 잠시 꼼짝하지 않았다. 이렇듯 지독한 처사를 당할 줄이야 꿈엔들 생각했겠는가. 이윽고 그는 무의식적으로 몸을 앞으로 숙여 왕의 손에 입 맞추려 하였다. 그것은 전통적으로 충성스러운 하급 귀족들이 왕을 알현한 뒤 거행하는 의식이었다. 그러나 마누엘 왕은 손을 등 뒤로 감추었다. 다시 한 번 모욕을 당한 마젤란은 절뚝거리며 어전을 물러났다. 절뚝거리는 다리가 애를 먹였다. 그는 균형을 잃고 넘어질 뻔하였다.

"당신의 소 발굽에 걸려 넘어지지나 마시오!" 하고 문지기가 소리쳤다. 그러자 궁정 안은 웃음바다가 되었다. 마젤란은 분노와 슬픔으로 반쯤 눈이 멀어 왕궁을 비틀거리며 빠져 나왔다.**6**

나는 이 상징적인 이야기가 충분히 스며들기를 바랐다. 그래서 이야기를 멈추고 이 장면에서 제기되는 문제를 두고 토론할 시간을 주었다. 나는 마젤란의 전 생애에서 이 대화가 무엇을 의미하는지, 또 탐험가가 되려면 어떻게 해야 하는지를 물었다. 위의 장면은 존경, 권위, 사람들이 불구를 대하는 태도 등에 관해서도 생각해 볼 기회가 되었다. 그 대화의 전체적인 분위기, 그리고 수치심, 분노, 당황스러움은 우리 반 열두세 살 아이들에게 '실감 나는' 주제였다. 토론을 마치자 나는 아이들이 남은 이야기를 받아들일 준비가 훨씬 잘 되었음을 느꼈다. 이후 그들의 작문과 감상을 보면 영혼의 경제학이 적용된 이런 예가 비교적 짧은 시간에 상당한 깊이의 통찰력을 제공했음을 알 수 있었다.

우리는 항해 왕자 엔리케와 그의 독려로 아프리카 해안을 탐험한 선장들을 필두로 다른 탐험가들을 공부하였다. 학생들은 정작 엔리케 왕자 자신은 한 번도 살던 곳을 떠나지 않았음에도 지도 제작법과 항해술의 발달에 공헌했다는 점을 높이 평가하였다. 우리는 뱃노래도 불렀고 다양한 유형의 선박 건조법을 배웠으며 활기차게 바다를 노래한 민요도 불렀다. 그리고 탐험의 시대를 다룬 역사책에 기술되거나 혹은 기술되지 않은 여성의 역할을 확인하는 데 시간을 할애하였다. 그다음 날 에멀리가 제출한 작문은 나를 기쁘게 하였다. 에멀리는 항해 도중 사나운 폭풍우가 몰아치자 어찌할 바를 모르는 남편을 대신해 성공적으로 선장 노릇을 해낸 가상의 여성 탐험가를 창조하였다. 선장 아내의 항해는 찬란한 성공이었다. 에멀리는 자신의 글을 반 아이들에게 읽어 주었고 그 작품은 아이들의 잡지에 실렸다. 에멀리의 스물다섯 급우는 다시 쓰는 역사에 훌륭하게 접근할 수 있었다.

나 또한 역사를 다시 쓰는 기분으로, 7학년 지리학을 통상 하듯이 따로 주요수업에서 다루지 않고 탐험의 시대와 연결하여 가르치기로 하였다. 우리는 탐험대를 따라 아프리카, 이어서 아시아를 돌아보면서 해안선의 자연 지리와 탐험가들이 묘사한 그 지역 식물과 동물까지 살펴보았다. 우리는 강을 따라 그 강의 발원지인 산을 찾아가며 내륙을 여행하였다. 원주민을 만날 때면 그들을 '발견된 사람'으로 보는 유럽 중심의 시각에서 벗어나 별개의 문화로 바라보고자 했다. 이런 생각으로 우리는 그들의 신화, 종교의식, 경제생활을 통하여 '그들'이 세상을 어떻게 바라보는지를 이해하고자 했다. 그러한 시각에서 다음과 같은 작문 숙제를 하였다.

> 여러분이 평생을 칼라하리 사막에서 보냈다고 하자. 동족들에 관하여 아는 것을 모두 고려하면서, 여러분의 나라로 접근해 오는 탐험가의 무리를 처음 보았을 때의 느낌과 생각을 묘사하라.

로렌스 반 데르 포스트Laurens van der Post의 책들은 우리가 남아프리카를 탐험할 때 굉장한 도움을 주었다.

우리는 수많은 탐험가의 본루인 유럽의 지리를 공부하였다. 학생들은 이제 스스로 연구를 해 나갈 수 있었으므로 각자 유럽이나 아프리카의 특정 국가를 과제로 할당받았다. 스페인어와 독일어 교사들이 자신들의 수업에 스페인어와 독일어를 쓰는 나라들의 풍습, 관용적 표현, 문화, 지리를 엮어 넣음으로써 이것을 뒷받침해 주었다. 우리는 교실을 독일 식당으로 꾸며서 과자와 케이크를 팔기도 했다. 독일어를 적절히 쓰며 종업원들이 페이스트리를 대접하였다. 이후에 우리 반 아이들은 수 주간에 걸쳐 스페인 무용 수업을 받는 특전을 누렸다. 이런 식으로 탐험의 시대에서 시작하여 훨씬 많은 것을 이루어 냈다. 나중에 루돌프 슈타이너의 다음과 같은 글을 읽은 기억이 난다. 슈타이너는 지리학에서 "전 과목의 성과가 합쳐져서 모든 길로 함께 흘러들어야 한다"고 하였다.[7] 나는 이 문구를 상당히 만족스럽게 받아들인다.

세계를 돌며 미지의 땅을 탐험하느라 여러 주를 보낸 우리는 10월 중순에는 방향을 바꿔 수학의 미지수를 탐구하였다. 대수학代數學은 아라비아와 연관 지어 소개하였다. 더불어 시장에서 팔리는 피륙 한 필의 무게이건, 경리과의 액수건 간에 미지수를 알아내야 할 실제적인 필요성도 알려 주었다. 우리는 3학년 때도 사용한 적이 있는 커다란 저울로 방정식의 '양쪽' 변에 더하거나 빼거나 곱하거나 나눔으로써 균형을 유지할 수 있다는 점을 살펴보았다. $x+8=10$ 또는 $x-15=5$와 같은 간단한 방정식을 풀 때 미지수 x가 등장했다. 간단한 방정식들로 시작한 이유는 새로 온 학생들과 수학에 다소 재능이 없어 보이는 학생들에게 따라잡을 기회를 주기 위해서였다. 모든 학생이 빠른 진전을 보였으므로 우리는 여러 단계를 거치는 복잡한 방정식에 이어, 마침내 미지수가 둘인 방정식으로 나아갔다. 교환법칙과 결합법칙을 배웠고, 고차식을 공부했으며, 양수와 음수를 다루었다. 내가 보기에 많은 아이가 수학 기술을 실생활에 응용할 수 있으려면 상당한 연습이 필요하였으므로 실용적인 문제를 이용하였다.

어떤 농부에게 456마리의 양이 있다. 양 떼는 셋으로 나뉘어 있다. 두 번째 양 떼는 첫 번째 양 떼의 두 배이고, 세 번째 양 떼는 첫 번째 양 떼의 세 배에다가 열다섯 마리가 더 많다. 각 양 떼에는 몇 마리의 양이 있는가?

학생들은 대수를 이용하여 문제를 풀기 위해서 식을 세우는 법부터 배워야 했다.

첫 번째 양 떼의 수 = x
두 번째 양 떼의 수 = $2x$
세 번째 양 떼의 수 = $3x+15$

여기서부터는 방정식을 써나가는 것이 좀 더 수월했다.

$$\chi + 2\chi + 3\chi + 15 = 465$$

양변에서 15를 빼면

$$\chi + 2\chi + 3\chi = 450$$

각 항을 더하면

$$6\chi = 450$$

양변을 6으로 나누면

$$\chi = 75$$

아이들은 대부분 여기서 끝내고 싶어 했지만 나는 불평을 뒤로하고 답을 정식으로 채워서 적어 넣으라고 요구하였다.

첫 번째 양 떼 = 75마리
두 번째 양 떼 = 150마리
세 번째 양 떼 = 240마리
증명: 75 + 150 + 240 = 465

아이들은 왜 그토록 '답'만 내고 싶어 하는가? 시간을 들여서 주의 깊게 순서에 따라 수학 문제를 푸는 것이 왜 그다지도 어렵단 말인가? 이 물음에 대해 내가 만족할 만한 해답은 없다. 나는 이 문제가 소비 지향적이고 즉각적인 만족을 추구하는 패스트푸드 심리와 관련이 있다는 느낌이 든다. 이는 이 책의 앞부분에서 언급한 아이들의 '의지력', 즉 목적의식을 가지고 의미를 찾는 데서 나오는 행동력을 약화한다. 아침 리듬활동이 모두 헛된 일이었을까? 아니면 그 정도로는 '충분'하지 못했단 말인가? 이것이 내가 우리 7학년 아이들에게 만연한 무기력을 목격할 때 진짜로 가졌던 의문이었다. 다행스럽게도 나는 그들을 8학년까지 가르쳤으며 그 해는 긍정적인 방향으로 함께할 수 있었다.

그런 와중에 나는, 우리 7학년 아이들이 문장으로 제시한 문제에 흐리멍덩하니 별다른 열의를 보이지 않는 것을 보고 학생들 스스로 문제를 내도록 해보았다. 어떤 주제를 택해도 좋았지만 수학적으로 풀 수 있는 문제라야 했다. 그 방법이 먹혀들었다! 한 아이가 굉장한 열의를 가지고 우주 로켓을 주제로 문제를 냈다. 또 한 아이는 집짓기에 착안하였고 대부분은 스포츠에 관련한 상황을 이용하였다. 아이들은 그것이 생각만큼 쉽지 않다는 사실을 곧 알아차렸다. 하지만 나는 옆에서 지켜보는 정도였고 아이들은 계속해 나갔다. 친구가 문제를 풀 수 있는지 없는지가 그 문제가 제대로 된 문제인지를 판단하는 근거였다. 많은 경우 쉽사리 풀 수 있으리라 믿었던 친구가 쩔쩔매는 바람에 문제를 낸 아이는 전체적으로 의미가 통하게 다소 '소소한 조정'을 해야만 했다. 그 연습은 학생들이 앞으로 수업 시간에 나올 대수 구두 문제에 대해 훨씬 더 공손해졌다는 점에서 성공이었다. 그리고 나의 변변찮은 노력에 대해서도…. 대수 방정식은 일상생활에 실제로 적용해 볼 훌륭한 기회를 제공하였다.

이 장의 앞부분에서 언급하였듯이 7학년 아이들은 이제 자신을 몹시 의식하게 되었고 주로 인간사에 흥미를 느꼈다. 운동장에서나 점심시간에는 작은 무리를 지어 오랫동안 온갖 비중 있는 주제들로 대화하곤 하였다. 머리 모양은 남녀를 불문하고 인기 있는 이야깃거리였다. 옷은 물론 음식(아이들은 때로 유별나게 음식에 탐닉하였다)에 대해서도 열을 올려 이야기했다. 11월이 되어 나는 생리학/보건학 주요수업을 공기, 음식, 의복, 주거라는 네 가지 주요 주제에서 풀어 나가기로 하였다.

이 시점이 발도르프학교의 12년 과학 교육과정에서 인간에게 초점을 맞추는 데 적절한 시기였다. 1학년부터 3학년까지는 아이들에게 자연환경을 소중히 여기고 자연과 하나 되는 마음을 일깨워 주는 활동과 이야기들로 채워졌다. 4학년에는 동물을 공부하였다.(이 공부는 12학년의 동물학에서 다시 등장한다) 5학년에는 식물을 살펴보았고 이 주제는 상급 단계인 11, 12학년에서 재현된다. 6학년 때의 광물학은 9, 10학년의 지질학에서 재등장한다. 7, 8, 9, 10학년에 발도르프 교사는 인간에게 초점을 맞추는데, 우선은 일반 보건학의 견지에서, 그다음은 해부학과 생리학의 관점에서 인간을 다룬다. 신체 각 부분에 대한 추상적인 이론이나 사실에서 시작하기보다는 우리가 신체라 부르는 집을 매일매일 보살피는 문제와 관련해 시작하였다.

우선 생명활동에 필수적인 고형과 액상의 음식물로 시작하여 영양을 주제로 이야기를 나누었다. 나는 아이들에게 보통 때 하루 동안 어떤 음식을 소비하는지 기록해 놓도록 하였다. 그다음 이 기록을 이용하여 단백질, 탄수화물, 지방, 기름, 무기질, 비타민에 관해 토론을 벌였다. 될 수 있는 대로 비타민 C의 부족이 초기 탐험 항해 중에 괴혈병을 불러왔다는 연관을 찾아낼 수 있도록 학생들을 도왔다. 우리는 꿀, 과당, 사탕무, 정제당, 사키린의 차이에 초점을 두고 많은 시간을 들여 당류와 감미료를 건강과 관련지어 공부하였다. 이전에 내가 처음 7학년을 가르칠 때 당뇨병을 앓고 있던 한 소년에 관한 이야기를 해주었다. 아이들은 그의 생활양식과 설탕이 신체 전반에 미치는 영향에 아주 커다란 관심을 보였다. 이 시점에서 자연스럽게 소화기관에 대한 설명으로 진행하였다. 우리의 여행은 입, 혀, 침, 치아, 후두, 식도, 위, 소장, 대장의 순서를 밟아 갔다. "한데 핀서 선생님, 뭔가 빠진 것 같은데요." 하여 우리는 간, 쓸개, 소변과 대변도 훑어 보았다. 우리는 그 첫 주를 상반되면서도 매우 중요한 주제인 비만과 식욕 부진으로 마무리하였다. 이 주요수업은 대부분 묻고 답하고 탁상에 둘러앉아 토론하면서 세미나 형태로 진행하였다.

두 번째 주에는 호흡기관으로 넘어갔다. 이 주는 토론으로 마감했는데, 공기 오염에 관한 주제가 주를 이루었으며 그 중 흡연은 별도로 다루었다.[8] 학생들이 요즘 나오는 모든 통계도표에 익숙해짐과 아울러, 이 주제에 대하여 스스로 책임감을 갖기를 바랐다. 그래서 아이들에게 간접흡연과 공공장소에서의 흡연에 관한 편지와 기사를 써 보도록 하였다.

세 번째 주에 우리는 순환기관을 살펴보았고 저명한 의사에게서 심장에 대한 설명과 답변을 듣는 특전을 누렸다. 하나라도 놓치는 일이 없도록 우리는 알코올 중독에 시간을 할애하였고 만연하고 있는 중독과 또래 집단의 압력을 주제로 토론하였다.

생리/보건학 주요수업은 보통 때와는 다르게, 하지만 감동적으로 마무리되었다. 우리는 장애아들을 위한 지역 시설을 방문하였다. 떠들썩하고 건장하며 보통내기가 아닌 우리 반 학생들이 중증 장애아들이 지내는 방들을 통과할 때에는 두려움을 느끼며 눈에 띄게 말을 아꼈다. 우리는 리코더로 연주할 노래를 몇 곡 준비해 갔는데, 방을 오가며 발을 구르고 끊임없이 손뼉을 치거나 기묘한 소리를 질러대는 관객들 앞에서 학생들은 소프라노, 알토, 테너를 합주하는 것이 참으로 어려운 일임을 알게 되었다. 이후 아이들의 작문을 보면 그 경험이 아이들을 저 밑바닥까지 휘저어 놓아서 그것이 곧바로 이어지는 다음 주요수업에 훌륭한 거름이 되어주었음을 알 수 있다.

12월이 되어 영어 주요수업에 들어갔다. 주제는 '소망, 이상함, 놀라움'으로 정하였다. 시와 표현문 쓰기 숙제를 통하여 우리는 느낌을 나누는 방법을 터득하였다. 장애인 시설을 방문한 경험이 학생들에게 그 바탕을 마련해 주었다. 아이들은 내가 전혀 예상치 못한 방식으로 마음을 열기 시작했다.

잊을 만하면 한 번씩 필설로는 다할 수 없을 만큼 감동적인 경험을 하게 된다. 12월 주요수업이 바로 그러하였다. 그때는 강림절 3주간으로 한 해 중 가장 우중충한 날들이었다. 우리는 시와 대화를 통해서 떠올리고 싶지 않은 경험들을 공유하였다. 아이들은 시를 쓰면서 어떤 때는 고통스러워 하였다. 그 중 몇 편을 골라 실었다.

> 아픔의 눈물
> 찢어진 마음
> 그 모든 승리는
> 다시 오지 않으리. 마이클

평화
사랑, 고요한
폭력의 종말
무장해제-무기가 사라진다니
멋지군.   애비

지금 눈앞에 어둠이 밀려오고
달빛 비추니 그림자들 나타나서
느릿느릿 노닐며 다니나니
그림자 발소리에 나 어찌 잠이 들까?
영혼이 이 소리에 장단 맞추리.   타라

〈그리운 아빠〉

아빠가 떠난다 했을 때
난 그저 농담인 줄 알았다.
아빠 얼굴을 쳐다보니
놀리는 빛은 조금도 없었다.
캔자스 엠포리아로 가신다는데
이미 내 얼굴은 벌겋게 달아 있었다.
울음이 터지려 했지만 나는 참았다.
그때 눈물 한 방울이 뺨을 타고 내렸다.

그냥 눈물이 아니었다.
그건 마법으로 채운, 두려움을 모르는 눈물이었다.
눈물이 심장에 가 닿았을 때
바로 거기서, 그때
어떤 느낌이 일어났다.

결코 설명할 수 없는 느낌이
참으로 특별한 이 눈물은
하늘에서 만들어진 것이기에.   마크

흥분하여 날뛰나니
봄, 여름, 가을, 겨울에
무얼 하는지 몰라, 아무 상관 없어
잡아먹을 듯 덤비다가도 때론 힘없이 속삭일 뿐
바람.   제이커브

초콜릿
짙은 갈색
그지없이 행복한 한입
덩어리진 퍼지 조각들
기분 좋아.   새무얼

기운차게
발로 차니
살아 있음이 실로 가슴 벅차
나 정말
행복해.   수전

풋볼
달리기, 공잡기
구르기, 겨루기, 잡아채기
신 나고 또 과격한
공격.   더그

앞이 보이지 않아
가만히 위협당하는
불안과 공포
무슨 일이 있는지 모르는
깜깜함.   마거릿

싫다
경멸한다, 혐오한다
지독한 악의가
거듭거듭 다시 태어난다.
두렵다.   조지프

아주 빨리, 날쌔게 스키, 스키를 탄다.
나는 언제나 일등, 절대 꼴찌는 안 하지.   재커리

나더러 소원을 말하라면
날마다 행주질 좀 안 했으면
싫은 건 걸레질도 마찬가지
그런 일은 딱 질색이지.
침대에서 좀 쉬었으면
그런데 머리를 쥐어뜯으며
이 골치 아픈 시는
대체 왜 써야 하는 거지.   커스튼

숲
거칠고, 어두운
점점 자라고, 바스락거리고, 삐걱거리는
슬프면서 이상하게도 기쁜
자유.   메어리

홀로 서서
깊은 생각에 잠기어 있네
한 다리로 서서
주위로는 물결이 넘실대는
절벽의 왕.   조녀선

나, 이 의자에 앉아
저기 허공을 응시하며
휘감기는 바람의 채찍질 소리 듣나니
이 집은 우우 울음 뽑는 이리 같아.
오갈 데 없는 사람들을 생각하니
오늘도 이 거리 저 거리를
떠도는 딱한 처지
매일같이 말라빠진 빵 쪼가리 아니면
어디든 고단한 몸 누일 곳을 찾아서.   토리

동무들
웃고 떠들고
서로 믿고 이해하며
어디서나 즐거움을 함께하는
루시.   토리

한 송이 장미
꽃잎이
눈처럼 하이얀

한 송이 장미
줄기가
목숨처럼 질긴

한 송이 장미
이파리가
풀밭처럼 푸르른

한 송이 장미
가시가
송곳처럼 내민

한 송이 장미
한없는 기쁨을
일으키는

한 송이 장미
넘치는 눈물을
자아내는

한 송이 장미
꿈같은 환희로
이끄는

한 송이 장미
당신의 근심을
지우는

한 송이 장미.   도너

　이 시들은 3주에 걸쳐 아이들이 그때그때 제출한 수많은 시와 작문 중에서
몇 편을 가려 뽑은 것이다. 우리는 작품 가운데 일부를 묶어 한 권의 책으로
출판하였다. 출판 프로젝트를 진행하는 동안 요하네스 구텐베르크와 활자의
발명을 다루는 역사 수업과 그림그리기 수업을 하였고 학교 사무실에서 직

원들과 함께 입력하고 편집하는 일도 배웠다. 책은 부모님께 드릴 크리스마스 선물로 때맞춰 발행되었다. 책표지에는 메어리가 그린 매우 아름다운 흑백 그림을 넣었다. 제목은 간단하게 <표현>이었다.

이렇게 말하면 지나치게 단순화한 것인지는 모르겠으나 이후 몇 달 동안 우리 반 아이들은 인쇄된 글과 진실로 새로운 관계를 형성한 것 같았고 그 뒤로 무엇을 읽든 마찬가지였다.[9]

크리스마스 휴가 기간에 활강 스키를 타며 신나는 며칠을 보낸 후, 1월에 교실로 돌아와 '탐험'이라는 주제로 되돌아갔다. 지구(지리학이나 탐험가들의 삶에서), 혹은 신체(생리학에서), 감동을 주는 영적 삶(시에서)을 탐구하는 대신에 우리는 '시간'에 대한 좀 더 의식적인 탐험을 시작하였다. 학생들은 여러 해 동안 역사를 공부해 왔다. 그러나 8년간의 여행에서 그들이 역사의 시간과 좀더 의식적으로 관계를 맺을 수 있는 시기는 바로 이때였다.

나는 아이들에게 생일을 물어 칠판에 죽 적어 내려가는 것으로 시작했다. 그들이 지구에서 보낸 13년 동안 자신과 세상에서 일어난 모든 일을 생각해 보라고 하였다. 그러고는 부모님의 나이를 묻고 그분들이 태어난 때를 헤아려 보았다. 그리하여 또 다른 30년을 되돌아보았다. 조부모에 대해서도 똑같이 해보니 우리는 3대(三代, 약 75년)를 살펴보고 있었다. 이것은 이미 추상화되어서 아이들의 감각은 무디어졌다. 그래서 나는 프랜시스 에드먼즈 Francis Edmunds의 연습 방법을 빌려 왔다. 한 학생을 교실 앞으로 나오게 했다. 그리고 또 다른 지원자를 받아 그 학생의 어머니라 하고 그다음 지원자는 할머니, 또 그다음은 증조모 하는 식으로 15대가 될 때까지 계속하였다! 15대가 교실 앞에 한 줄로 늘어섰다. 내가 말했다. "역사에서 하는 이야기는 이 모든 세대와 그들보다도 먼저 산 세대들에 관한 것입니다." "역사는 시간 속에서 살고 있습니다." 그 학생들이 자리로 돌아가 앉기 전에 나는 우리가 천문학의 역사를 공부할 것이며 처음으로 만날 인물은 1543년, 대략 15대쯤 전에 죽은 사람이라고 하였다. 이 말을 하면서 줄 맨 끝에 있는 학생을 가리켰다. 그 아이는 그것이 얼마나 먼 옛날의 일인지를 파악했다는 표정이 역력하였다.

아이들이 각자 자리로 돌아가고 나서 나는 지구를 우주의 중심으로 본 프톨레마이오스의 우주관을 기술하기 시작했다. 나는 아이들에게 중세사를 광범위하게 다룬 6학년 봄의 주요수업을 상기시켰다. 지구 중심의 세계관을 '깔아뭉개기'보다는 우리의 감각이 달이나 행성처럼 태양도 지구 주위를 '돈다'고 느낀다는 점에서 여전히 일상생활에서 경험하는 세계관이라는 사실을 지적하였다. 이러한 세계관은 시간을 파악하거나 항해 중에 위치를 잡는 등 우리가 지구에서 하는 일에는 유용하다. 그리고 교회가 주도적인 역할을 하던 농경 사회에서 사람들의 생활이 어떠하였을지 묘사해 보려 하였다. 만약 우리가 중세의 한 마을에서 살고 있다고 가정해 보자. 태어나서 한 번도 마을 밖으로 나가본 적이 없고 늘 그 지역 성 안에서 보호받으며 교회의 정신적인 품 안에 머물러 지상과 천국의 그림을 지니고 살아간다. 날마다 해가 떴다가 지고 밤에는 달과 별이 뜨며 모든 것이 지구 주위를 움직이는 듯이 보인다면 지구가 우주의 중심이라는 사실을 믿어 의심치 않았을 것이다. 이 이론은 교회가 나서서 가르쳤고 세대를 거듭하면서 강화되었다. 단지 그들의 상태가 그랬던 것이다.[10]

그때, 세상을 발칵 뒤집어 버린 사건이 일어났다. 나는 1473년 폴란드 토룬에서 코페르니쿠스가 태어난 그때부터 이야기를 풀어 가기보다는, 그의 인생 전반기에 일어난 징후적인 사건 하나를 골랐다. 그것은 인간 의식의 변화를 가장 생생하게 드러내는 사건이었다.

코페르니쿠스는 아드리아 해를 건너는 배의 난간 옆에 서 있었다. 그보다 앞선 숱한 사람들이 그랬던 것처럼 그도 바다 건너 이탈리아 해안선을 바라보았다. 갑판에 서 있던 그에게는 마치 해안선이 분명히 움직이는 것처럼 보였다. 많고 많은 사람이 배의 갑판에서 그와 같이 해안선이 분명히 움직이는 것처럼 느꼈을 터이다. 하지만 코페르니쿠스의 영혼에서는 무언가가 떠올라 그의 인생과 현대 과학의 진로를 바꾸어 놓을 의문을 던져 주었다. 그는 자문했다. 움직이는 것은 배라는 사실을 내가 아는데도 저 해안선이 움직이는 것처럼 '보이듯이' 실제로는 지구라는 배가 태양 둘레를 도는 데도 태양이 지구 주위를 도는 것처럼 '보이는' 것은 아닐까?[11]

이 질문을 던지면서 나는 베일을 걷어 칠판에 걸린 두 장의 도면을 드러냈다. 한쪽 도면은 프톨레마이오스의 우주를, 다른 쪽은 코페르니쿠스의 태양이 중심인 우주를 보여 주는 것이었다. 세상을 그토록 근본적으로 바꿔 놓은 의문을 가졌던 이 사람, 코페르니쿠스는 누구인가? 나는 코페르니쿠스의 생애를 이야기하였고 이어서 며칠 동안 조르다노 브루노, 튀코 브라헤, 요하네스 케플러, 갈릴레오 그리고 뉴턴을 소개하였다. 이 일련의 위대한 인물들은 지리나 시간적 간극에도 그 업적을 서로 떼어서 생각하기 어렵다.[12]

16, 17세기로 들어서면서 '감각에서 벗어난 사고', 곧 감각적 경험을 넘어 이를 다른 현상과 연관 지을 수 있는(코페르니쿠스가 아드리아 해를 건널 때 했던 것처럼) 새로운 사고유형이 싹트기 시작하였다. 이러한 사고는 인류에게 전에 없던 자유로움을 맛보게 하였다. 이로써 기존의 믿음과 원칙에 도전하는 해결책이 드러났다. 사상가들은 용감하게 도전하고, 의문을 던지고, 새로운 영역을 펼쳐 보였다. 새로운 자유는 기존 전통을 대표하는 권력자들의 반발을 불러왔으며 이러한 자유의 대가는 코페르니쿠스가 자신의 책을 출판하기조차 꺼렸다는 사실에서 능히 짐작할 수 있다. 코페르니쿠스는 필생의 저작인 『천구天球의 회전에 관하여De revolutionibus orbium coelestium』의 첫 출판 본을 1543년 임종의 자리에서나 받아 볼 수 있었다 한다. 1600년, 조르다노 브루노가 화형을 당한 사건은 자유의 대가를 극적으로 보여 준다. 1633년, 강요로 자신의 학설을 '철회'해야만 했던 갈릴레오도 마찬가지이다. 우리 반 학생들은 전통을 뒤흔들어 놓았음에도 나름 경건함을 잃지 않았던 이 인물들과 자신을 내적으로 동일시하는 듯 보였다.

"그러니 그가 노예가 되거나 사악해지지 않도록 하소서. 쇠사슬에 묶이

거나 쓸모없어지거나 눈이 멀거나 옥에 갇히지 않게 하소서. 그의 육체
는 그에게 아무런 힘도 행사하지 못하니⋯. 그리하여 그는 운명에 강인
하게 맞서고 고통에 아랑곳지 아니하고 가난과 질병과 박해에도 굴하
지 않을 것이니⋯. 저에게 내리소서. 하느님, 제가 불꽃으로 화하려 합니다."
_조르다노 브루노

"하늘을 우러러 신의 놀라운 작품을 바라본다면, 잠자코 머리와 마음을 조아릴
수밖에 없다." _코페르니쿠스[13]

  아이들은 조르다노 브루노, 니콜라우스 코페르니쿠스 같은 인물들을 만나
고 나서 내적으로 변화를 겪는 듯이 보였다. 내 가르침을 통해서가 아니라 실
존하는 인물과의 '만남'을 통해서 말이다. 전기는 아이들의 감동을 불러일으
켰고 그 효과는 교실에 앉아 있는 아이들의 낯빛과 말소리에서 확연히 드리
났다. 그러나 이 역사적인 인물들과의 만남이 가져온 더 중요한 결과는 며칠
이 지나서야 모습을 드러냈다. 우리 학급은 신입생이 들어오거나 누군가가
오랫동안 결석했을 때와 같은 변화를 겪는 듯했다. 나는 학급에 단 한 사람이
라도 더해지거나 빠져나갔을 때 일어나는 변화를 오래전부터 감지해 왔다.
그런데 당시 내 의식에 뭔가 다른 것이 떠오르고 있었다. 전기도 마찬가지로
작용하고 있었던 것이다! 내가 이러한 상을 마음에 담자마자 교실은 여러 해
동안 우리를 방문했던 모든 '사람'들로 갑작스레 몹시 붐비는 듯하였다. 우리
반 사춘기 학생들과 유사한 육체적 고립을 겪고 있던 나에게 7학년 중반에 찾
아온 이 한 줄기 통찰의 빛은 그 해의 남은 기간 내내 나 자신을 이끌어 가는
데 필요한 동력을 제공하였다. 학생들이 나와 악수를 피하거나 나 따위는 아
무 상관 없다는 듯이 행동할 수도 있다. 그러나 이제 나는 우리가 함께 경험
했던 그 모든 사람과 장소와 일들로 가득 찬 커다란 그림을 보았다. 이와 같
은 내적인 풍경은 외적인 풍경이 견디기 어려울 때면 언제라도 찾아볼 수 있
으며, 그 중 내적인 풍경이 더 강하다는 것을 알게 되었다.[14]

숨을 들이쉬었으면 다음은 내쉬어야 하는 것과 마찬가지로, 이 주요수업이 우리를 우주로 데려갔다면 곧 이은 주요수업은 우리를 다시 땅으로 데려다 놓았다. 이제 천문학에서 물리학과 역학力學으로 옮겨 갔다. 일상생활에서는 해야 할 일이 있으니 그것을 가장 효율적으로 할 방법을 찾아보았다. 우리는 땅에서 무거운 통나무를 처음에는 손으로, 그다음에는 지렛대를 써서 들어 올려 보았다. 손으로 들 때에는 반 전체가 달라붙었으나 10cm쯤밖에 움직이지 못했다. 충분히 긴 지렛대와 튼튼한 지렛목을 사용하자 한 명만으로 반 전체가 했던 일을 할 수 있었다. 이런 가능성은 7학년 아이들에게 분명히 호소력이 있었다.

다음으로 우리는 용수철저울을 이용하여 경사면이 얼마만큼 도움이 되는지 측정할 수 있었다. 그러고 나서 바퀴가 어떻게 우리 삶을 훨씬 더 즐겁고 효율적으로 만들었는지 살펴보았다. 자연계(물, 바람 등)를 이용한 다양한 동력에 대하여 간략하게 다룬 뒤 바퀴가 역사적으로 어떤 용도로 사용되어 왔는지를 공부하는데 시간을 많이 들였다. 석기시대의 굴림대부터 원판형 바퀴와 차축을 통나무 하나로 깎아서 만든 수레에 이르기까지 죽 훑어 내려갔다. 차축을 분리한 원판형 바퀴를 살펴보면서 이집트와 메소포타미아를 잠시 다시 들렀다. 우리는 주요수업 공책을 살이 달린 바퀴, 초기의 물레방아, 말이 끄는 연자매, 손으로 크랭크를 돌리는 권양기, 초기 자전거, 배의 타륜, 타륜과 연결된 키, 기차에서처럼 지렛대를 이용하여 바퀴 돌리는 법 등에 관한 이야기와 그림들로 계속 채워 나갔다.[15]

도르래로 실험할 때는 실제로 작업을 해보는 것에 그치지 않고 기계의 효율에 대한 수학적 계산도 함께 해보았다. 도르래 장치에 일정한 길이의 줄을 한 번에 하나씩 추가하면서 기계의 효율을 높여 갔고, 그리하여 점점 더 적은 힘으로도 짐을 들어 올릴 수 있었다. 발도르프 교육 원칙에 따라 그러한 현상을 충분히 탐구하여 아이들이 개념을 '실천해 본' 후에야 비로소 '힘은 무게를 기계의 효율로 나눈 값과 같다'는 추상적인 공식에 도달하였다. 결과적으로 이러한 과정을 거치는 것이 내게도 효율적이고 이로웠다. 그 공식이 머리에 박혀 나사와 다른 기계 현상으로 막힘없이 나아갈 수 있었기 때문이다. 나는 다시 한 번 넓이와 깊이가 상호 배타적이지 않다는 사실을 깨달았다.

르네상스 예술가들에 관한 3주간의 주요수업에서는 뉴욕시의 메트로폴리탄 미술관을 방문하고 교실에서 대형 원근화를 그리면서 멋진 시간을 보냈다. 이어서 과학으로 되돌아와 전기電氣에 초점을 맞추었다. 나는 역사에 나타난 전기의 발견 과정을 밟아 가면서 호박琥珀 마찰에서 시작해 라이덴병 (강한 정전기가 축적된 기구-역주)과 웜즈허스트 기계(고압 정전기 발생 장치-역주), 갈바니의 개구리 다리 실험과 볼타의 '전퇴電堆'까지 공부하고 나서, 패러데이 맥스웰과 마르코니를 공부하였다. 이 수업의 가장 흥미로운 점은, 지금은 유명해진 전기의 이러한 발견이 우연히 일어났다는 사실이다.

지속해서 전기 효과를 내는 이 새로운 방법으로 광범위한 성과가 나타났다. 덴마크인 외르스데드가 전류의 지기적 성질을 발견한 것이 그 중 하나이다. 이것은 순전히 우연한 발견이면서 발견자 자신의 가정과 상반되는 것이었다. 외르스데드가 전류에는 자성이 없다는 것을 증명하려고 애쓰다가(겉보기에는 성공적으로 마무리되었다), 막 강의실을 나서던 참에 한 번 더 실험대에 눈길을 주었다. 놀랍게도 자침중 하나가 다른 방향을 가리키고 있었다. 그가 좀 전에 사용했던 전선이 아직도 회로 속에 있었고 그 전선에 전류가 흘러 자기장을 형성하면서 자침을 끌어당긴 것이 분명하였다. 그리하여 외르스데드는 연구계획 어디에도 없었던 것, 즉 전류에 수반하여 나타나는 자기력의 방향이 전류의 방향과 직각을 이룬다는 사실을 우연히 찾아낸 것이다.[16]

외르스데드의 이 우연한 발견은 유사한 많은 사건 중 하나일 뿐이다.(학생들은 갈바니의 실험실 창밖 난간 위에 있던 개구리 다리가 불가사의하게 경련을 일으킨 이야기를 특히 좋아하였다) 전기를 발견하게 된 경로는 미지의 바다에서 자신의 운을 시험해야 했던 초기 탐험가들보다도 훨씬 더 무모하였으며 마치 어둠 속을 더듬는 듯하였다. 당시에 사람들은 그런 현상에 익숙하지 않았고 그것을 다룰 만한 사고 형태도 아직 발달하지 못한 상태에서 연구를 진행한 것 같이 보인다. 이는 오늘날도 마찬가지라고 느끼는 사람들이 있다.[17] 나는 전기의 힘을 전달하는 일련의 '깔끔한' 실험을 제시하는 것만으로는 책임을 다하지 못한 것 같았다. 학생들에게 기술적으로 현란해 보이는 것 이상의 무엇이 있다는 것을 직관적으로나마 이해시키고 싶었다. 이를 위해서 나는 아이들에게 주의 깊은 '관찰'을 요구하였다. 과학자들이 널리 받아들여지던 결론을 끊임없이 논박함으로써 앞으로 나아갈 수 있는 것은 편견 없는 관찰 덕분이다. 어떤 전기 현상은 실제로 주의 깊은 관찰로 쉽게 이해할 수 있었다. 그러나 내가 알아낸 것은 예기치 못한 현상이야말로 우리 뒤를 살금살금 따라와 놀라움을 안겨 준 뒤 알려지지 않았던 전기의 내적인 성질을 전해 주었다는 사실이다. 예측할 수 있는 관찰과 예기치 못한 관찰이라는 관찰의 두 유형은 윔즈허스트 정전기 기계의 실험을 다룬 루시의 보고서에서 분명히 드러난다.

준비물   윔즈허스트 기계, 피스볼pith ball, 실린더, 갈고리에 매단 작은 종, 반 학생들

진행   우리는 위 기계의 단자들 사이에 처음에는 피스볼을, 다음은 종을 놓고 마지막으로 7학년 급우들이 늘어서서 양극을 잡고 기계의 크랭크를 돌렸다.

관찰 결과

1. 피스볼이 실린더 속에서 앞뒤로 튀었다.

2. 종도 앞뒤로 움직여 소리가 났다.

3. 학생들은 손에서 손으로 스파크가 전달되는 것을 느꼈다. 정전기가 방전되는 전극 사이를 어떻게 통과하는지 세 가지 사례로 관찰하였다.

2학년 때 〈활짝 핀 히스 꽃〉 이야기를 받았던 루시는 이제 뛰어난 관찰자가 되어 있었다. 루시는 항상 그러한 실습의 본질적인 측면을 잘 파악했으

나 자신의 성과를 발표하는 데는 신중하였다. 루시의 글은 수많은 '기술적 설명'으로 주제를 단정하는 것이 아니라 관찰한 것, 실제로 본 것에 충실하였는데, 이는 내가 전달하고자 했던, 과학적으로 절제된 표현을 정확히 담아내는 것이었다. 나는 그와 같은 의식적 '한계장치'가 흔히 과학의 이름으로 뒷받침되는 방만한 물질주의적 주장과 가정을 중화하는 데 이바지할 수 있을 것이라 여겼다.

이 실험에서 예기치 못했던 요소는 반 아이들이 실험의 한 부분으로 참여한 일이다. 아이들은 7학년답게 수줍어하면서 손을 잡고 원을 만들었다. 한 학생이 왼쪽 전극에 손을 대고 모두 손을 잡고 있는 상태에서 나는 오른쪽 전극에 손을 댔다. 손에서 손으로 빠르게 스파크가 전달되는 것을 느꼈을 때 많은 아이가 말 그대로 깜짝 놀라 펄쩍 뛰었다. 아이들은 이 실험을 거듭거듭 하고 싶어 했다. 그 실험으로 아이들은 자신의 감각을 통하여 전기의 기본 성질을 맛보고 사무칠 정도로 느꼈다. 이 경험은 아이들에게 충격을 주었다. 그 후 전류에 관한 더 복잡한 실험을 하고 벨처럼 간단한 전기 장치로 전보를 칠 때도 그 첫 충격으로 전기의 힘에 대한 건강한 경외심을 가지게 된 것을 보고 나는 기뻤다. 겸손한 이해는 책임 있는 이용을 끌어낼 수 있다. 학생들을 이러한 방향으로 이끄는 것이 과학 교사로서 나의 기본 목표 중 하나였다.

눈이 녹기 시작하자 학생들은 안절부절못하였다. 그 이른 봄 우리는 버몬트주 페어리의 헐버트 센터에서 일주일 동안 야외 활동에 참가하였다. 학생들은 한참 전부터 이 여행을 손꼽아 기다려 왔으며 활기찬 체육 교사 덕분에 준비를 착착 진행해 왔다.

버몬트 북부의 날씨는 여전히 '상쾌'했고 이른 아침 식사 조는 찬바람을 맞으며 들판을 가로질러 본관 식당으로 가야 했다. 아이들은 4명에서 6명씩 조를 지었다. 각 조가 하나의 사회단위가 되어 허드렛일과 모험 중의 온갖 과제해결에 참여하였다. 센터 직원들은 실제 임무에서나 야외 체험에서나 아이들을 지도하는 데 각별한 재능이 있었다. 모든 아이가 도전에 직면하였다. 어떤 아이들은 과제해결에 돌입하기에 앞서 다른 조원들의 생각을 경청하며 기다리는 연습이 필요했다. '모두'가 장벽을 오를 때 돕거나 미리 계획해야 하는 아이들도 있었다. 육체적으로 녹초가 되는 모험도 있었고 심적으로 애를 먹이는 모험도 있었다. 그 중 압권은 고공 줄타기를 하는 날의 일이었다. 조원으로 참여하여 담임교사로서 활동을 주도할 필요가 없었던 것이 참으로 좋았다. 일주일 동안 우리 반 학생 열 명과 소년 오두막에서 같이 잠잔 경험도 나를 깨우쳐 주었다. 아이들의 쾌활한 성격은 일상적인 학교생활에서보다 훨씬 잘 드러났다. 아이들의 색다른 면모가 드러나 때때로 그들 자신도 놀라워하였으며 새로운 협동 기술도 배웠다.

7학년이 공연할 연극은 주요수업 시간에 공부한 내용 중에서 고르지 않고 독일어 수업에서 연극의 예행연습과 공연을 지원하기로 하였다. 독일어 교사의 열정과 재능 덕분에 아이들은 이 도전을 받아들여 저학년 아이들에게 보여 줄 〈룸펠슈틸츠헨Rumpelstilzchen〉을 내놓았다.

이 장의 앞머리에서 기술한 바에 비추어, 이러한 요정 이야기가 7학년 아이들한테 우선은 부적절해 보일 수도 있다. 그러나 아이들이 독일어 대사를 외우려고 노력하고 연극의 표현과 동작이 아이들을 껍데기 밖으로 끌어내면서 이야기의 원형적인 그림과 더 깊은 의미가 꿈틀거리기 시작했다. 전달 수단이 외국어였기 때문에 학생들은 작품이 단순한 것에 개의치 않고 동생들에게 무엇이 가장 좋을지에 집중할 수 있었다. 예행연습을 통해 배역 선정을 세 번 거쳤고 반 전체가 경합을 벌였다. 최종 공연에서는 애비가 매혹적인 해설자를 맡았고 재커리가 왕을, 마크가 방앗간 주인을, 에번이 룸펠슈틸츠헨을, 마리아가 공주를, 그리고 루시가 사자使者를 맡았다.

이상은 모두 독일어 수업 시간에 일어난 일이고 그동안 주요수업 시간의 초점은 화학이었다. 학생들은 이 과목에 각종 시험관과 이상한 냄새가 나는 가스, 여러 장비가 등장하여 입이 딱 벌어질 만큼 놀랄 일이 있을 거라는 기대를 품고 있었다. 하긴, 이런 기대가 어느 정도 충족되기는 하였다. 그러나 주요수업 첫날에 아이들은 실험실 탁자 위에 단 하나의 소품, 그것도 평범한 양초가 놓여 있는 것을 보고 깜짝 놀랐다. 나는 학생들에게 촛불에 대해 알고 있는 것을 모두 종이에 써 보라고 하였다. 아이들은 이 일을 금방 해냈다.

그다음, 우리는 일련의 실험에 돌입하여 불꽃의 연소 과정을 가까이서 관찰하기 시작하였다.

1. 초의 증기만을 따로 모아 이 증기에 다시 불을 붙임으로써 타는 것은 증기이지 심지가 아니라는 사실을 증명하였다.

2. 영사기와 영사막을 이용하여 촛불의 물리적인 성질을 조사하였다. 그 그림자의 특질로 미루어 어떤 부분이 가장 밝은 빛을 내고 따라서 어떤 부분이 가장 밀도가 높은지 알아냈다.

3. 불꽃의 횡단면 중 가장 온도가 높은 부분을 찾아냈고, 연소할 때는 공기를 소비한다는 사실을 관찰했으며, 불완전 연소의 다양한 예를 살펴보았다.[18]

얼 차례도 넘는 촛불 실험을 하고 나서, 다시 한번 촛불에 대해 아는 것을 모두 적어 보라고 하였다. 이번에는 숙제로 내주었다. 주요수업 공책에 적절하게 색을 칠한 삽화를 넣어 숙제를 하게 했고 나는 아이들에게 그 전에 썼던 것을 나눠 주었다. 그러고는 잠시 과학 연구의 길에 관해 이야기를 나누었다. 아이들은 애초에 너무 단순하고 유치하고 시시하다 하여 간과했던 것이 실로 수많은 비밀을 감추고 있었다는 사실을 알아차릴 만큼 성숙하였다. 현상에 신중하게 주의를 기울이고 질문하는 데 주저함이 없으면 놀라운 사실을 발견할 수 있다.

이번 훈련을 밑거름 삼아 다양한 화학 현상과 마주할 준비를 하였다. 그중에는 특정한 물질이 산소와 결합하여 타는 연소도 포함하였다. 아이들은 석탄, 황, 인으로 실험하는 것을 정말 좋아하였다. 우리는 소화기를 만들었고 산과 염기로 많은 실험을 하였으며 리트머스 종이를 이용하는 법도 배웠다. 염산, 갈색 달걀 껍데기, 분필을 이용한 실험도 하였는데 모두 약간 얼이 빠져 잠시 교실에서 대피해야 했다.

7학년의 마지막 주요수업은 우리를 다시 역사 속으로 데려갔다. 우리는 종교개혁, 튜더 왕조 시대의 영국, 아메리카의 식민지화를 이끈 사건들을 조감하였다. 나는 다시금 나의 특별한 학생들에게 꼭 맞는 전기를 찾으려고 노력하였다. 그리하여 역사 속의 사건들이 마르틴 루터와 엘리자베스 여왕 같은 선구적인 인물의 개인적인 경험과 성취를 통하여 이야기를 풀어놓기를 바랐다.

이 시기에 조직화한 종교에서 일어나고 있었던 변화를 보여 주기 위하여 나는 잔 다르크의 범상치 않은 이야기로 시작하였다. 이 장을 다른 누구도 아닌 잔 다르크로 끝내고 싶어 하는 이유는 그녀가 우리에게 희망, 신념, 용기라는 특히 7학년 학생들에게 호소력 있는 특징들을 보여 주었기 때문이다.

1412년 프랑스의 상황은 비참했다. 나라는 영국 점령하에 있었다. 부르고뉴가 동부 전역을, 베드퍼드가 북부를 장악하였으며 도팽(프랑스의 왕위 계승자에게 붙이던 칭호-역주)은 나약하고 소심한 자라 여겨졌다. 그의 참모들 또한 어리석거나 거짓된 자들로서 도팽의 재산을 탕진하였다. 예로부터 프랑스 국왕의 수호자 노릇을 해 온 교회도 분열하여 두 명의 교황이 패권을 다투고 있었다. 베드퍼드가 오를레앙에 진군하고 있었다. 오를레앙은 루아르 강 상류 쪽 통행을 보호하는 요새다.

밀실에 홀로 틀어박힌 도팽은 절망에 빠졌다. 그는 자신과 자신의 혈통을 의심했다. 자신이 왕의 피를 이어받지 않았다는 비방자들의 말이 옳았는가? 도팽은 세상 사람들한테서 벗어나 자신의 밀실에서 진심으로 신께 기도를 드렸다. 자신이 정말로 사생아라면 자신의 가슴속에서 군주가 되고자 하는 열망을 없애 주십사고. 그는 잡히지 않게 해 달라 빌었고 또 기적을 내려달라 청하였다. 하지만 그런 기적을 어떻게 내릴 수 있겠는가? 그는 그날의 기도를 아무에게도 말하지 않았다.

같은 시기에 동레미에서 자크와 이사벨 다르크 사이에 딸아이가 태어났다. 그녀는 1412년, 주현절(구세주의 현현을 축하하는 축제일-역주)인 1월 6일에 태어났으며 이름은 잔이라 했다.

그녀는 키가 크고 다부지며 건강한 신체와 맑은 정신을 지닌 소녀로 자랐다. 열

세 살이 되던 해의 어느 여름날 아침, 꽃을 꺾으러 초원으로 나간 잔은 "어머니가 너를 부른다"는 소리를 들었다. 잔은 집으로 달려갔으나 어머니는 잔을 부르지 않았다고 했다. 그녀는 다시 들판으로 돌아갔다. 정오가 되었다. 갑자기 그녀는 한낮이 무색할 만큼 눈부신 빛에 둘러싸였고 두려움을 느꼈다. 잔은 믿음과 그 믿음을 지켜야 한다는 말과 함께 왕관을 받지 못한 프랑스 왕을 찾아가 그의 적을 몰아내고 랭스(프랑스 왕의 왕위 수여식을 거행하던 곳-역주)로 가서 왕관을 씌워 주라는 목소리를 듣는다. 이러한 부름은 몇 년에 걸쳐 지속되었다. 그동안 잔은 신앙을 새로이 하고 가난한 자들을 돌보았다.

잔이 17세가 되던 해의 늦여름, 오를레앙은 포위되어 공격을 당하고 있었고 그 음성은 더욱 집요해졌다. 잔은 더는 지체할 수 없다는 결론을 내렸다. 자라 온 고향을 등지고 잔은 시농으로 출발하였다. 그 후 다시는 고향으로 돌아가지 못하였다.

도팽을 알현하는 일은 쉽지 않았지만, 마침내 왕실 출입을 허락받았다. 왕의 참모들은 잔에게 속임수를 썼다. 도팽에게 여느 귀족과 같은 옷을 입히고 한쪽 곁에 서 있게 하였다. 잔이 예언을 받고 왔다는 말이 사실이라면 그를 알아볼 것이었다. 그들은 잔을 데리고 들어와 "보아라! 저분이 왕이시다!" 하고는 도팽이 아닌 다른 사람에게 데려가려 하였다. 그러나 잔은 곧장 도팽에게로 다가가서 무릎을 꿇고 말하였다. "고귀한 왕이시여, 신의 가호로 만수무강하소서." 그러자 도팽은 그녀를 곁으로 불렀다. 잔은 도팽에게 자신이 신이 보낸 사도임을 알 수 있도록 징표를 가져왔다고 하였다. 그러고는 도팽의 비밀 기도에 대해 아주 세세한 데까지 이야기하였다. 도팽은 그 기도를 아무에게도 말한 적이 없었다.

여기서 나는 순수한 알랑송과 뚱뚱하고 사악한 트레모유 등 도팽 참모들의 성격을 꽤 상세히 묘사하였다. 나는 잔의 확고한 의지와 교활하고 음험한 궁정을 대비시켰다. 그리고 오를레앙 해방을 저지하는 갖가지 요인을 설명하였다.

숱한 시험과 장시간의 심문 끝에 마침내 잔에게 프랑스군을 이끌고 포위공격 속에 놓인 도시(오를레앙-역주)로 가라는 승낙이 떨어졌다. 행군 도중 그녀는 수행 병사에게 어느 성당의 제단 밑을 파 보면 칼이 있을 테니 그 칼을 갖다 달라고 하였다. 참으로 놀랍게도 그들은 그 성당의 제단 뒤에서 땅에 묻혀 있던 칼을 찾아 냈다. 다섯 개의 십자가가 새겨진 오래된 칼이었다. 녹을 닦아내자 칼은 예전부터 그래온 것처럼 찬란하게 빛났다.[19]

그다음 날, 이 부분을 복습하면서 아이들에게 그 검의 기원에 대하여 짚이는 것이 있는지를 물었다. 어떤 아이들은 6학년의 중세사 주요수업 시간에 들었던 아서왕 이야기에 나오는 신비의 칼, 엑스칼리버를 기억해 냈고 또 어떤 아이들은 샤를마뉴와 롤랑의 이야기에 등장하는 칼을 떠올렸다. 자연스레 추억을 더듬기 시작하면서 1학년 때 들었던 동화에 이르기까지 학생들은 수업에 등장했던 칼들을 쭉 기억해 냈다. 아이들은 이러한 상들을 결합하여 '칼이라고 하는 것'의 중요한 성격을 규명해 내었고 마지막으로 내가 그날 수업을 개괄하려고 한 가지를 덧붙였다. 신의 은총으로 인간에게 주어진 이 특별한 칼은 죽이고 상처주기 위한 것이 아니라 인간의 분투에 지고선至高善을 불어넣고 북돋아 주기 위함이다. 마찬가지로 우리의 사고 또한 분명하고 예리해질 수 있다. 마음이 착한 사람이 생각의 칼을 휘두르면 잔의 빛나는 칼이 프랑스 민족을 규합하였듯이 다른 이들을 고무하고 인도할 수 있다.

계속해서 나는 오를레앙의 지리적 위치와 루아르 강의 중요성, 또 포위를 풀기 위해 고안한 여러 전략을 꽤 오래 설명하였다. 잔이 예언한 대로 바람과 날씨가 순조로운 가운데 마지막 공격이 감행되었다.

5월 7일 토요일, 역사적인 날의 새벽이 밝아 왔다. 잔은 갑옷을 입은 채 미사에 참석하여 종군 사제에게 말하였다. "오늘 저는 왼쪽 가슴 위쪽에 상처를 입을 거예요, 하지만 돌아올 겁니다. 다리를 건너세요." 사제는 잔의 마지막 말이 더욱 이상했다. 다리가 끊겨 있었기 때문이다.

잔은 말을 몰아 물살을 헤치고 강 저편 기슭에 닿았다… 그날 아침, 요새의 석벽을 에워싼 사다리엔 병사들이 잔뜩 달라붙어 아래로 떼밀리면서도 오랜 시간 공격에 공격을 거듭했으나 성공하지 못하고 있었다. 그 한가운데에 깃발을 든 오를레앙의 처녀가 있었다. 정오 무렵, 화살 하나가 그녀의 하얀 갑옷을 뚫고 들어가 왼쪽 가슴 위쪽에 박혔고 그녀는 쓰러졌다.

상처를 기름으로 닦아낸 잔은 해가 채 떨어지기도 전에 다시 전장에 가 있었다. 그러나 격렬한 싸움에도 함락하지 못한 요새 위로 해가 저물자… 톨벗은 강 저편에서 퇴각을 명하는 바스타르의 나팔 소리를 들었다.

그러나 잔은 따로 들판으로 나가 기도를 올렸다. 기도를 다 마치자 그녀는 사령관을 재촉했다…. 어둠이 내리고 있었지만 사령관은 명령을 내려 그 석벽에 대한 마지막 공격을 지시하였다. 잔은 요새의 해자(성 주위를 둘러 판 못ー역주) 배수로에서 깃발을 어느 바스크인에게 건넸다. 군기가 해자의 경사면을 타고 내려가 요새에 가려 보이지 않게 되자 그녀는 군기를 잃어버린 줄로 알고 앞으로 나와 배수로로 들어가서 군기를 붙들었다. 그리고 다른 병사들과 함께 벽을 향해 힘껏 기어 올라갔나. 병사들은 어둠 속에서도 군기의 하얀 빛살을 볼 수 있었다. 잔이 큰 소리로 외쳤다. "깃발이 석벽에 닿는 순간 모든 것이 그대들의 뜻대로 될 것이다!" 이어서 그 하얀 깃발이 어스름 속에서 벽에 가 닿자, 방어선이 무너지면서 돌격이 시작되었다. …투렐 요새 건너편으로 무너진 아치의 틈 위에 좁은 판자가 걸쳐 있어서 투렐도 포위를 당하였다. 밤이 되자 요새는 함락되었고 요새를 지키던 적군은 모두 잡히거나 죽임을 당했다. 그리하여 잔은 상처 입은 몸으로 어둠 속에서 다리를 건너 해방된 오를레앙으로 돌아왔다. 톨벗은 밤새도록 울리는 종소리를 들었고 무슨 일이 일어났는지를 알아차렸다. 오를레앙이 그의 코앞에서 사라진 것이다.[20]

도팽의 참모들은 진군을 계속하는 대신에 또다시 계략과 음모를 꾸몄다. 그리하여 랭스로 가는 일이 거듭 미루어졌다. 그러나 마침내 대관식은 거행되었다. 우리 학생들은 예식 절차와 잔의 드높은 이상에 귀를 기울였다.

"고귀한 왕이시여, 이제 하느님의 뜻이 이루어졌나이다. 저로 하여금 오를레앙을 해방케 하시고 폐하를 대관식이 거행될 이곳 랭스로 모셔와 폐하가 참 국왕이라는 사실을 천명케 하신 분이 바로 하느님이시기 때문입니다. 그러므로 프랑스 왕국은 이제 폐하의 것입니다."**21**

우리는 바야흐로 7학년에게 중대한 시점이기도 한, 잔의 전기에서 잔을 이끌었던 목소리가 그녀를 떠나는 지점에 이르렀다. 그녀에게 정신적인 길잡이가 되어 주었던 그 목소리가 침묵하였다. 이제는 전적으로 그녀 자신의 판단에 따라야 했다. 그녀는 혼자였고, 확신은 사라졌다. 다음으로 무엇을 해야 하나? 그녀의 임무는 끝난 것일까? 파리를 구하러 군대가 가야 하나? 어떤 길을 택해야 하나? 이제 그녀는 자신의 통찰을 통해 모든 판단을 스스로 해야만 했다.

이 장을 시작하면서 제시한 7학년의 특징에 비추어 볼 때, 잔의 삶에서 이 순간은 자기 개발과 독립으로 나아갈 수 있는 성장의 기회가 된다. 7학년 아이들도 비슷한 삶의 지점에 서 있다. 잔의 전기를 이야기하면서 내가 이런 얘기를 구태여 입 밖으로 낼 필요는 없었다. 이 시기는 아이들의 어린 시절과 그들을 여기까지 데려온 숱한 '보호망'에 안녕을 고해야 할 때였다. 개별화의 과정은 가족과 교사의 안전한 품에서 벗어나라고 요구한다. 학생들이 '자기' 길을 찾도록 떠나보내는 과정을 시작해야 했다. 교사인 나에게서도….

잔의 생애 마지막 장면은 그녀를 지탱해 온 믿음이 이제 굴하지 않는 용기로 바뀌는 것을 학생들에게 인상적으로 보여 준다. 잔은 포로가 되어 옥에 갇히고 심문과 재판을 받는다. 『성녀 잔』에서 조지 버나드 쇼는 잔이 받은 재판과 사적, 공적 고문을 각색하는데 탁월한 솜씨를 보여 준다. 그녀의 목소리는 그녀를 떠났다. 이제 그녀는 자신을 구하려고 목소리를 부정하고 그것이 악마의 목소리였다고 말해야 하는가? 나는 7학년 학생들을 앞에 두고 삶의 마지막 장면을 보여 주었다.

그리하여 돌이 날아오고 소동이 일어났으며 잔은 끌려갔다. 그러나 코숑은 잔을 교회 감옥에 넣지만 묶지는 않을 것이며 돌보아 줄 여자들도 보내 주겠다던 약속을 어기고, 잔을 포박한 채 간수 무리가 있는 성의 지하 감옥에 가두었다. 그들은 잔에게 여자 옷을 주었으며 그녀는 그 옷을 입고 남자 간수들의 처분에 맡겨졌다.

일요일 아침이 되었다. 그녀가 자리에서 일어나려고 간수에게 "사슬을 풀어 주시오. 일어나야 합니다."라고 하였다. 그러자 간수 중 한 사람이 침대 위에 놓인 잔의 여자 옷을 치우고 가방에서 그녀가 전향 서약을 하기 전에 입었던 남자 옷을 가져왔다. 입을 것이라고는 그것밖에 없는 것을 보고 잔은 "이 옷은 내게 금지된 옷이오."라며 일어나지 않으려 하였다. 그러나 정오에 이르자 더는 버틸 수 없었으므로 잔은 그전처럼 남자 옷을 입었다.

그다음 날 그녀가 그런 차림을 했다는 사실이 알려지자 재판관 여덟 명이 와서 왜 다시 남자 옷을 입었느냐고 물으며 이것은 원래로 다시 되돌아갔음을 뜻한다고 하였다. 그다음 날⋯ 코숑은 주위에 패거리를 모아 그녀가 타락한 배교자로 돌아섰으며 다음 날 일찍 종교재판이 아닌 일반재판에 넘겨 화형에 처하겠다고 신고하였다.

피에르 코숑, 그 사악한 주교가 지하 감옥으로 오자 잔이 말하였다. "주교님, 내가 죽는 것은 바로 당신 때문입니다! 당신이 응당 나를 교회 감옥에 보내어 여자 간수들에게 맡겼더라면 이런 일은 생기지 않았을 겁니다. 나는 당신을 위대한 심판자이신 하느님 앞에 세울 것입니다." 그들은 그녀에게 오랫동안 허락하지 않았던 영성체를 허용하였다. 잔이 포기 상태에서 그토록 열망해 왔던 미사는 올릴 수 없었다. 그러나 그녀는 성체를 받아 모셨다.

그러고 나서 그들은 잔에게 길고 하얀 옷을 입히고 최후까지 동행할 도미니크회 수사를 붙여 그녀를 호송마차에 태웠다. 장대와 창을 들고 그녀를 둘러싼 이백 명가량의 호위병이 길 양쪽의 인파를 헤치며 나아갔다. 그렇게 시장 광장으로 들어서자 수천수만의 군중이 운집하여 그들을 기다리고 있었다. 그 한가운데에⋯ 돌처럼 딱딱하게 굳은, 아주 높다란 회반죽 더미가 있었으며 그 안에 기다란 말뚝이 박혀 있고 그 둘레에는 나뭇단이 쌓여 있었다. 명을 받은 이가 설교를 하고 나자, 잔은 머뭇거림 없이 올라가 화형주에 묶였다. 그러나 거기, 사람들 위에서, 모두가 지켜보는 가운데 그녀는 적들을 용서했고 군중 사이에 있는 성직자 한 사람 한 사람에게 자신의 영혼을 위해 미사를 한 번만 올려 달라고 간청하였다.

그때 그녀는 십자가를 달라고 하였고 한 영국 병사가 잔가지 두 개를 묶어 그녀가 잡을 수 있도록 위로 올려 주었다. 그녀는 그 십자가에 입 맞춘 뒤 입고 있던 하얀 가운의 품속에 넣었다. 영국 귀족들이 어서 형을 집행하라고 떠들어 대자 나뭇단에 불이 붙었다. 그러자 연기 한가운데에서 자신의 임무는 진실로 신에게서 나왔음을 결연히 천명하는 소리가 들렸고 성인들에게 기도하는 소리가 이어졌다. 곧 이어 불길 가운데에서 성스러운 이름, 예수를 부르는 커다란 목소리가 들려왔다. 그 소리가 얼마나 컸는지 광장 끝에 있는 사람들까지 모두 그 소리를 들었다. 곧이어 침묵이 흘렀다. "틱틱" 하고 불이 타는 소리만이 들려올 뿐이었다.

그녀가 죽었다는 것을 모든 사람이 알 수 있도록 타다 남은 불을 흩트려 놓고 그녀의 유골을 숭배하는 일이 없도록 재를 근처 센 강에 버리라는 명령이 내려졌다. 그리하여 그녀를 태운 재는 강물 속에 던져졌다. 불도 삼키지 못한 그녀의 심장과 함께…[22]

믿음, 용기, 사랑, 그리고 희망을 담고 있는 이 이야기는 600년이 지난 지금까지도 우리에게 말을 건넨다. **7/8**

8학년

모퉁이를
돌아서

　　8년간의 여행은 동료 교사들의 일상적인 지원과 지속적인 격려가 없었더라면 제대로 마치기 어려웠을 것이다. 그들은 교재를 빌려 주었고 특정 아이에 대한 의논 상대가 돼 주었으며 내가 본받고 싶은 모범이기도 하였다. 누군가 학교를 개선하기 위한 좋은 생각이 있는지 나에게 묻는다면 내 대답은 보통 아주 간단하다. 교사들이 더 협력할 수 있게 해주는 것이다. 개인적이고 제도적인 수준에서 교사들의 협동이 일상화되면 변화는 마치 이스트를 넣은 빵 반죽처럼 필연적으로 일어난다. 나는 동료 교사들 덕분에 칠판 그림 그리는 법을 배웠고 연극 작업에 필요한 통찰력을 얻었으며 저학년을 위한 리듬활동을 다양하게 해볼 수 있었다. 교사가 수업 시작 10분 전에 옆 교실로 뛰어들어 가 과학 실험 장치와 관련하여 급하게 도움을 청하는 모습도 심심찮게 봐 왔다. 한번은 내가 8학년 역사 수업을 하고 있는데 한 동료 교사가 교실 문을 두드렸다. 그 여교사는 화학 실험이 잘 안 된다며 도움을 청하였다. 의당 해야 할 일이라 나는 기꺼이 우리 반 아이들을 모두 데리고 가서 실험이 제대로 진행되도록 도와주었다. 우리 교사들 대부분은 수업 과정을 보고 배우는 일을 아주 마음 편히 받아들였다. 우리 중에 가르치는 데 필요한 모든 것을 아는 사람은 아무도 없었다. 그리고 아는 척 꾸미면서 자신의 부족함을 감추려 하기보다 동료 교사의 도움을 고맙게 받아들였다. 그것은 교사에게나 학생에게나 부담감을 줄여 주었다. 도움이 실제적인 문제에만 한정된 것은 아니었다. 오랫동안 함께 일해 왔기에 생긴 친밀감은 인생의 위기가 닥쳤을 때 종종 서로 힘이 되어 줄 수 있었다. 나는 발도르프학교 교사들처럼 서로 '받쳐 주는' 사람들을 별로 보지 못했다.

이런 생각들을 품고서 나는, 몇 년 전에 한 동료 교사가 당시 그가 가르치던 학급이 8학년에 올라가는 첫날에 했던 일을 떠올리며 내 여행의 마지막 장을 열고자 한다. 그는 교실 앞으로 가서 아무 말 없이 차분히 피아노로 음계를 쳐 나갔다. 도, 레, 미, 파, 솔, 라, 시…. 한참 멈추었다가 그는 마지막으로 높은 도를 쳤다. 피아노가 있다면(다른 악기라도 좋다) 그대로 해보셨으면 한다. 일곱 번째 음에서 멈추어 보면 앞 장에서 언급한 7학년의 도전이 어떤 것인지를 느낄 수 있을 것이다. 음계는 반환점을 돌지 않으면 옥타브를 완성할 수 없다. 마지막 음을 쳤을 때 듣는 이는 안도의 숨을 쉬게 된다. 그것은 그 앞에 멈추었던 음정이 표현하는 갈등을 반갑게 해소한다. 과정이 마무리된 것이다. 그리하여 나는 여러 해 전에 동료 교사에게서 얻은 영감에 힘입어 이 장을 결론이라기보다는 오히려 모퉁이를 도는 것, 반환으로 보고 싶다. 여행은 끝이 없으니 말이다.

우리 반 아이들이 이제 한 바퀴를 돌았다. 그들은 7학년 때 보여 주었던 지적인 기민함을 그대로 지닌 채 이제는 큰 그림을 볼 수 있었다. 그 그림 속에 다시금 내가 맡아야 할 어떤 역할이 있는 것 같았다. 아이들은 여전히 서로에게 무척이나 열중하였지만, 교사한테서 고학년 진학을 준비하는 데 도움이 되는 마지막 알갱이 하나까지 주워 모으느라 여념이 없었다. 그들의 말투는 더 정중해졌고 이따금 놀랄 만큼 책임감 있게 행동하였다. 또한 전기傳記의 '동화적 요소'나 이따금 줄거리 이면에 숨겨진 의미를 이해하고 평가해 주었다. 6, 7학년 때는 무엇이든 진실이 되려면 이성적으로 파악해야 했지만 8학년이 된 아이들은 때때로 모호함을 지니고 살아가는 것을 꺼리지 않았다. 그들은 열대우림 보호와 같은 주의주장에 열정적으로 몰입하기도 하고, 동시에 뒤로 물러나 균형 잡힌 시각으로 문제를 객관적으로 검토할 수도 있었다. '마지막 한 바퀴'를 도는 데서 오는 열렬함과 사무침으로 학생들 하나하나가 삶에서 일어나는 소소하고도 마술적인 일들에 눈뜨는 듯하였고 교실에서 벌어지는 일들의 사회적 의미를 깨닫는 것 같았다. 그들은 온전한 현재를 살 수 있었다. 실로 모퉁이를 다 돌았던 것이다.

다행스럽게도 교과과정은 이러한 특성들에 잘 들어맞았다. 역사를 공부할 때에는 자유와 평등을 쟁취하려는 인간의 투쟁에 초점을 두고 여러 혁명을 살펴보았다. 미국 혁명, 프랑스 혁명, 러시아 혁명, 산업 혁명, 그리고 학년 말에는 동유럽의 급격한 개방을 살펴보았다. 지리학에서는 전 세계를 다루었다. 우리는 세계의 사막, 정글, 초원을 비교하면서 공통의 주제를 쫓아 이 대륙 저 대륙을 옮겨 다녔다. 이 수업은 또 다른 주요수업인 기상학에서 세계의 기후를 공부하면서 보완할 수 있었다. 그리고 유기화학과 입체기하학을 공부하였고 수학을 완벽하게 복습하였다. 산업혁명과 남북전쟁, 제1차 세계 대전, 제2차 세계 대전 사이의 관계를 살펴보았다. 정보혁명과 관련하여 컴퓨터를 도입하였고 개인용 컴퓨터를 공부하기 전에 초기의 대형 컴퓨터를 다시 만들어 보았다. 우리는 여러 교과, 이를테면 역학, 생태학, 유기화학, 역사를 아우르는 주제(이 장 뒷부분의 더스트 볼 이야기를 참조)에 초점을 맞추었다. 그리고 인간의 행동과 환경, 혹은 과학과 역사 사이에 존재하는 관계를 중심으로 보고자 하였다. 나는 여름 방학 동안 한 해를 계획하면서 셰익스피어로 8학년의 틀을 짜기로 하였다. 셰익스피어의 생애를 들려주고, 『십이야』를 낭독하면서 엘리자베스 시대의 영국을 보는 것으로 시작하여 『십이야』 공연을 완벽하게 해내는 것으로 8학년을 마칠 참이었다. 셰익스피어 언어가 스며들고 점점 체화되어 그 의미가 고양되는 데는 여러 달이 걸렸다. 우리는 소프라노, 알토, 테너 리코더로 셰익스피어의 노래를 연주하였고 엘리자베스 시대의 의상을 공부하고 소품을 만들었으며 1월에 배역을 확정하기 전에 누가 그 배역에 적합한지 알아내는 데 시간을 들였다. 9월에 있었던 사흘간의 미니 셰익스피어 주간은 엘리자베스의 왕위 계승자들, 찰스 1세와 올리버 크롬웰, 왕권과 교회의 싸움, 찰스 1세와 의회의 분쟁, 그리고 신앙을 이유로 개인에게 가해진 박해 등에 관한 역사적 배경 지식을 마련해 주었다. 이는 유럽인들이 신앙의 자유를 찾아 아메리카로 이주하는 발판이 되었다.

아메리카의 식민지화와 미국의 독립전쟁을 훑어볼 때는 이후의 역사적 사건들을 염두에 두고서 가르치고자 했다. 그래서 버지니아, 매사추세츠, 펜실베이니아의 지리와 거기에 정착한 사람들의 생활 방식을 특징짓고 대비시키는 데 상당한 시간을 할애하였다.

제임스타운에서 담배가 발견되자 버지니아에 정착한 영국 귀족들은 이 수지 맞는 작물을 재배하기 위한 대농장을 조성하였고 그들 대신 일할 노예를 일찍부터 사들이기 시작하였다. 그들의 통치 방식은 포카혼다스(포우하탄족 인디언 여성. 백인과 결혼하여 아메리카 원주민과 영국 정착민들이 평화로운 관계를 유지하는 데 중요한 구실을 하였다-역주)의 눈에 비친 것과 같이 제멋대로이고 괴팍하였다. 아메리카 원주민과의 관계는 담배 이윤의 유혹이 임금 상승을 초래함으로써 악화되었다.

초기 청교도들은 자유와 개인주의를 향한 열망을 안고 매사추세츠의 험하고 추운 해안에 상륙하였다. 대구잡이, 조선, 무역이 이 초기 정착민들의 생계수단이었다. 그들의 법률은 엄격하여 좀도둑질이나 술주정과 같은 작은 범죄도 감옥행이었으며 교회에 반하는 행위는 차꼬형stocks에, 간통은 사형에 처하였다. 앤 허친슨(1591~1643, 미국에 정착한 당시의 청교도들이 교회와 정부의 법률을 따라야만 구원받을 수 있다고 주장한 데 반대하여 개인이 직접 신의 구원을 받을 수 있다고 주장함으로써 청교도의 엄격한 관행과 가부장적 지배에서 벗어나고자 했으며, 미국 최초의 여성단체를 만들기도 했다-역주)의 전기를 접한 학생들은 청교도들에게 있어 관용이란 신앙과 생활양식이 자신들과 같은 이들에 한정된 것이라는 사실을 깨달았다.

우리는 이들 둘 사이의 중간 지점에서 윌리엄 펜(1644~1748, 영국의 퀘이커교 지도자, 종교의 자유 옹호자—역주) 같은 이들을 찾아냈다. 펜은 종교의 자유와 아메리카 원주민을 포함한 모든 이들에 대한 관용을 추구함으로써 우리가 구세계와 신세계 사이에 다리를 놓을 수 있도록 해주었다. 여섯 명의 인디언 추장이 영국 국왕에게 보낸 편지를 보면 펜의 성품을 아주 잘 파악할 수 있다.

> 예로부터 서스퀘해나와 사바나 인디언 부족의 왕이자 추장인 우리는, 충직하고 선량한 우리의 벗 윌리엄 펜 형제가 우리의 크나큰 슬픔과 이 지방 모든 인디언의 걱정에도 영국으로 돌아가지 않으면 안 된다는 것을 이해하면서… 그가 우리에게 공정했을 뿐만 아니라 언제나 친절했으며… 그의 통치 아래서 우리가 그의 부하들한테 어떤 부당한 대우도 받지 않았다는 사실에 감사를 드립니다. 잘 알려진 바와 같이 그는 자신의 집을 우리가 살도록 내주었고… 게다가 우리 땅에 대하여 보상을 해 주었으니, 이는 선임 통치자가 다스릴 적에는 일찍이 없었던 일입니다. 그러하니 영국의 위대한 왕이시여, 부디 그와 그의 자녀를 잘 돌봐 주시길 바라옵니다. 그리하면 우리는 그와 엄숙하게 약속한 바에 따라 해와 달이 존재하는 동안 한 생각, 한목소리, 한마음으로 우리와 우리의 자식들 그리고 사람들이 기독교인들 사이에서 매우 익숙하고 자신 있게 살아가리라는 것을 믿어 의심치 않습니다.[1]

이 편지와 윌리엄 펜의 전기를 보면 마음의 행로, 인간 구성체의 중심부를 느껴 볼 수 있다. 양편에 두 극단이 있다. 남쪽에는 고집 센 지주들이 있고 북쪽에는 완고한 개인주의자들이 있다. 이렇듯 식민지 기간에 남북전쟁의 씨앗이 뿌려졌던 것이다. 아이들이 이와 같이 대비되는 면들을 깨달을 수 있도록 나는 우리 반 학생들에게 각자 버지니아, 매사추세츠, 펜실베이니아에 이주했다고 가정하고 '본국'인 영국에 편지를 써 보게 하였다. 편지에는 날씨, 일상사, 직업, 글 쓰는 이의 생활 방식을 언급해야 했다. 본국인 구세계로 편지를 쓰면서 많은 아이가 대서양 항해와 식민지 정착 초기의 어려움을 묘사하였다. 다음 날 그 편지들을 읽고 난 뒤 나는 학생들에게 메이플라워호가 예정대로 버지니아에 가 닿았더라면 어떤 일이 일어났겠는지 생각해 보라고 하였다. 학생들은 역사상의 실제 사건에서 한 발짝 물러나 내가 제시한 몇 가지 주제를 검토할 수 있었다.

우리는 토머스 제퍼슨의 전기를 통하여 그 시대의 수많은 주요 사건을 체험해 볼 수 있었다. 제퍼슨은 몬티첼로를 설계하고 건축한 사람이다. 그는 리치먼드가 베네딕트 아널드의 공격을 받아 소개령이 내렸을 때에도 그곳에 머물러 있었다. 제퍼슨은 라파예트와 친분을 쌓고 프랑스의 식민지 원조를 지지했는데, 그것이 해밀턴과의 논쟁을 불러일으켰다. 그가 버지니아 하원 의원이었을 때에는 버지니아 주지사에 대항하였다. 후에 그는 대륙회의에 참석하여 독립선언서를 기초하였고 독립전쟁 동안 버지니아 주지사를 지냈다. 전쟁이 끝난 뒤에는 버지니아 입법의회의 의원으로서 유럽 대사를 지냈으며 그 뒤 미국의 초대 국무장관, 부통령을 거쳐서 마침내 미국 대통령을 두 차례 역임하였다. 아이들은 제퍼슨의 이력이 이것으로 끝나지 않고 그 뒤에도 풍부하게 이어진다는 사실에 놀라워하였다. 그가 예술에 관한 조예가 깊고 금전적으로 도량이 컸으며 오랜 정적이었던 아담스와 계속해서 서신 교환을 했던 점 등이다. 1826년 7월 4일, 아담스가 사망한 지 불과 몇 시간 후 제퍼슨도 세상을 떠났다.

미국사 주요수업에 우리는 하루 날을 잡아 자전거를 타고 녹스 트레일 지구를 돌아보았다. 우리는 헨리 녹스(1750~1806 미국 독립전쟁 당시 장군이었고 연방헌법이 제정되고 나서 첫 국방장관을 지냄-역주) 장군이 밟았던 길을 그대로 따라가 보았다. 녹스는 1775년에서 1776년 사이 한겨울에 타이칸더로가 요새에서 조지 워싱턴이 기다리는 보스턴까지 외딴길을 따라 중포重砲를 옮기는 데 용케도 성공하였다. 우리는 뉴욕주 방향 71번 도로를 타고 여러 기념비를 지나서 더 그웨이(현재는 힐스데일에 속함)라 불리는 비포장도로를 따라 그가 지난 길을 밟아 갔다. 이어서 또 다른 비포장도로를 따라가다가 막판에 점심 도시락을 먹으려고 그린리버 마을로 되돌아갔다. 언뜻 보기에 그 마을에 있는 돌집 중 적어도 한 채는 녹스가 그 마을을 통과할 당시에도 있었던 것 같다. 학생들이 이 여행을 아주 잘 해내었으므로 나는 학년 말에 아이들과 함께 케이프코드로 한 주 동안 자전거 여행을 떠날 계획에 착수하였다. 우리는 비용을 마련하기 위하여 빵, 피자 등을 팔거나 기타 모금 행사를 열었다.

10월 초에 우리는 미국사에서 벗어나 한 해 전에 공부를 시작한 생리학으로 돌아갔다. 첫 수업은 좀 엉뚱한 주문으로 시작하였다. "여러분이 사는 집을 그려 보세요." 학생들은 자기 집을 대강 스케치하기 시작했다. 식민지 시대의 양식도 있었고 소금 상자 모양의 목조 가옥(전면은 2층, 후면은 단층인 집-역주)도 있었으며 대목장식 가옥도 있었다. 나는 그림을 걷고 나서 내가 말한 집은 이런 것이 아니라고 하였다. 어리둥절해 있는 아이들에게 나는 프레더릭 로렌스 놀스의 짤막한 시에서 한 구절을 들려주었다.

이 몸은 나의 집, 내가 아니라네.
이런 믿음으로 나 당당히 살고 또 죽는다네.[2]

이어서 나는 이 집, 즉 '몸' 속에 온 세상이 들어 있다고 하였다. 이를테면, 10월의 화창한 날에는 투명하고 둥근 지붕dome과도 같은 하늘을 볼 수 있다. 이는 우리 몸의 어느 부위에서 찾아볼 수 있을까? 잠시 후 한 학생이 둥근 지붕과 같은 머리를 지적하였으며, 이어서 우리는 돔의 어원인 집이라는 뜻의 domus로 옮아갔고, 도무스에서 파생한 domain, domestic, domicile, dominate, dominant, dominion 등의 단어를 훑어 보았다. 우리는 생리학과 환경에 관하여 7학년에 공부한 내용인 공기와 호흡, 유체와 순환, 식물, 동물, 영양 등을 간단하게 복습하였다.

저학년이라면 이 정도 소개로 충분했겠지만 해가 지날수록, 특히 8학년에 이르러서는 학생들이 더 많은 내용을 원한다는 사실을 알고 있었다. 그래서 나는 첫 번째 주제인 근육으로 곧장 나아갔다. 또다시 우리는 직접 체험해 보는 것으로 시작하였다. 나는 아이들에게 사지를 꼼짝도 하지 말고 조용히 앉아 있어 보라고 하였다. 이때 가만히 있지 '않은' 것, 이를테면 심장, 호흡, 생각 등을 유의하여 보라고 하였다. 이어서 정지해 있는 순간에 그들이 사용한 근육의 개수를 맞혀 보라고 하였다. 5개라고 하는 아이도 있었고 12개라고 하는 아이도 있었다. 내가 300개가 넘는 근육이 사용되었다고 하자 놀라지 않는 아이가 거의 없었다. 이 말이 아이들을 깨어나게 하였다. 아이들이 흥미로워하는 것을 보고 나는 음악가나 운동선수처럼 근육을 잘 다루는 사람을 묘사하였다. 누군가 창피해하는 일이 없도록 나는 근육을 잘 못 다루는 사람에 대해서도 설명하였다. 우리가 어떤 일을 하든 근육은 필요하다. 미소 짓거나 찡그릴 때에도, 그리고 특히 좋은 자세를 갖는 데에도.

때맞춘 제이먼 맥밀란의 방문으로, 바로 그다음 날 자세를 좋게 하기 위한 특별 운동을 할 수 있었다. 이 시기의 아이들에게 건강을 위하여 바른 자세를 갖는 것이 중요하다는 점은 아무리 강조해도 지나치지 않다. 제이먼은 아이들을 개별적으로 지도하면서 아이들의 질문에 참신하고 솔직히 답변해 주었으며 운동장으로 데리고 가서 관련 운동과 놀이 몇 가지를 가르쳐 주었다.[3]

평활근 또는 불수의근, 심근, 골격근 또는 수의근을 포함하여 근육에 관해서도 알아보았다. 근육 운동에 필요한 산소와 포도당의 역할에 관해서도 공부하였다. 운동을 좋아하던 우리 반 아이들은 근육 경련과 젖산의 생성에 관한 토론에 특히 많은 관심을 보였다. 균형 잡힌 운동에 관하여 다양한 의견이 쏟아져 나와서 오후 체육 시간이 시작될 때까지 철학적으로 훌륭한 이야깃거리가 되었다.

'모퉁이를 돌아가는' 8학년의 한 과정으로서, 그때까지 아이들에게 표현한 적은 없지만 8년 내내 내가 염두에 두고 의도해 온 것들을 기회를 봐서 아이들에게 들려주었다. 이를테면 나는 저학년 때부터 '의지'라는 개념을 염두에 두고 가르쳐 왔다. 특히 아침 리듬활동 시간에 수업의 사색적인 측면과 열정적 활동 간에 균형을 잡고자 했던 점이 그러하다. 이제 8학년이 되어 근육에 관한 토론을 하면서 나는 다음과 같은 연관성을 끌어낼 수 있었다.

건강한 사람은 근육이 저절로 움직이지 않는다. 우리가 근육을 움직이는 것이다. 의식적인 의지는 인간 고유의 것이다. 우리는 결심을 하고 실행에 옮기지만 동물은 우리와 달라 본능과 욕구에 따른다. 의지라는 이 귀한 인간의 능력은 아주 신비롭다. 의지는 생각을 행동으로 옮길 수 있으며 근육을 움직일 수 있다. 그러나 근육의 움직임을 결정하는 것은 의지만이 아니다. 우리가 한 발짝 뗄 결심을 하면 의지가 이를 실행한다. 만약 그 과정에 포함된 모든 것을 의식해야 한다면 우리의 걸음은 몹시 더딜 것이다. 사실, 그 장소에서 꼼짝하지 못할 수도 있다. 의지는 우리를 위해 일을 수행한다. 그러나 우리는 살면서 자신의 행위에 깨어 있을지 말지를 선택할 수 있다. 인간의 의지는 보이지 않는 근육과 같다. 그것 또한 강해지려면 연습이 필요하다.[4]

다음으로 골격 체계의 놀라운 점을 발견하였다. 진짜 해골을 앞에 놓고 우리는 그것을 전체로 또 부분으로 나누어 살펴보았다. 두개골이 참으로 작으며 둥글고 한곳으로 집중된 모양임을 관찰하였다. 우리 몸의 둥근 지붕에 해당하는 두개골에는 감각기관을 위한 여러 구멍이 나 있고 턱뼈를 제외하면 각 부분(여러 머리뼈)이 봉합선으로 결합하여 있기 때문에 거의 움직일 수가 없다. 우리는 가슴뼈와 율동적으로 반복되는 갈비뼈를 관찰하였다. 척추를 살펴보고 목등뼈, 가슴뼈, 허리등뼈, 엉치뼈 사이의 차이점에 유의하였다. 돔 모양을 한 두개골의 둥근 부분과 방사상의 팔다리 뼈의 대비를 통하여 형태상 양극성에 관해 토론하였다. 우리는 대퇴골(넓적다리뼈)과 같은 특정 부위에 좀더 시간을 들여 형태와 기능상의 변화를 찾아보았다. 법의학 전문가가 교실을 방문하여 우리가 사용하던 해골의 나이, 성별, 직업을 확인할 수 있었다. 우리는 그림도 많이 그리고 골격 전체를 흑백으로 스케치까지 하였다. 창가에는 점토로 만든 상완골, 대퇴골, 경골, 비골이 어지럽게 널려 있었다. 즐거운 3주가 흘러갔다.[5] 마지막으로 눈과 귀에 초점을 맞추어 감각에 관해 특별히 시험을 본 후 수업을 마쳤다.[6]

가르치면서 다시 한 번 교과과정의 연관성이 드러났다. 생리학의 마지막 며칠은 학년 말에 공부할 역사 수업에 이르는 길을 마련해 주었다. 그 수업에서 학생들은 자크 뤼세이랑Jacque Lusseyran이라는 사람을 만날 것이었다. 그는 어릴 적에 눈이 멀었으나 특별한 '시각', 곧 내적 관찰 능력을 개발하였다.(이 장의 끝 부분 참고) 눈에 관한 수업은 특별히 강렬한 느낌을 주었는데 그것은 학생들이 3학년 때, 가까이서 경험했던 내 아들의 사고 때문이었다.

우리는 생리학에서 비교지리학으로 옮아갔다. 세계를 전체로 보면서 극지방과 북쪽 삼림, 초원, 사막, 우림 지역을 비교하였다. 이전 학년에서 다루지 못한 문화와 지형의 표본을 얻기 위하여 세계의 특정 장소를 짚어 보기로 하였다. 학생들은 개별적인 연구 프로젝트를 수행했으며 세계의 담수호, 그 위의 하늘, 해변이라고 부르는 땅의 가장자리 등을 주제로 발표하였다.[7]

7학년 말에 교사대표직을 넘겨준 덕분에 나는 수업을 준비하고 가르치는 데 전력을 기울일 수 있었다. 나의 후임자가 이따금 조언을 구하긴 했지만 대체로 8학년을 마무리하는 데 집중할 수 있었다. 교사회 회의는 이제 내가 의사진행을 책임질 필요가 없었으므로 교사로서 점점 더 흥미롭고 기운 나는 시간이 되었다. 동료 교사들과 이사회가 나를 매사추세츠 올해의 교사와 크리스타 매콜리프 특별위원에 추천한 것도 이때였다. 비록 내가 선정되지는 못했지만 그들이 추천해 준 것만으로도 나는 만족스러웠다.

11월에 아이들은 루이 16세의 절대권력, 쌓이는 불만, 바스티유 폭동으로 이어지는 프랑스 혁명의 격랑으로 들어갔다. 우리는 찰스 디킨스의 『두 도시 이야기A Tale of Two Cities』를 읽고 미라보, 당통, 로베스피에르의 입신을 공부하였다. 이어서 마리 앙투아네트, 길로틴 처형, 대혼란, 그리고 나폴레옹 보나파르트의 삶으로 옮겨 갔다.

나폴레옹과 같은 인물을 묘사할 때에는 이전 학년에서 썼던 이야기 형식 대신에 그림의 다양한 측면들을 병렬적으로 제시하고자 하였다. 학생들 스스로 힘으로 사건들을 정리하게 함으로써 사고와 내면 활동이 자극받을 수 있도록 하려는 의도였다. 나는 나폴레옹의 겉모습을 묘사하였다. 그의 키는 5피트 5인치(약 165cm)였으나 장군 모를 썼을 때에는 좀 더 커 보였다. 눈 밑에 고리 모양의 주름이 파여 몹시 해쓱해 보였으며 추레하고 병약한 데다 피부 빛은 노랬다. 하지만 그의 눈은 날카롭고 의지로 반짝거렸다. 속으로는 어떤 생각을 하든 그의 표정에는 거의 변화가 없었다. 그는 자주 자신의 아름다운 손을 들여다보곤 했다.

　이어서 나폴레옹의 정신적, 정서적 특징을 묘사하였다. 그는 믿어지지 않을 정도로 기억력이 뛰어났다. 자신이 지휘하는 연대의 장교 이름을 다 알고 있었을 뿐만 아니라 이들이 징집된 장소도 기억하고 있었다. 말은 간단명료하였다. 소싯적에는 학교에서 눈싸움을 조직하는 일을 좋아하였고 문학, 철학, 의학에 취미가 있었다. 전쟁터에서는 누구보다도 용감했으나 낯선 사람을 만날 때에는 소심하였다. 사랑에는 열정적이고 야심적이고 충동적이었으며 때로 무자비하였다. 그는 수하 장교들에게 신의를 지켰으며 무엇보다도 따르는 이들로 하여금 헌신하게 하는 불가사의한 능력을 지녔다. 심지어 이들이 러시아 눈밭에서 쓰러져 죽어갈 때조차도….

　이어서 나폴레옹의 생애를 살펴보았는데 빛나는 승리에서 비참한 몰락까지 마치 롤러코스터를 탄 것 같았다. 직접 워털루에 가 본 적이 있어서 그 유명한 마지막 전투 장면을 자세히 묘사할 수 있었다. 한편 나는 러시아 원정에도 특별히 시간을 할애하였다. 왜냐하면 그 기회에 러시아 땅의 광대함, 민족성, 105년 후의 혁명으로 이어지는 상황들을 설명할 수 있기 때문이었다.[8] 이 수업을 적절히 마무리하기 위해서 우리 반 학생들은 왕궁의 불꽃놀이 중 〈환희〉를 4부로 편곡한 곡을 리코더로 연주하였다. 우리는 또 베토벤의 9번 교향곡 중 〈환희의 송가Ode to Joy〉를 합창하였다. 나는 발도르프 교육의 관례에서 벗어나 녹음기까지 가져와 나폴레옹의 일화와 함께 베토벤의 9번 교향곡을 들려주었다. 칠판에는 겨울의 러시아를 표현하는 그림을 그려 나폴레옹의 러시아 원정을 멀티미디어 이벤트로 만들었다.

　학생들이 가을에 주요수업으로 이러한 과목들을 배우는 동안, 주요수업 보충시간(외국어, 오이리트미, 노래 수업이 없는 날에 40분을 배정하였음)에는 수학 복습에 집중하였다. 나는 6학년 때 색슨시리즈에서 〈수학 76〉을 채택하여 8학년쯤에는 〈대수 1/2〉을 공부하고 있었다.[9] 보통 교재를 거의 사용하지 않았지만 색슨시리즈는 특히 잘된 책이었다. 개념들을 체계적으로 정리해 놓았고 반복되는 연습으로 자신감을 얻고 기술을 터득할 수 있었다. 본문은 명료했으며 문제 수준도 딱 좋았다. 덕분에 칠판에 문제를 적고, 아이들이 잘못 받아쓰거나 빠뜨린 내용을 바로 잡는데 시간을 허비하지 않고 아이들을 지도하는 데 시간을 쓸 수 있었다. 그 책은 내 노력을 보완하는 데 크나큰 도움을 주었다. 수학에서 이와 같은 연습을 지속하고 영어 역시 유사한 노력을 기울인 결과, 아이들 대부분은 스스로 이제 고학년에 갈 준비가 되었다고 느꼈다. 어떤 경우에는 9학년 상급과정에 들어가 보기도 하였다. 그와 같은 기본 기술을 익히는 것이 이 책의 앞에서 언급한 자질들, 말하자면 상상력, 진리에 대한 감각, 유연한 사고를 희생시킨 것은 아니었다.[10]

12월에는 기하학 공부를 하였는데, 특히 플라톤의 입체를 작도하는 데 주안점을 두었다. 1월에는 액체와 기체의 역학을 중심으로 물리학 공부를 계속하였다. 이 주요수업이 끝나고 이른바 산업혁명과 잇따른 기술적 진보를 가져오는 데 이바지한 발명가와 선구자들을 총망라해 보았다. 로버트 풀턴, 제임스 와트, 조지 스티븐슨, 알렉산더 그레이엄 벨, 조지 웨스팅하우스, 토머스 에디슨, 조지 워싱턴 카버, 아멜리아 이어하트 같은 이들이 포함되었다. 학생들은 저마다 발명가 한 명씩을 택하여 조사하였고 나는 존 에릭슨의 생애에서 출발하여 산업혁명과 미국 남북전쟁이 결합한 순서를 제시하였다.[11]

1803년 7월 31일, 스웨덴의 베름란드 지방에서 태어난 존은 어릴 적부터 뛰어난 재능을 보였다. 어머니에게서 읽기와 쓰기를 배우기 시작하면서 그는 '더 나은 문자'를 만드는 일에 몰두하였다. 하지만 인쇄물에 찍힌 것이 일반적으로 받아들여지는 문자이고 스웨덴의 책들은 모두 그 문자로 되어 있으며 어린아이가 새 알파벳을 만들었다고 해서 작가들이 쓰던 문자를 바꿀 것 같지 않다는 사실을 받아들여야만 했다. 여섯 살에 아버지를 따라 가족 소유의 철광산을 찾은 존은 채굴의 전 과정을 모형으로 만들었다. 그 안에는 나무로 만든 작업장 모형, 작은 사다리, 수갱, 그리고 가상의 광석을 끌어올리는 데 쓰는 윈치까지 들어 있었다. 아버지의 광산이 문을 닫고 가족들이 파산으로 고생할 때에도 존은 사람들이 내다 버린 폐물 조각으로 자신의 작업을 계속해 나갔다. 존의 아버지가 마침 해군 기계부대의 감독하에 진행하던 고타 운하 프로젝트에 고용된 덕에 존은 그곳의 수많은 기술자에게서 자유로이 배울 수 있게 되었다. 존은 곧 제재기의 실용 모형을 만들어 그들을 놀라게 하였다. 시계의 스프링과 같은 작은 부속들로 톱을 만들었고 주석 숟가락을 용접하고 모양을 잡아 크랭크를 만들었다. 냇물에 놓자 모형 제재기는 진짜로 작동하였다!

존의 도면과 모형은 그 운하 프로젝트를 이끄는 반 플레튼 백작의 관심을 끌었다. 백작의 후원으로 존과 닐스 형제는 둘 다 열 살도 되기 전에 해군 기계부대의 생도로 받아들여졌다. 존은 자신에게 제도법, 페인팅, 프랑스어, 영어를 가르쳐 줄 사람을 비롯하여 지도받을 수 있는 사람들을 찾아내는 불가사의한 능력을 지니고 있었다. 그는 측량술을 배워(측량기계를 사용하기 위해서는 의자 하나를 끼고 다녀야 했다) 열네 살에 600명의 일군을 지휘하는 자리에 임명되었다.

존은 저녁 식사 때 나폴레옹과 최근의 대륙 전쟁에 관하여 이야기를 나눈 후 그의 후원자를 몹시 당황스럽게 하였다. 그가 열정에 휩싸여 제23 소총부대에 지원했기 때문이었다. 거기서 곧 뛰어난 사수가 되었지만 그의 비범한 능력 때문에 지도 제작 일에 신속히 투입되었다. 그가 일을 얼마나 열심히 했는지 그의 지휘관은 상관이 당황할까 봐 에릭슨을 두 사람으로 기록하라고 요청했을 정도였다. 에릭슨은 책에 들어가는 그림을 인쇄판으로 제작하는 법을 배우고 싶어서 사흘간의 스톡홀름 방문 허가를 요청하였다. 에릭슨은 한 저명한 제판사를 찾아가 문을 두드리고는 공손한 태도로 그가 쓰는 용구들을 살펴볼 수 있게 해 달라고 부탁하였다. 그가 왜 그러는지 묻자, 존은 제판법을 스스로 터득하고자 제판 용구들을 자세히 살펴보았으면 한다고 답하였다. 그 명장의 반응이 어떠했을지는 족히 짐작할 수 있을 것이다. 그는 자기가 그 기술을 배우는 데에는 여러 해가 걸렸으며 더욱이 낯모르는 사람에게 제판법을 '알아낼' 수 있도록 자신의 용구를 보여 줄 마음은 없다고 잘라 말하였다. 에릭슨 면전에서 문은 쾅 닫혔고 그는 광분하여 거리에서 날뛰었다. 그러다가 그는 타고난 성격대로 그 용구들을 직접 만들어 보리라 마음먹었다. 물론 그는 해내고야 말았다.

엔진에 증기를 더 효율적으로 사용하는 방법이 떠오르자 에릭슨은 영국으로 가서 외국인 발명가로 제조회사에 들어갔다. 그는 증기 기관과 함께 악명 높은 런던 화재를 진압하기 위해 증기 펌프를 고안하였고, 이름이 나있던 조지 스티븐슨의 증기기관차 로켓 호에 맞서 마지막 순간까지 선전을 벌인 노벨티 호를 제작하였다. 그러나 그의 발명품은 대개가 재정적으로 성공을 가져오지는 못하였다.

이때쯤 존 에릭슨은 발명가의 길에 드리운 고난과 불확실성을 알아채기 시작하였다. 모든 프로젝트에는 넘어야 할 네 개의 장벽이 있었다. 첫째는 누군가를 설득하여 그의 생각을 믿고 투자하도록 하는 시작단계에서 문제였다. 둘째는 그의 설계에 따라 작업하는 기계공들의 실수였다. 셋째는 일반적으로 사람들은 어떤 변화에도 거세게 저항한다는 점, 더불어 새 기계 때문에 도산할 수도 있는 사람들이 가지는 증오심이었다. 마지막은 발명품이 이윤을 내려고 할 때마다 제기되는 그 아이디어에 대한 다른 발명가의 우선권 주장이었다. 에릭슨이 공업학교를 나오지 못한 데에 어쩌다 유감을 표하는 사람이 있으면 그는 이렇게 답하였다.

"아닙니다. 그건 무척 다행스러운 일이었습니다. 만일 제가 정규 학교 과정을 밟았더라면 권위를 믿게 되었을 것이고, 그랬다면 저는 독창성을 개발하지 못했을 것입니다."[12]

에릭슨의 초기 유년시절을 묘사하고, 또 발명과 독창성의 과정에 관한 이 인용문으로 첫 수업을 마무리하면서 나는 또다시 앞 장에서 기술한 터크만의 모델을 채용하고 있음을 깨달았다. 특정한 하나의 전기에는 고집 센 천재, 인정을 받는 과정, 기존 관습의 거부 같은 수많은 주제가 들어 있다. 그리고 다음은 에릭슨의 미국 이주에 관한 부분이다.

나는 에릭슨이 뉴욕에 도착한 다음에 그의 삶에서 일어난 여러 사건을 장황하게 늘어놓기보다는 남북전쟁의 전세를 바꾸는 데 이바지한 최초의 장갑함 '모니터 호'의 발명에 초점을 맞추었다. 60세에 에릭슨은 남부 연합군이 개발 중인 메리맥 호에 대항할 전함을 만들라는 정부 요청을 받는다. 그 이야기를 자세히 하자면, 마지막 순간의 오작동이나 기계 장치를 완전히 이해하지 못한 기사들, 1862년 3월 8일에 체서피크 만에서 벌어진 그 유명한 전투에 이르기까지 이야기는 여느 전쟁의 흥분을 고스란히 담고 있었다. 체서피크 만에서 모니터 호가 메리맥 호를 제압함으로써 국회 의사당을 지켜냈고 남부 연합군이 이용하고 있던 중요 항구를 봉쇄하였다. 뉴욕시와 미국 국회가 축문을 보내왔음에도 에릭슨은 약속한 금전적 보상을 받지 못하였다. 그러나 그는 넘치는 활력과 끈기로 86세로 세상을 마감하는 날까지 쉬지 않고 일하였다.

윗글에서 충분히 전달치 못한 것이 이 사내의 기질, 곧 그의 담즙질적 성향과 이루고자 하는 의지이다. 우리 반 학생들은 존 에릭슨의 불같이 괴팍한 성격을 알아보았음에도 그의 천재성을 존중하였다. 그의 전기를 들려줌으로써 나는 발명의 과정에, 그리고 산업혁명을 공부하면서 마주친 숱한 기계의 기적들 위에 인간의 얼굴을 놓고 싶었다.

그다음 두 달 동안 나는 이중의 과제와 마주하였다. 두 주요수업(대수학과 기상학)을 연달아 가르쳐야 했고 동시에 그때까지 해 온 연극 가운데 가장 큰 규모가 될 『십이야』를 연습해야 했다. 다행히도 안티오크 뉴잉글랜드에서 발도르프 교사 양성과정을 이수 중인 교육실습생이 때맞춰 도착한 덕분에 내 힘을 대부분 셰익스피어에 쏟을 수 있었다. 교생의 도움으로 우리는 당면 과제들을 분담할 수 있었다. 그녀가 주요수업 때마다 첫 수업을 가르치는 동안, 나는 바로 이어서 할 총연습을 준비하였다. 그녀의 명랑한 태도와 지나치리만치 꼼꼼한 준비, 끊임없는 격려 덕분에 나와 우리 학급은 그 도전적인 몇 주간을 정말 색다르게 보낼 수 있었다.

연극을 둘러싸고 일어났던 한바탕 일들을 어디서부터 풀어 가면 좋을까? 너무나 많은 일이 한꺼번에 일어나서 심지어 참여한 사람들조차도 이 연극에 공헌한 사람이 얼마나 되는지, 학생들은 또 이 연극을 통하여 얼마나 많은 것을 성취하였는지를 나중까지도 깨닫지 못하였다. 한 조는 무대장치를 하고 또 다른 조는 배경으로 쓸 커다란 걸개그림을 제작하였다. 남은 이들은 의상을 만들고 근처 극단에서 소품을 빌려 왔다. 학부모들이 간단한 장면의 연습을 도와주러 오셨으므로 우리는 종종 두세 장면을 동시에 연습하기도 하였다. 그 와중에 어떤 조는 리코더 연습에 전념하였는데, 내가 『십이야』를 선택한 이유 중 하나가 이 연극의 음악성 때문이다. "음악이 사랑의 음식이라면, 연주를 계속하라!"[13] 에번, 팀과 나는 최고의 조명 시설을 갖추는

데 시간을 바쳤다. 그러고 나서 최종 연습을 하였고 개막 직전 두려움에 떨기도 했다. 객석은 입추의 여지가 없었다. 우리는 한 번은 낮에 학생들을 위하여, 또 한 번은 저녁에 학부모들과 지인들을 위해 두 차례의 공연을 하였다. 워낙 많은 아이가 저녁에 또 왔기 때문에 좌석을 다 채우고도 모자라 서서 관람하는 이들도 있었다.

문학과 셰익스피어에 정통한 한 학부모가 훗날 내게 말하기를, 지금까지 전문 무대에서조차 그런 공연을 본 적이 없다고 하였다. 그가 깊은 감명을 받았음을 직감할 수 있었다. 그의 견해로는, 어른들은 셰익스피어에 들어가기 위해서 자신의 개성을 극복해야 하는 과제를 안고 있지만 8학년이라는 이 특별한 나이의 아이들은 자기 개성의 방해 없이 셰익스피어의 진수인 유머, 뒤얽힘, 감정 따위를 잘 그려 낼 수 있었다는 것이다. 이 학부모는 우리가 연극을 적절하게 골랐으며 거기에 꼭 맞는 나이의 아이들로 그 연극을 제대로 소화해 냈다고 보았다.

이 연극을 회상할 때면 몇 년이 지난 지금까지도 여전히 가슴이 벅차오른다. 그토록 긴 시간을 함께 지내 온 아이들이 셰익스피어 연극배우로 변신한 모습을 보는 것은 큰 기쁨이었다. 나는 항상 아이들 각자가 지닌 최상의 모습을 상상하려고 애써 왔다. 그리고 이제 연극을 통해 아이들에게서 그것을 보았다. 셰익스피어의 언어는 아이들의 사고를 고양시키고, 저마다의 고귀한 자아를 끄집어내었다. 그때 느낌을 떠올리면 눈시울이 붉어진다. "나는 이 순간의 아이들을 절대로 잊지 못하리라."

『십이야』를 잘 알고 있고 첫 장부터 우리 반 아이들의 발달을 죽 지켜봐 왔다면 각 학생에게 그 배역이 주어진 의미를 알아차릴 수 있을 것이다.

오시노, 일리리어의 공작	마크
세바스천, 비올라의 오빠	리
앤토니오, 선장이자 세바스천의 친구	더그
선장, 비올라의 친구	마이클, 팀

발렌타인과 큐리오, 시종들	샐리, 앤서니
토비 벨치 경, 올리비아의 아저씨	새뮤얼
앤드루 애규치크 경	조너선 F.A.
맬볼리오, 올리비아의 집사	조너선 B.
페비언, 올리비아의 하인	마리아, 루시
페스티, 어릿광대	도너
올리비아, 부유한 처녀 백작	수전, 스콧
비올라	애비, 마거릿
마리아, 올리비아의 시녀	토리, 메어리

이렇게 그해의 정점을 지난 뒤에 교사로서 과연 무엇을 할 수 있었겠는가? 주요 과목이 뭐가 되었든, 그 재미가 어떻든 상관없이 그 연극이 지나간 자리에서는 빛을 잃을 것이다. 그래서 우리는 모험과 고공 줄타기 도전을 위하여 일주일 동안 버몬트에 있는 헐버트 야외 교육센터를 다시 한 번 찾았다. 그리고 봄방학이 시작되었다.

4월 말에 우리는 교실로 돌아와 5월 초까지 유기화학을 공부하였다. 나는 유기화학을 생장하는, 그리고 살아 있는 물질계와 연결하고자 장 지오노의 『나무를 심은 사람The Man Who Planted Trees』을 읽어 주는 것으로 시작하였다. 그다음 광합성 과정을 공부하고 당류糖類를 가지고 펠링 용액 테스트를 해보았다. 우선 사탕수수 설탕, 과당, 꿀, 메이플 시럽과 이어서 딸기, 박하, 사과 젤리를 테스트해 보았으며 버터 쿠키, 바닐라 향, 캐러멜, 마시멜로, 핑크 레모네이드, 젤리 사탕, V8 주스로도 실험해 보았다. 우리는 꿀을 소중히 여긴 옛 족장들, 그리스로 사탕수수 설탕을 가져온 알렉산더 대왕, 그리고 새로운 당류와 향신료를 찾아 나선 탐험의 시대, 나폴레옹 시대 유럽의 대륙 봉쇄 동안 사탕무 설탕이 개발된 일, 세계 제1차 대전 때 화약 공장에서 당을 사용한 일, 오늘날의 인공 감미료 이용에 이르기까지 각 시대에 따른 당의 이용을 조사하였다. 우리는 유기물로 수많은 실험을 해보는데 그치지 않고 오늘날 도미니크 공화국의 설탕 농장에서 노동자들이 착취당하는 상황도 살펴보았다. 후에 누군가 이런 말을 하였다. "설탕이 몸에 좋지 않다는 것은 잘 알고 있었지만 사탕수수를 생산하고 수확하는 데 얼마나 큰 고통이 따르는지는 전혀 몰랐어요."

그리고 유기화학과 마지막 근대사 주요수업 사이에 다리를 놓기 위하여 더스트 볼(dust ball_흙모래 폭풍이 심한 건조지대, 특히 미국 중서부의 황진黃塵지대-역주)이야기를 들려주었다.[14]

첫 번째 농부는 바람이 인상에 남았다. 그것은 위협적이었으나 동시에 기분을 들뜨게 하였다. 바람은 높이 자란 풀숲, 눈길이 닿는 데까지 평평하게 펼쳐진 녹색 양탄자를 희롱하였다. 평화롭게 부는 바람을 방해하는 것은 아무것도 없었다. 간간이 모습을 드러내는 토끼와 풀을 뜯는 들소들조차도.

인디언들은 종종 말을 타고 중서부 평야를 떠돌아 다녔다. 그들은 필요한 것을 사냥하고 나면 다른 곳으로 자리를 옮기곤 하였다. 하지만 동부에서 맨 처음 들소 사냥꾼이 도래한 그날로 그도 그만이었다. 제이 라이트 무어가 처음 사냥한 50마리의 들소 가죽을 동부로 선적해 가기가 바쁘게 빌리 딕슨, 앤털롭 잭, 블루 빌리, 더티 페이스 존스 같은 이들이 사냥하러 몰려왔다. 사냥꾼을 실은 기차가 꼬리를 이었다. 곧 들소는 사라졌고 인디언들은 정복당하여 보호구역 안으로 몰아넣어 졌다.

이어서 목축업자들이 도착했고 글리든이 때맞춰 철조망을 발명하여 널따란 목초지가 자기 소유임을 주장하는 거대 농장주들이 늘어났다. 하지만 1885년에 가뭄이 들었고 그 해 12월에 눈보라가 덮쳤다. 가축의 80%가 죽었다. 얼마 지나지 않아 초원은 본래의 아름다움을 되찾았다.

아서 덩컨의 아내는 "대초원을 처음 본 그때만큼 아름다운 경치를 나는 본 적이 없다"고 하였다. "그때는 일 년 중에 자연이 가장 흥성한 시기였다. 풀과 나무는 초록빛이었고 들꽃은 어딜 가나 형형색색의 아름다운 꽃밭을 이루었다. 키 큰 메스키테 풀은 우리가 지나는 오솔길에 레이스 모양의 그림자를 드리웠고 새들은 노래하였다. 높이 자란 풀들은 우리가 지나갈 때 어서 오라 손짓하는 것 같았다. 황혼의 고요함 속에 태고의 평화와 아름다움이 깃들어 있었다. 그곳은 집을 짓기에 더없이 좋은 장소라 여겨졌다."**15**

최초의 수확은 잔디 아래 비옥한 토질 덕분에 풍성하였다. 잡초는 없었다. 그러나 1891년에 또 한 번 가뭄이 들었고 그 뒤 메뚜기떼가 덮쳤다. …고향으로 돌아가는 대형 짐마차들의 행렬에는 이런 사정을 아주 잘 나타내는 글귀들이 붙어 있었다.**16**

"캔자스를 믿었건만, 캔자스에서 망했다."

"캔자스에선 감자가 잘 자라지 않아

가을에 심은 감자

껍질까지 먹어 치운다네

캔자스에선."

단 한 사람만이 선견지명이 있어서 대초원에서 한 종류의 작물만을 재배하는 농업(단일 경작)에 반대하는 뜻을 분명히 밝혔다.

페인Payne은 공시를 통하여 생산과 소비가 가까운 지역에서 이루어질 수 있는 '수확물'로 복합 영농을 할 것을 제안하였다. 곧 가축, 목초와 사료용 곡물이 솥의 세 발이 되어야지만 균형이 이루어질 것이라고 하였다. 하지만 페인의 공시를 귀담아듣는 사람은 아무도 없었다.

그 후 엄청난 부동산 투자 붐이 일었다. 소쉬W.P. Soash는 호화 열차를 마련하여 뉴욕에서 대평원까지 무료로, 땅을 사든 안 사든 상관없이 승객들을 실어 날랐다. 그는 막대한 이익을 챙긴 몇 가지 성공 사례를 선전하였고 곧이어 기차들이 굉음을 내며 아이오와를 가로질러 텍사스에 차례차례 당도하였다. 1910년의 조사 기록을 보면 인구는 350% 늘어났고 대평원에서 경작 면적은 600%로 증가하였다. 오로지 페인만이 이 붐에 반대하는 목소리를 냈다. 그러나 그의 말을 귀담아듣는 사람은 거의 없었으며 심지어는 경작이 비를 부른다고 주장하는 사람도 있었다.

1913년, 캔자스 토머스 카운티를 관통하여 15마일의 먼지 폭풍이 몰아친 것은 자연이 보낸 작은 경고였다. 그러나 그때 제1차 세계 대전이 일어났고 당시의 표어는 "밀을 더 심어라! 밀을 심으면 전쟁에 이긴다!"**17**였다. 독일의 러시아 봉쇄로 다르다넬스 해협이 막혀 연합군의 생사가 걸린 밀 공급이 중단되었고, 밀 가격은 급등하였다. 1914년에 농부들은 밀 1부셸(약 두 말)당 87센트를 받았으나 1916년에는 1달러 61센트를 받았다. 그 이듬해에 미합중국이 참전하였다. 이제는 농부가 더 많은 땅을 갈고 더 많은 밀을 심는 것이 애국적 의무가 되었다. 가격이 부셸당 2달러 10센트로 오르자 설득이 필요 없었다. 게다가 역사상 결정적인 바로 그 순간에 새 발명품이 나와 모든 것을 바꾸어 놓았다. 트랙터가 대평원에 도착한 것이다. 인디언들은 "좋았던 고장이 경작 때문에 뒤집혔다"고 말하곤 하였다. 전쟁이 끝날 무렵 생산 할당량이 증가하자 이제 옥토와 박토를 불문하고 트랙터로 갈아엎었다. 1914년과 1917년 사이에 밀 생산 면적은 2천7백만 에이커까지 늘어났다.

전쟁이 끝나고 밀 가격이 떨어지자, 농부들은 현상 유지라도 하기 위하여 땅을 더 갈지 않으면 안 되었다. 농부들은 생산비를 낮추는 방법을 찾았다. 판매원들이 또 하나의 새 발명품을 가지고 대평원 전역으로 흘러들었다. 콤바인, 곧 바퀴 달린 공장이었다. 이제 수확하는 데 걸리는 시간이 더 줄었으므로 더 많은 땅을 경작할 수 있었다. 농업은 이제 사업이 되었다.

그러나 기후가 건조하였다. 해마다 강우량이 줄었다. 1933년 4월 14일, 결코 잊을 수 없는 이변이 일어났다. 마치 서부 캔자스 땅 전체가 움직이는 것 같았다. 북쪽에서 몰아친 거대한 기류가 땅 가까이에 이르러 지표면의 흙을 휩쓸더니 구름 속으로 스치듯 몰아갔다. 그 바람에 살아 있는 것은 모두 질식하거나 꺾이고 타격을 입었다. 먼지가 지표면을 싸고 있던 잠깐 사이에 이 땅에서 저 땅으로 휘몰아쳐 흙을 난도질하였다. 곧이어 지표면이 움직이기 시작했다. 폭풍이 점점 더 심해지면서 먼지는 땅 위로 더 높이 올라갔다. 몇 마일이던 가시거리가 몇 야드로 줄어들었다. 마치 용접 불꽃 같은 기이한 청록색 광채가 고속도로 위에 있던 자동차들 주위를 맴돌았다.

정오 무렵, 캔자스에서 갑자기 바람이 구르면서 거대한 흙덩어리와 부식토를 잡아채어 공중으로 내던지는 것처럼 보였다. 곧 거대한 먼지 구름이 곤두박질치며 텍사스를 향해 남쪽으로 굴러갔는데 그 아랫부분은 흑단처럼 새까맣고 위로는 탁한 황갈색이었다.⋯ 먼지 구름이 다가옴에 따라 엄청난 돌풍이 몰아쳤다. 이어서 먼지 구름이 덮치자 칠흑 같은 완전한 어둠이 내렸다. 어둠의 정체는 먼지였다. 창문은 아주 검게 변하여 유리창 너머 6인치 지점에 있는 화분들도 볼 수 없었다. 폭풍이 앞에서 으르렁대자 사람들은 곧 숨 막힐 듯 답답한 고요를 감지했다. 사람들은 겁에 질렸다.… 저녁 식사를 위해 방금 식탁에 올린 음식들이 엉망이 되었다. 우유는 검게 변했다. 침대, 양탄자, 가구들이… 먼지 막에 뒤덮였다….

사람들은 이것이 사막화의 시작은 아닌가 의심하였다. 온 나라가 경악하고 우려하였다.[18]

왜 이런 일이 일어났을까? 사람들이 풀의 생장주기를 알기만 했어도 이런 비극은 피할 수 있었을 것이다. 풀은 거의 아무 데서나 자라고 다 자라면 죽어서 토양에 유기물질을 되돌려 준다. 이 유기물질은 점진적으로 부식질이라고 하는 해면 물질을 축적하는데 이것은 습기를 흡수하고 저장하여 가뭄이 들 때를 대비한 일종의 저장고 노릇을 한다. 농부들은 풀이라는 보호막을 걷어 내고 비옥한 토양을 파괴하였다. 그들은 부식질이 재축적하게 두어야 한다는 것을 깨닫지 못하고 땅이 회복할 틈도 없이 취하기만 하였다. 필시, 유기 화학자라면 이런 사실을 더 잘 알고 있었을 것이다. 하지만 아무도 그들의 경고를 귀담아듣지 않았다. 토양을 보호하고 붙잡아 두는 풀이 없다면 가뭄은 토양을 먼지로 만들어 버린다. 땅은 지쳤다. 그만큼 축적되기까지 수천 년이 걸렸을 지도 모를 토양이 잠깐 사이에 다 날아가고 말았다.

이 이야기는 지난 8년 동안 해 온 환경 교육의 수많은 가닥을 연결해 주는 듯하였다. 1, 2학년 때는 〈활짝 핀 히스 꽃〉과 같은 자연 이야기를 들려주었다. 그러면 아이들은 타고난 미적 감각과 자연과의 일체감을 통하여 내가 들려준 것보다 더 많은 것을 알아차렸다. 3학년 때 농사짓기 주요수업을 하면서 우리만의 밭을 만들어 보고 윤작(돌려짓기)도 공부하였다. '사람과 동물'은 4학년 때, 식물학은 5학년에 공부하였다. 6, 7학년에 걸쳐 지리학을 공부하였고, 8학년 때에는 유기화학을 배웠다. 이 교과들을 가르칠 때 내가 무엇보다도 주안점을 둔 것은 아이들이 자신을 둘러싼 세상에 관심을 두도록 하는 것이었다. 이 세상은 우리가 끊임없이 깨어 있으며 관심을 기울이지 않으면 수 분 만에 파괴될 수 있다. '우리가 자연을 어떻게 보살피는가는 궁극적으로 우리가 어떤 사람인가를 말해 준다.'

마지막 주요수업을 준비하면서 가장 먼저 마음에 떠오른 생각은 이것이었다. 금세기와 관련된 사건과 연대를 방대하게 나열하는 속에서 우리 시대의 특별한 징후를 찾아낼 수 있을까? 우리 반 아이들이 삶의 여정에서 뜻을 같이하며 영감을 얻을 수 있는 누군가를 찾게 도와줄 그런 것 말이다. 원자력, 화학무기, 세계대전, 인간소외와 환상의 부재 시대에 참으로 제구실을 할 수 있는 전기를 찾아낼 수 있을까? 내가 찾은 전기는 민족과 인종의 구별을 넘어서 보편적인 인간성에 호소한 사람들, 바로 전환적 인간transformative individuals이라고 할 만한 사람들을 다룬 것이었다. 우리의 마지막 주요수업은 해리엇 터브맨, 마틴 루터 킹, 마하트마 간디, 테레사 수녀 그리고 자크 뤼세이랑 같은 인물들로 채워졌다.

이 마지막 주요수업에서, 사실 7, 8학년 때도 나는 역사를 가르칠 때에 종종 '대비'의 방법을 썼다. 이는 서로 대비되는 장면, 사건, 전기들을 찾아내어 새로운 의미를 창출하는 방법을 말한다. 학생들은 내가 제시한 이 상이한 그림들을 가지고 씨름하면서 스스로 사건이나 상들을 조정함으로써 개념을 형성할 것이다. 예컨대 제2차 세계대전은 아돌프 히틀러와 자크 뤼세이랑이라는 두 대조적인 인물의 전기를 통하여 공부하였다. 나는 수업시간마다 이 두 사람의 전기에서 한 부분씩을 따와서 나란히 들려주었다. 처음에는 두 사람의 이름을 밝히지 않고 그다음 날 복습 시간에 다음과 같은 질문을 하였다. "어제 묘사한 첫 번째 인물은 어떤 사람입니까? 지금까지 접한 그의 전기로 미루어 그의 세계관에 대하여 뭐라고 말할 수 있겠습니까? 두 번째 인물의 성격은 어떤 것 같습니까?" 나는 학생들이 어떤 매체나 대중적인 신화에 따르기보다는 내가 교실에서 제시한 현상에서 자기 나름의 해석을 내릴 수 있도록 독려하였다. 제2차 세계대전을 공부하던 한 주 동안 바닥에 깔린 주제는 '본다는 것은 무엇이고, 보지 못한다는 것은 무엇인가?' 하는 문제였다.

아래에 두 편의 전기가 있다. 대비되는 느낌을 주기 위해 첫 번째 인물을 이야기할 때에는 교실의 한쪽 편에, 두 번째 인물을 이야기할 때에는 그 반대편에 섰다.

전기 1

1889년 4월 20일 저녁 6시 반, 오스트리아와 바바리아의 국경에 있는 브라우나우의 작은 마을 여인숙에서 한 아이가 태어났다. 이 아이는 가족의 셋째 아이로 아버지의 세 번째 부인에게서 났다. 하지만 아이의 형제들은 여섯 살이 되기 전에 모두 죽었다. 학교에서는 열등생이었고 그 흔한 졸업장도 못 받고 1905년에 학교를 떠났다. 그는 화가가 되려는 꿈을 안고 아무 일도 하지 않고 2년을 보내면서 빈의 미술학교에 들어가려고 두 차례 응시하였다.

청년 시절에 그를 알던 사람들이 말하길, 그는 한순간 곰곰이 생각에 잠기다가도 다음 순간 거칠고 흥분된 이야기로 갑작스럽게 빠져드는 극단적인 감정 변화를 보였다고 하였다. 그는 일을 꾸준히 할 수 없는 사람 같았고 여름에는 거리에서, 겨울에는 싸구려 여인숙에서 잠을 잤다. 어떤 사람은 그를 긴 머리(이가 있는)와 열 띤 눈에 낡고 찢어진 바지와 긴 코트를 입은 사람으로 묘사하였다. 그의 유일한 수입원은 거리에서 엽서를 그려 파는 일이었다. 그는 몇 시간이고 찻집에 앉아 신문을 읽거나 누구든 상대만 해 주면 그날의 이슈를 토론하면서 보냈다. 그의 생각은 고집스럽고 편견에 차 있었으며, 그의 말은 반유대주의로 물들어 있었다.[19]

전기 2

이 아이는 1924년 9월 19일 정오에 파리의 보통 가정에서 태어났다. 그는 훗날 자신의 양친이 지적이고 헌신적이며 매사에 친절한 이상적인 분들로 묘사하였다. 이 어린이는 달리기와 탐험을 좋아하였다. 그가 초기 유년시절에 매우 좋아했던 놀이가 햇살을 좋아 들판을 쏘다니는 것이었다. 크레용을 처음 접했을 때, 이 아이는 마치 손에 빛을 쥐고 있는 것 같다고 말하였다. 좋아하는 색은 초록이었다. 후에 그는 초록이 희망의 색임을 알게 되었다.

하루는 그의 부모가 휴가를 보내던 시골집에서 파리로 돌아갈 채비를 차리고 아이를 기다리고 있는데, 정원에 있던 아이가 갑자기 울음을 터뜨렸다. 아이는 정원의 나무들, 녹음, 햇빛을 보는 것이 이것으로 마지막임을 알았다. 뭐라 설명할 수는 없지만 그 정원을 다시는 볼 수 없으리라는 것을 그 아이는 알고 있었다.

3주 후 학교로 돌아와 쉬는 시간에 친구들과 교실 밖으로 달려나가다가 뒤에서 떠밀려 교사의 책상 모서리로 넘어지고 말았다. 안경알은 안전한 것이어서 깨지지 않았지만 안경다리 한쪽이 오른쪽 눈에 깊숙이 박혀 안구조직을 파괴하였다. 그의 기억으로는, 의식이 돌아왔을 때 "내 눈, 내 눈 어디 있어요?" 하고 물었다고 한다.[20]

사람들은 그를 병원으로 급히 데려가 즉각 수술을 받게 했다. 다시 깨어났을 때는 영원히 실명한 상태였다.

그 사고는 5월 3일에 발생했으나 그달 말경에는 양친의 손을 잡고 일어나 걸어 다녔다. 6월에 점자를 배우기 시작했다. 7월에는 해변에서 놀면서 요트의 밧줄 잡는 법을 배웠다. 그러나 그의 회복보다 더 주목할 만한 것은 그가 어떻게 맹인으로 살아가는 법을 터득했느냐 하는 것이다. 처음에는 소리 나는 곳마다 고개가 돌아갔고 끔찍한 공허감과 절망감을 느끼곤 하였다. 이윽고 그는 내면을 보기 시작했고 믿음과 기쁨이라는 내면의 빛을 발견하였다. 이제 그는 물체를 감지하면서 곧게 서서 방안을 돌아다닐 수 있었다. 두려움을 가졌을 때는 비틀거리고 물건에 부딪혔지만 조화롭고 친근한 느낌은 밝음을 다시 경험하게 해 주었고 그는 비로소 자신 있게 걸을 수 있었다. 학교에서 돌아와 그는 자신이 들은 것을 그림으로 그려 나중을 대비해 기록할 수 있는 내면의 장막이 생겼음을 깨달았다. 그의 기억력은 아주 비상해져서 곧 점자 타자기의 도움으로 학교 수업 이상을 소화해 낼 수 있게 되었다. 친구와의 우정도 깊어져서 방학 때에는 친구인 장의 어깨에 한쪽 팔을 얹고 높은 산 속 오솔길을 함께 걸어가는 모습을 자주 볼 수 있었다. 하지만 그들이 길을 잃었을 때 집으로 돌아가는 길을 아는 것은 언제나 눈먼 아이였다. 모랫길이 자갈길로 바뀐 것과 길가에 핀 꽃의 향내에 주의를 기울이고 얼굴에 느껴지는 온기로 해의 위치를 알아내는 쪽은 그 아이였기 때문이다. 눈먼 아이가 집으로 인도하는 일이 종종 있었다.[21]

두 이야기를 비교하고 나서 우리는 두 인물의 이름을 확인하였다. 그리고 나는 히틀러가 권력을 얻게 되는 과정을 묘사해 주었다.

전기 1 둘째 날: 그는 건강이 나쁘다는 이유로 육군에서 퇴짜를 맞고 통신병으로 복무하였다. 1918년에 독가스 공격을 받고 눈을 다쳐 쓰러졌는데, 이 때문에 나라에 공헌한 자에게 주는 철십자 훈장을 받았다. 제1차 세계 대전이 끝나고 그는 선동(광범하게 저질러진 일종의 거짓)으로 대중을 움직여 당을 만들었다. 자신의 권력을 쌓기 위해 대중 집회를 열었고 SA(Steurmabteilung, 돌격대-역주)를 조직했으며 뮌헨 폭동을 일으켰다. 그다음은 유럽 이야기, 히틀러의 투옥, 『나의 투쟁Mein Kanmpf』의 출판, 선거, 공황, 그리고 히틀러의 끝 간데없이 커지는 광신과 권력으로 이어진다.[22]

학생들은 앨버트 스피어가 묘사한 히틀러의 일상생활에서 특히 부정적인 인상을 받았다. 스피어가 생생하게 그려 낸 바로는, "그는 밤늦게까지 영화를 보고 쓸데없는 잡담을 즐겼으며 집중력이 필요한 일을 못 하였고 생각은 깊이가 없었다."[23]

전기 2 셋째 날: 자크가 라디오에서 히틀러의 나치스 독일이 오스트리아를 합병했다는 소식을 처음 접했을 때 그는 불길한 예감에 사로잡혀서 그때부터 하루에 두 시간씩 5년 동안 독일어를 열심히 공부하였다. 그 뒤 파리는 점령당했고 마치 무거운 담요로 불꽃을 덮은 듯 사람들의 정신은 질식당하였다. 그들은 어떻게 살아남을 수 있었을까?

가장 귀한 것은 정보였다. SS(Schutzstaffel나치스 친위대-역주)의 검열을 거치지 않은 믿을 만하고 사실적인 정보 말이다. 급기야 뤼세이랑은 지하저항운동 (레지스탕스)을 조직하고 신문을 발행하기 시작했다. 그 운동은 추락한 조종사들에게 도움을 주었고 새로운 조직원을 불러들였으며 뉴스를 전달하였다. 종국에는 프랑스 전역에서 25만 부의 신문을 발행했다.[24]

졸업을 코앞에 둔 우리 학생들에게 가장 중요했던 것은 뤼세이랑이 지하조직원이 되려는 이들을 면접한 방식이었다.

점령의 긴 그림자가 드리운 파리를 그려 보자. 인적이 끊긴 거리와 위협적인 순찰병들이 있다. 한 아파트의 문을 두드리는 누군가를 상상해 보라. 건물에 들어선 그가 긴 복도를 지나 그 끝에 희미하게 불빛이 비치는 어느 방을 찾아 들어간다. 방문자는 이 아파트의 주인이 어린 고등학생이며 서가의 책이 모두 점자책이라는 것, 이 어린 남자가 맹인이라는 사실을 알고 놀랐을 것이다. 대화는 날씨, 문학 등 몇 가지 주제를 무작위로 골라 시작하곤 하였다. 만약 방문자가 대답을 머뭇거린다든지, 악수할 때나 계단을 오르던 발소리가 어쩐지 이상하게 느껴졌다면 대화는 얼마 안 있어 끝이 났다. 그러나 그 맹인이 자기 앞의 사람이 믿을 만하다고 느꼈다면 대화는 계속되었고 심지어 지하저항운동의 집행위원회를 만날수 있도록 방문자를 위층으로 안내하기도 했다.

뤼세이랑은 내면의 눈을 사용하였다. 뛰어난 직관으로 전 조직원의 목숨을 걸고자신이 면접한 사람이 믿을 수 있는 사람인지를 판단하였다. 수년에 걸쳐 그는수백 명의 사람을 면접하면서 그들의 이름, 주소, 전화번호를 모두 기억해 두고있었기 때문에 종이에 아무것도 기록할 필요가 없었다. 실수는 한 번도 없었다.

단 한 번, 집행위원회가 그의 결정을 뒤집었다. 엘리오라는 남자를 면접하는 중에 뤼세이랑의 의식 위로 '검은 줄'이 그어지며 엘리오가 믿지 못할 사람이라고느꼈다. 위원회는 엘리오의 신임장을 가진 어떤 사람이 절대적으로 필요했고 그래서 엘리오를 받아들였다. 1년여 뒤에 엘리오는 그들 모두를 배신하였다.

뤼세이랑은 체포당하여 심문을 받고 옥에 갇혔다. 그는 자신을 심문하던 장교가심문 도중에 비서와 이야기하는 내용을 귀담아들었다. 애초에 뤼세이랑은 독일어를 할 줄 안다는 사실을 드러내지 않았다. 뤼세이랑이 문득 이 사실을 드러냈을 때 그 장교는 자기가 무심결에 귀중한 정보를 누설하였음을 알고 깜짝 놀랐다. 그 정보 덕분에 뤼세이랑은 '그들'이 알고 있는 사실을 짜맞춤으로써 엘리오가 배신자임을 확인할 수 있었다. 이런 식으로 뤼세이랑은 엘리오와 접촉하지 않았던 사람들을 보호할 수 있었다.

이야기가 이 지점에 이르자, 여기에 다 쓸 수 없지만 나는 좀 더 상세하게 뤼세이랑을 따라다닌 시련, 가축을 실어 나르는 열차에 태워져 유럽을 가로질러 간 일이나 그가 당한 육체적 정신적 학대, 부헨발트에 억류당한 일 등을 이야기해 주었다. 그러나 이 서사시를 관통하는 두드러진 주제는 언제나, 특히 수용소에 있을 때, 약한 자를 돕고 필요한 정보를 나누고 통역을 하고 다른 이들에게 희망을 주었던 사람은 그 맹인이었다는 사실이다.

> 미국이 유럽 대륙으로 진군해 오자 나치스는 자유를 원하는 이들을 풀어 주었고 팔만 명의 포로들이 그 기회를 덥석 받아들였다. 뤼세이랑은 이를 말렸으며 그의 충고를 믿었던 많은 사람이 뒤에 남았다. 후에 그렇게 풀려난 사람들이 SS 병사들에 의해 부헨발트에서 60마일 떨어진 곳에서 총살당했다는 사실이 알려졌다. 단 열 명만이 살아남았다.[25]

> 뤼세이랑은 수용소가 해방을 맞을 당시에도 살아 있었다. 프랑스에 있는 집으로 돌아왔을 때 옛 동지를 몇 명 만날 수 있었지만 다른 이들은 죽고 없었다. 일단 건강을 되찾고 나서 그는 남은 생을 교육에 헌신하였다. 그는 1971년에 교통사고로 사망하였다.

위의 두 전기를 듣고 나서 우리가 발전시킬 주제를 몇 가지 질문으로 압축하였다. 어떤 사람이 믿을 수 있는 사람인지 아닌지를 어떻게 알 수 있는가? 정말로 눈먼 사람은 누구인가? 뤼세이랑이 그토록 많은 사람을 도울 수 있게 만든 것은 무엇이었을까? 히틀러는 유권자 수천 명의 선택을 받았고 또 그가 저지른 잔학 행위로 말미암아 오늘날까지도 수백만의 사람들이 그를 알고 있는데 반하여 뤼세이랑은 무엇에 선출된 적도 없었고 오늘날까지도 여전히 그를 아는 사람들이 상대적으로 적은 것은 어째서인가? 진정한 지도력은 무엇인가? 다수가 지배하는 민주주의 사회에서 뽑힐 가능성이 가장 높은 지도자는 어떤 유형일까? 왜 그런가? 고학년과 그 너머를 앞에 둔 여러분에게는 특별한 힘이 있다고 생각하는가?

이 질문들에 대한 대답들이 정확히 어떠했는지는 잊어버렸다. 그러나 아이들이 발도르프 교육을 온전히 받았다는 것은 어떻게든 입증해 주고 있구나 하고 느꼈던 것은 기억난다. 그들은 명확한 생각과 의견을 가지고 깊은 감정을 담아서 설득력 있게 이야기하였다. 우리가 단순한 역사 수업 이상의 것을 이야기하고 있다는 사실을 알고 있었다. 그날 교실에서 공유했던 지혜와 전망은 8년이라는 긴 시간에 걸친 내 노력이 헛되지 않았음을 느끼게 해주었다.

우리는 이제 케이프코드로 일주일간 자전거 여행을 떠날 준비가 되었다. 참으로 대장정大長征이라 할 만하였다! 우리는 대형 화물 트럭을 세내어 30여 대의 자전거를 싣고 날씨 변화에 대비한 옷가지들과 가면서 먹을 음식, 그리고 엄청난 열기까지 담아서 길을 떠났다. 올리언스의 유스 호스텔에 머물면서 손수 음식을 만들어 먹었고 자전거 여행 사이사이에 해변에서 장시간의 휴식을 취하였다. 탐사 길에 오른 첫날에 학생 여섯 명이 길을 잃었다.(그들은 워낙 뒤처져서 우리가 브루스터 주립 공원으로 들어선 것을 보지 못하였다) 하지만 그 길 잃은 학생들은 아주 책임감 있게 행동하였다. 길을 잃었다는 사실을 깨닫자 그들은 함께 머무르면서 우리의 본거지로 전화를 걸었다. 일단 다시 합치고 나서 우리는 여정을 좀 더 재정비한 뒤 해안선 탐사를 계속하였다. 매일 저녁에 우리는 식당에서 저녁을 함께 먹었다. 우리가 묵었던 숙소의 주인들은 자신들이 이제까지 많은 단체를 봐 왔지만 이만큼 공손하고 예절 바른 아이들은 별로 없었다는 말을 종종 하곤 했다. 우리는 고래를 보러 바다로 나갔고 국립 해안 공원에서 놀기도 했다. 참으로 축복받은 한 주였다.

여행에서 돌아오자 졸업하기까지 한 주가 남아 있었다. 그 시간에 학업을 마무리하고 지난 8년간을 죽 되돌아보았다. 처음에 나는 과거를 돌아보는 일이 망설여졌다. 너무 많은 일을 겉핥기식으로 다룸으로써 일을 그르치고 싶지 않았기 때문이다. 다행히 학생들은 내가 제시한 이 과제를 열심히 해내었다. 그것은 지나온 세월을 거슬러 가는 여행이었다. 아이들이 저마다 다양한 관점에서 이야기를 풀어감으로써 의미를 다르게 두고 있는 경험들을 서로 되살려 주었다. 아이들이 특별한 순간을 기억해 낼 때 얼굴이 밝아지는 것을 보는 일은 흐뭇하기 그지없었다. 아이들 몇은 "그러그러하니까 이러이러하더라"는 식으로 일화들을 짚어 내는 데 집중하였다. 프로젝트, 연극, 내가 예전에 했던 말이나 행동을 화제에 올리는 아이들도 있었다. 시간을 거슬러 갈수록 떠올리기가 점점 더 쉬워졌다. 아이들은 저학년을 돌아보면서 할 말이 더 많았고 더욱 간절해졌다. 추상적인 내용이나 수학 문제에 대해서는 별다른 언급이 없었으나 그들의 의지가 관여한 내적 외적 활동들은 생생한 기억으로 남아 있었다. 교과과정에서 신화, 수채화, 그리기, 말하기와 같이 상상적 요소가 강한 측면들은 가슴으로 이해하며 무르익은 듯하였다. 가끔 신화나 전기가 화제로 떠올랐을 때 아이들의 짧은 몇 마디 말에도 사려 깊은 지혜가 묻어 나왔다.

나는 이 책에 어떤 이야기를 쓸지 정할 때, 아이들의 회고를 길잡이로 삼았다. 아이들이 선택한 이야기, 그들의 기억에 오래 남아 있는 주제를 포함시켰다. 그런 의미에서 이 책을 쓴 이는 학생들이다.

드디어 졸업식 날, 여행의 끝이 왔다. 대체 어떤 말로 그날의 뜨거웠던 감정을 표현할 수 있겠는가? 학생들과 나는 다른 모든 일을 함께 해왔듯이 졸업도 함께하였다. 졸업식은 나의 작품이 아니었다. 아이들은 식을 기획하고 준비하고 집행하는 데 적극 참여하였다.

∞ 아름답게 장식한 졸업식장으로 사람들이 들어오는 동안 에멀리가 피아노를 쳤다.

∞ 모두 자리에 앉자, 나는 그 자리에 참석해 주신 많은 분께 환영 인사를 하였고 1990년도 졸업반을 공식적으로 소개하였다. 자켓과 넥타이를 매고 긴 드레스를 입은 학생들이 줄줄이 들어서자 손님들은 열렬한 기립 박수로 그들을 맞았다.

∞ 그다음 학생들은 일어서서 5학년 때부터 읊어 왔던 아침 시를 마지막으로 낭송하였다.

나 세상을 들여다보니
그곳엔 태양이 비치고
그곳엔 별들이 반짝이고
그곳엔 돌들이 묵묵히 있고
그곳엔 식물들이 생기 있게 자라고
그곳엔 동물들이 느끼며 살아가고
그곳엔 인간들이 영혼 안에서
정신의 집을 마련한다.

나, 내 존재에 깃들인
영혼을 들여다본다.
이 세상 지으신 이가
태양 빛과 영혼 빛 속을
저기 바깥쪽 세상 넓은 곳을
여기 안쪽 영혼 깊은 곳을
누벼 다니시나니
그대, 창조주의 정신에
나 뜻 모아 청하나니
배우고 일하는
은혜롭고 순결한 힘이
쉼 없이 내 안에 자라날 수 있기를.

∞ 첫 번째 연사는 내가 이 학급을 맡기 직전에 가르쳤던 학생이었다. 8년 전에
졸업하여 상급학년과 대학을 마친 상태였다. 흑인이기도 한 그는, 자신의 개
인적인 여행담과 함께 발도르프학교에서 지낸 시간이 삶에 지속적인 영향을
주고 있다고 하였다.

∞ 그다음 조녀선이 플루트를 연주하였다.

∞ 나는 우리가 함께 보낸 지난 8년의 기억을 나누었다. 그 기억 속엔 가정 방문,

헤어 핀서와 에번, 마리아의 달리기 시합이 들어 있었다. 〈활짝 핀 히스 꽃〉을 낭독하였고 우리 아이들과 함께 공부한 선생님들에 관해서 이야기하였다. 내적, 외적인 변화와 6학년 때 비 오는 날의 바비큐 파티, 몇몇 아이들이 성미를 부리던 순간들, 멋진 유머가 있었던 사건들을 이야기하였다. 이를테면 어느 날 점심시간에 마크가 "나한테 뭔가 빌려 줄 수 있는 사람?" 하고 물었다. 우리는 모두 마크가 맛있는 음식을 좋아한다는 사실을 알고 있었다. 나는 학생들이 지금 모습으로 존재하는 데 감사하였다. "나는 우리 반의 화기애애한 분위기, 상호친밀감, 일을 완수하려는 헌신, 해마다 높아가는 책임감, 그리고 나눌 줄 아는 능력에 늘 기쁨을 느껴 왔습니다."

∞ 애비가 졸업식을 위해 써 온 시를 낭송하였다.

> 나 저 멀리에
> 봉오리 진 묘목 한 그루 보나니
> 살아가며 부닥칠 위험은 전혀 모르는 채…
>
> 나 어떤 길이든 가야 하리, 운명이 정한 길이라면
> 나 어떤 법이든 따라야 하리, 내 영혼이 만든 법이라면
> 뒤를 돌아보면 봉오리가
> 앞을 바라보면 꽃이 보인다네
> 저 멀리에 꽃이 보인다네.

∞ 팀이 시를 나누어 주었고 마크가 수필 한 구절을 읽었다.

∞ 마크의 어머니가 지난 8년간 학부모로서 경험을 이야기하였다.

∞ 학생들은 루돌프 슈타이너가 슈투트가르트의 첫 발도르프 학교에 헌정한 시 〈아름다움에 뛰는 가슴〉을 낭송하였다. 그 시는 학생들이 받은 졸업장 표지 안쪽에도 씌어 있었다.

> 아름다움에 가슴 뛰고
> 진리를 수호하고

고귀함을 우러르고
선한 결심을 하는 것이
여행길에 있는 인간을
그의 필생의 목표들로
행동은 올바름으로
느낌은 평화로움으로
생각은 밝음으로 이끌어 가고
또한 그가 신의 인도를
존재하는 모든 것을
이 세상 만물을
영혼의 깊은 토양을
믿도록 가르치도다.[26]

∞ 그다음 학생들은 피아노 주위에 모여 에멀리의 능숙한 반주에 맞추어 다 같이 바흐의 〈예수, 인류 소망의 기쁨〉을 불렀다.

∞ 이별의 시간이 가까워져 오고 있었다. 나는 학생들에 대한 나의 바람을 아일랜드 기도문으로 대신하였다.

그대 앞에 길이 끊이지 않기를
바람이 언제나 그대의 등을 밀어주고
태양이 그대 얼굴을 따사로이 비추고
비가 그대 밭에 살포시 내려서
우리 다시 만날 때까지
신의 손바닥 위에
그대 있기를.

∞ 벅찬 마음으로 나는 학생들의 이름을 하나하나 불렀고 아이들은 한 명씩 앞으로 나와 교사대표가 주는 졸업장을 받았다. 내가 마지막 악수를 청하자 답

례로 아이들은 한 명도 빠짐없이 나를 안아 주었다.

∞ 20여 명에 달하는 우리 루돌프 슈타이너 학교 교사회 전원이 일어나 식장 한 켠에 줄지어 서서, 축하잔치를 위해 줄줄이 방을 빠져나가는 학생들 하나하나와 작별의 악수와 포옹을 나누었다. 식이 끝날 즈음에는 눈시울이 젖지 않은 아이가 거의 없었다.

나는 거의 4년이 지나서야 이 학생들과 함께한 나의 여행에 대하여 쓸 수 있었다. 그 경험이 참으로 벅차서 그 과정을 돌아볼 시간, 이야기를 가려낼 시간, 그러한 경험들의 참뜻을 되새길 시간이 필요하였다. 일단 쓰기 시작하자 말이 쏟아져 나왔다. 나는 과정의 과정을 믿게 되었다. 이 책을 씀으로써 내 여행은 완성되었다. 이야기를 이어가다 보니, 이제 독자들 앞에 책을 내놓을 수 있게 되었으며 이 책이 8년간의 교육과정에서 일어났던 일들을 이해하고자 하는 한 교사의 개인적인 진술임을 알게 되었다.

무엇보다 머릿속을 떠나지 않는 생각이 하나 있다. 내가 한 일이 얼마나 보잘것없으며 또 내가 보살피던 아이들의 노력을 통하여 얼마나 많은 것들이 이루어졌는가 하는 것이다. 그들을 알면 알수록 내가 깨달은 것은, 그들이야말로 끊임없이 나를 가르치고 있다는 사실이었다. 그들은 어른들과 같이 물질적 지식으로 꽉 찬 무거운 가방을 끌고 다니느라 방해받지 않았다. 그들은 신선하고 영감을 주며 별의 지혜로 가득한 보고寶庫를 지니고 있는 듯하였다. 나에게 있어 최고의 순간은 그 아이들의 가르침에 내가 진정으로 열려 있을 때였다. 그들의 가르침에 마음 깊이 감사한다. **8/8**

부록

창조적 사고를 위한 교육_ 발도르프 교육

조엔 앨먼Joan Almon _북미발도르프 영유아교육협회 대표

오늘날에 제기되는 문제를 해결하는 데에 낡은 방법은 적합하지 않다. 현대의 문제를 해결하기 위해서는 사고의 일신이 요구되며, 이를 위해서는 아이들, 특히 어린아이들의 교육에서 시작하는 것이 가장 좋다. 미국 학생들 사이에서 사고의 질이 떨어지기 시작한 때는, 현대의 삶을 살아가기 위하여 인간의 사고에 더 많은 창조성과 생명력이 필요해진 바로 그 때부터라는 데에 교육자들은 대체로 의견을 같이한다. 이 글에서는 창조적 사고 개발에 필요한 몇 가지 측면을 알아보고, 창조적 사고를 육성하기 위하여 발도르프 교육에서 행하는 방법을 일부 살펴볼 것이다.

사고와 발도르프 교육의 목적

발도르프 교육이 1919년에 시작되었지만, 많은 사람이 20세기보다는 오히려 21세기에 이 교육이 그 잠재력을 유감없이 보여주리라 믿고 있다. 발도르프 교육이 1970년을 지나면서 세계 전역에서 급속한 성장을 이루어 왔고, 1990년대에 들어 그 성장속도가 더욱 빨라지고 있다는 사실은, 발도르프 교육이 우리 시대에 적합한 사고를 육성함으로써 이제는 실로 그 진가를 충분히 발휘할 수 있게 되었음을 보여준다.

한편, 많은 형태의 교육이 점점 더 많은 도전을 겪고 있다. 이를테면, 미국 공립학교는 사고력 위기에 직면해 있으며, 교육자들이 곳곳에서 그 이유를 알아내려 애쓰고 있다. 대중매체에서 보도하거나 교육협의회에서 논의해 온 바와 같

이, 그러한 위기는 주로 다음 세 가지 현상에서 두드러지게 나타난다. 취학 전 단계에서는, 학습 위주의 유치원에 다니는 아이들이 스트레스를 받으며 잘 지내지 못한다. 교육자들은 지난 이십 년 동안 지배적이었던 학습 중심의 교육 과정을 탈피하여 놀이 위주로 돌아갈 것을 권장하고 있다. 초등학교 단계에서, 3, 4학년 아이들이 학습 의욕이 다 소진된 모습을 보인다는 것이다. 아홉 살이 지나면서 많은 아이가 배우는 데에 완전히 싫증을 낸다. 고등학교 단계에서는, 상당수 학생이 전혀 사고할 줄 모른다고 교육자들은 말한다. 고등학생에게 양자택일이나 사지선다 같이 틀이 정해진 질문을 해 보라. 그들은 잘 해낼 것이다. 그러나 그들에게 어떤 문제에 대해 깊이 생각해 보고 그 해법을 설명해 보라고 하면 많은 학생이 쩔쩔맨다. 하지만 이 세 가지 위기의 상관 관계를 파악하는 교육자는 극히 드물다. 그러나 발도르프 교육의 관점에서 볼 때, 유치원 시기의 조기교육이 초등학교를 비롯해 중,고등학교 시기에 어려움을 초래하는 것은 불을 보듯 뻔한 일이다.

미국 사회에서는 고등학교의 상황을 특히 문제시하고 있다. 이에 따라 사고를 촉진하기 위해 애쓰고 있으나 오히려 상황은 악화되고 있는 실정이다. 교육 단체들은 '학생들에게 어떻게 사고력을 길러줄 것인가'를 놓고 깊이 고민하고 있다. 이러한 사고의 위기를 제대로 짚어낸 이가 제인 힐리Jane Healy이다. 힐리의 관심 분야는 두뇌 연구와 정신 개발로서 자신이 저술한 『위험에 처한 정신』에서 다음과 같이 적고 있다.

> '사고 능력을 길러주는 것'은 요사이 교육계를 휩쓸고 있는 또 하나의 '운동'으로서 아이의 사고가 읽기 수준을 넘지 못한다는 사실에 대한 우려가 증대함에 따른 것이다. 사고 능력을 길러준다고 하는 프로그램들이 교사연수나 교사교육과정에서 날개 돋친 듯이 팔리고 있다. 하지만 학생들의 인식 능력을 끌어올리기 위하여 학습장, 계산 훈련, 문제지에 의존하는 것은 언어도단이라는 준엄한 비판이 있다. (Healy 308쪽, 1990)

힐리는 계속해서 학생들의 사고가 잘 발달하려면 두 가지 유형의 활동이 필요하다고 지적한다. 바로 분석 활동과 창조 활동이다.

사고를 잘 하려면 분석 능력이 좋아야 한다. 하지만 상상력이 또한 뒷받침되어야 한다. 선형적, 분석/언어적 좌뇌뿐 아니라 뇌의 양쪽 반구가 모두 사고를 잘 하는 데에 기여한다. 시각적이고 직관적인 우뇌가 영감의 많은 부분을 담당하는 반면에 좌뇌는 관리자나 현실주의자와 같은 착실한 역할을 맡아 보조를 맞춘다.... 상상력뿐 아니라 창조적 사고의 저하를 우려하는 사람들은 우뇌를 자극하기 위한 교수 방법과 수업 운영을 주창해 왔다.... [그러나] 진정한 창조적 상상력은 가정이나 학교에서 소홀히 대하는, 보다 깊은 차원에서 자란다는 사실이 점차 분명해지고 있다. (Healy 315~16쪽)

나는 이러한 창조적 사고의 '구원'에 발도르프 유아교육자의 한 사람으로서 대단한 흥미를 느꼈다. 분석적 사고는 현대 생활에서 매우 중요한 측면으로, 사고의 창조적인 면과 더불어 육성되어야 한다. 따라서 분석적 사고를 창조적 교육 과정에 어떻게 통합할 것인지를 두고 많은 얘기를 할 수 있을 것이다. 하지만 사고의 분석적 측면은 현대 사회에서 이미 충분히 강조되고 있으므로 이 글에서는 분석적 사고에 대해 약간만 언급할 것이며, 사고의 다른 한 축인 창조적이고 상상적인 면에 초점을 맞출 것이다. 현재의 사회 환경에서는 매체와 무미건조한 학교 공부에 소요되는 시간과 표준화된 시험이 만들어내는 압박에 의하여 정신의 창조적 측면이 맹렬한 공격을 받아 사그라질 중대한 위기에 처해 있다. 아이들이 양쪽 두뇌의 활발한 발육과 함께 성장해 나가도록 도울 수 있다면, 현재와 미래에 대단히 필요한 새로운 사고 형태가 가능해질 것이다. 예를 들어 환경문제와 같은 전 지구적 문제를 해결하려면 학습에 대한 창조적이고도 다각적인 접근이 필요하리라는 것은 확실하다. 미래를 대비한 적절한 사고 형태로서 확산적 사고 Divergent thinking에 관한 논의가 무성하다. 이를 정의하면 "어떤 문제에 대하여 다양하고 풍부한 아이디어 또는 해답을 낳는 창조적이고 상상력이 풍부하며 유연한 사고"가 된다.(Houston 72쪽, 1990) 학부모와 교육자들은 공통적으로 발도르프 졸업생들에게서 그와 같은 사고를 찾아볼 수 있다고 말한다.

1970년대 초에 나는 신참 교사로서 교육에 대하여 절충하는 태도를 취하였다. 친구 몇 사람과 함께 유아원을 차렸는데 그 중요 목적은 아이들의 정신을 활기차게 성장시키는 것이었다. 그러나 우리는 우리 교육의 치명적인 부작용을 전면으로 경험하였다. 아이들 내면의 불꽃이 꺼지지 않도록 하는 더 나은 길이 있을 것이라는 강한 믿음을 가지고 있던 우리는 처음 발도르프 교육을 접했을 때, 그 사상과 방법론이 마음에 들었다. 그리고 우리가 시도한 여러 접근 방법 중에서 발도르프 교육이야말로 아이들에게 가장 심층적인 만족감을 주었음을 확신하게 해준 것은 다름 아닌 아이들 자신이었다. 발도르프 교육을 도입하자 아이들은 자연스럽게 이끌려 이를 깊이 흡수하는 것이 아닌가. 아이들은 마치 꽃이 태양을 향해 피어나듯, 발도르프 교육을 받아들였다. 아이들의 반응은 우리가 시도한 다른 교육 방법들에서는 볼 수 없는 것이었다. 아이들이 발도르프 교육을 좋아한다는 것은 확실했다. 허나 내가 의문을 가졌던 것은, 이 교육 형태가 장기적으로도 그 효과를 발휘할 수 있겠는가 하는 것이었다. 발도르프 학생들이 고등학교에서는 어떤 형태의 사고를 보여주는가? 대학에서는 어떠한가? 그들의 인생은 어떠한가? 여러 해 동안, 나는 경험 많은 발도르프 교사에게 귀찮을 정도로 의문을 제기하였다.

한 발도르프학교 상급 교사가 아주 인상적인 이야기를 들려주었다. 그 학교는 초창기에 12학년 졸업반 학생들에게 소규모의 자유로운 예술 학교와 같이 부담이 덜한 대학에 지원하도록 권장했었다. 점차 자신감이 커가면서 학생들에게 아이비리그 지원을 권하기 시작하였다. 많은 학생이 입학 허가를 받았으며, 아이들이 입학한 첫 해에 그 대학들로부터 다음과 같은 편지가 학교로 날아오기 시작하였다. "학생들을 더 많이 보내주십시오. 이 학생들은 학생들 중 가장 영리하다고는 볼 수 없으나, 비교적 고른 발달을 보여줍니다."

발도르프 졸업생들을 가르쳐본 다른 교육자들도 같은 말을 하고 있다. 이를테면, 아델피 대학의 생물학 교수이자 의대 예과 지도교수인 워런 이켈버그Warren Eickelberg는 수많은 발도르프 졸업생을 가르쳐 왔는데, 그들에 대해 다음과 같이 말한다.

내가 교직에 몸담아온 지난 삼십 년 동안, 변화에 변화를 거듭해 왔음은 두말할 여지가 없다. 가치가 공격받고 행위의 기준이 의심받아 온 이 격동의 시대에, 내 교실에서는 때때로 안정을 낳는 독특한 영향력을 보아 왔다. 이러한 영향력은 발도르프학교 졸업생들로부터 나왔다. 그들은 다른 학생들과 달랐다. 그들은 하나같이 사람들을 배려하였고, 창조적이었으며, 자신만의 고유한 가치를 지녔고, 말을 할 때 남다른 데가 있는 학생들이었다. 발도르프학교 졸업생들은 여러 번

반복되거나 연구 조사로 입증해야 알 수 있는 사실의 이면을 본다. 그들은 대우주의 질서와 세포의 초미세구조인 소우주에 깊은 관심을 보이면서도, 화학, 생물학, 물리학이 사랑의 본질에 대해서는 별로 가르쳐 주지 않는다는 사실을 알고 있다. 나는 모든 발도르프 졸업생들이 우주의 질서를 믿으며, 인간의 정신이 이 질서를 인식하고 그 아름다움을 음미할 수 있음을 믿고 있다고 확신한다. (Eickelberg 2쪽, 1991)

아래 인용문은 발도르프학교 학생들의 사고력이 빛을 발하는 것은 대학에서뿐만이 아니라는 사실을 보여준다. 캘리포니아의 마린 카운티에서는 발도르프학교가 8학년 과정까지만 있고 남은 과정은 그 지역의 공/사립 고등학교에서 이어받는다. 많은 학생이 마린 아카데미에 다니게 되는데, 그 학교의 역사 교사인 제임스 시프먼James Shipman은 그들을 다음과 같이 묘사한다.

발도르프학교를 다닌 아이들에게서 발견되는 가장 주목할 만한 점은, 그 아이들이 사고하는 법을 배웠다는 점이다. 이 아이들에게 사고는 충분히 해볼 만한 '괜찮은' 활동인 것이다. 어떤 문제에 대해 사고하는 것과, 시험에 대비해 단순히 '정답'을 암기하는 것의 본질적인 차이를 이해하는 것처럼 보인다.... 학교 교육을 받기 시작한 때부터 배움은 평생의 사업이라는 생각을 어떤 식으로든 지니게된 것으로 보인다. (Shipman 1쪽, 1991)

이상의 일화들은 발도르프 학생들의 특성을 보여주고 있다. 발도르프 교육에 대해 아직 많은 연구가 축적되지는 않았지만, 독일에서 대입 시험 준비 학교인 김나지움을 졸업한 학생들과 발도르프학교 졸업생들을 비교한 대규모 연구가 있다. 본 대학 교수들은 국가에서 시행하는 매우 엄격한 대입 시험인 아비투어에서 1,460명의 발도르프 학생이 얻은 점수를 조사하여 김나지움에 다닌 학생들의 점수와 비교하였다. 김나지움의 모든 교과 과정은 아비투어에 맞춰져 있기 때문에 김나지움 학생들이 발도르프 학생들보다 점수가 높을 것으로 예상했다. 하지만 결과는 그 반대였다. 발도르프학교 학생들의 점수가 김나지움 학생들보다 높았을 뿐만 아니라, 발도르프학교를 더 오래 다닌 학생일수록 점수가 더 높게 나왔던 것이다.(『Der Spiegel』) 아비투어가 창조적 사고력을 측정한다고 보기는 어렵지만, 이런 결과들은 그런 시험 준비로 학생을 불구로 만들어 가는 교육과 거리가 먼 발도르프 교육이 실제로는 학생들이 좋은 성과를 얻는 데에 도움이 될 수 있다는 사실을 확실하게 보여준다.

인간의 삼중성

발도르프 교육에서 강한 사고의 능력을 포함해서 이렇게 다면적인 인간의 능력을 골고루 발달시키는 힘은 무엇인가. 루돌프 슈타이너가 최초로 발도르프학교를 세웠을 때, 그는 인간 영혼의 세 가지 활동인 사고, 느낌, 의지를 대단히 중요하게 보았다. 슈타이너는 이 세 측면을 육체의 주요 부분들과 관련지었다. 사고는 뇌와 신경계, 느낌은 자신이 리듬체계라 부르는 심장과 폐에, 의지 활동은 사지 및 신진대사계와 연결한다.

이 세 영역은 구별되지만 또한 긴밀히 연결되어 있다. 한 영역은 나머지 두 영역이 없으면 기능힐 수 없다. 하지만 긱긱 특성이 있어서 개인에게 그 고유한 성질을 부여한다. 균형 잡힌 인간이라고 하면 보통 이 세 가지 면이 모두 활기를 띠면서 조화로이 협력해야 한다. 한 측면이 너무 강한 나머지 다른 면들을 억누른다면 편협한 인간이 될 것이다. 그렇게 되면 정형화되고 기괴한 모습이 나타난다. 예를 들어 교수의 전형적인 모습을 희화하면 상아탑 안에 살면서 느낌, 의지와는 분리된 채 오로지 사고 활동만 하는 사람이 떠오를 것이다. 반대로 거대한 체구의 미식축구 선수라면 머리는 쓰지 않고 의지와 사지 속에 살며 엄청난 음식을 먹어치우는 모습이 떠오를 것이다. 그 중간에는, 오로지 느낌에만 몰입하는 예술가가 있을 수 있다. 실용적이거나 지적인 영역에는 거의 관여하지 않은 채 사람들과 어울려 웃고 즐기는 자유분방한 모습의 예술가. 물론 이들은 극단적인 예이다. 그러나 이러한 그림들은 인간 영혼의 세 측면이 모두 개발되지 않았을 경우에 얼마나 편협한 인간이 되는지를 이해하는 데에 도움이 된다.

루돌프 슈타이너는 이 세 가지 면을 아주 상세히 설명했을 뿐 아니라, 이 세 가지 자질을 모두 개발하기 위해서는 아이들을 어떻게 교육해야 하는지도 이야기하였다. 사고와 느낌과 의지는 같은 속도로 발달하는 것이 아니라 단계적으로 발달한다. 태어나서 첫 7년 동안, 아이들은 거의 모든 것을 신체 활동 속에서 배우며 주로 '의지' 속에서 살아간다. 이 기간에는 아이들이 어른과 더 큰 아이들의 행동을 모방함으로써 배움이 거의 무의식적으로 일어난다. 아이들의 '느낌'은 대개 일곱 살과 열네 살 사이에 가장 강렬하다. 따라서 상상력과 예술을 통하여 가르친 모든 것이 깊숙이 스며든다. 이 연령에서는 인간관계 또한 대단히 중요하다. 발도르프학교에서는 담임 교사와 맺는 관계를 통해서 인간관계를 길러 나간다. 여기서 담임 교사는 8년 동안 같은 학급을 맡아 모든 주요수업 과목을 가르치고 아이들 및 그 가족들과 깊은 관계를 맺는 것이 이상적이다. 또한, 창조력, 상상력과 함께 교실안 정돈과 경계에 대한 건강한 존중심을 가르치는 일이 매우 중요하다. 이런 자질들 역시 이후 학생들의 사고 안에 나타날 것이다.

상급 학년에서는 논리적이고 이성적인 '사고'가 강하게 깨어나며, 이때에 아이들은 각 과목의 전문가들과 함께 공부한다. 학생들은 교사의 도움을 받아, 특히 과학의 여러 현상을 관찰함으로써 자신의 고유한 결론을 이끌어내어 설명하고 논쟁하는 법을 배울 수 있게 된다. 요는 학생들에게 완성된 주장을 주입하기보다는 독립적인 판단력을 개발하는 데 있다. 학생들은 학업을 통하여 다양한 관점을 공부함으로써 문제를 여러 측면에서 살펴보고 드러난 차이들을 분간하는 데에 능숙해진다.

상급학년에서의 사고가 7~14세에 발달한 느낌을 비롯해 취학 전에 계발된 의지를 기반으로 형성되면, 정신은 생각을 실제 삶에 적용해 보려는 강한 바람(사고+의지)과 결합된 창조적 상상력(사고+느낌)을 그 특징으로 지니게 된다. 그것은 한편으로 과학 혹은 자연계와, 다른 한편으로 인간성 혹은 인간계 사이의 관계를 이해하는 정신이다. 그것은 이들 사이의 상호 침투를 기쁘게 받아들인다. 그러한 정신은 사고를 포함한 인간 활동을, 대우주 그림의 조화로운 예술로 본다. 이러한 세계관을 길러내는 것이 발도르프 교육의 핵심 목표이다.

영유아기부터 계속해서 아이의 내면에 경이감, 감사의 마음, 경외심을 길러주어야 한다. 아이들은 창조주가 강력한 힘을 행사하는 대우주의 일부분으로서 자신을 바라본다. 발도르프 교육은 종교를 가르친다는 의미의 종교 교육이 아니다. 하지만 루돌프 슈타이너는 어린 시절의 경이감과, 사고의 선행자로서 경이감을 개발하는 일의 중요성을 자주 언급하였다. 슈타이너는 그것을 다음과 같이 묘사하였다.(Steiner 14쪽, 1979) "우리가 사고를 시작하려면, 사고 작동을 시작이라도 하려면 그 전에 반드시 경이로움을 경험해 보아야 한다." 비록 어떤 종교단체에도 속해 있지 않지만, 발도르프학교는 인생의 신성한 면들에 대한 깊은 경외심으로 충만해 있다. 인간은 삶의 천상적 영역과 지상적인 영역을 이어주는 다리로 간주되며, 발도르프 교육은 두 영역을 위한 장을 마련해 준다.

창조적 사고를 위한 기초 세우기

사고를 개발하는 일은 풍부하고 복잡한 이야기이며, 이 정도 분량의 글을 가지고는 간략한 소개 이상을 하기가 어렵다. 나는 다음 두 가지 이유로 영유아기의 첫 7년에 주로 초점을 맞추었다. 우선, 영유아기는 내가 지난 이십 년 동안 중점적으로 공부해 왔기 때문이고, 다른 하나는 사고를 위한 평생의 기초가 마련되는 시기가 생후 첫 6~7년 간이라는 점 때문이다. 이론적인 내용을 흡수하는 일은 초등학교 1학년이 될 때까지 기다릴 수 있지만, 영유아기의 경험은 사고가 작동하는 방식과 창조력이 풍부해질 것인가에 지대한 영향을 미친다.

[첫 삼 년]

사고의 근간은 아이들이 전통적으로 가정에서 지내는 생후 첫 삼 년에 걸쳐 있다고 말할 수 있다. 첫 돌에 이르는 기간 동안, 아이들은 신체 움직임에 집중함으로써 점차 머리와 몸통, 사지를 통제할 수 있게 된다. 부모들은 모두, 아이가 머리를 가누고, 뒤집고, 똑바로 앉고, 서고, 걷는 그 중요한 순간들을 간절히 기다린다. 아이가 첫돌 무렵에 일단 바로 서서 걷게 되면, 아이는 수평적 영역에서 벗어나 수직적 세계로 들어선다. 세상을 보는 새로운 전망이 아이에게 열리는 것이다.

첫 돌부터 만 두 살까지 아이는 언어 습득 활동를 활발하게 전개한다. 단어를 쓰기 시작하는데, 처음에는 보통 사물들을 명명하기 위하여 명사부터 시작한다. 아이는 이름을 붙여 나가는 과정에서 주변 세계를 통합하고 분류하기 시작한다. '한나'라는 아이를 예로 들어보자. 한나는 길 건너편에 있는 개에게 마음이 이끌려 '개'라는 말을 맨 처음으로 하게 되었다. 그리고 한동안 '개'는 다리가 둘이든 넷이든 간에 움직이는 모든 존재를 의미하였다. 점차 한나는 엄마, 아빠나 다른 사람들이 '개'가 아니라 고유한 이름을 가지고 있음을 알게 되었다. 그 뒤 개를 고양이나 다람쥐 등 다른 동물들과 구별하게 되면서 네 발 달린 동물들을 다 개라고 부르지는 않는다는 사실도 깨닫기 시작하였다. 한나의 예에서 보듯이, 언어 발달이 단순한 단어 습득 이상이라는 사실을 알 수 있을 것이다. 그것은 세상을 분류하고 세상과 관계를 맺는 총체적인 과정이다.

말에서 사고의 기본이 형성되기 시작한다. 아이가 단어를 가지고 세상을 더욱 잘 묘사할 수 있게 되면, 아이는 세상에 대해 더 많은 생각을 하게 되고 더욱 잘 이해하려고 노력한다. 아이가 세상을 이해하려고 애쓰면서 바야흐로 '왜?'로 시작하는 일련의 질문이 시작된다. 왜 하늘은 파랗고, 해님은 노란색이에요? 이 질문에 대기의 상태나 불타는 가스에 대해 얘기해 주는 것은 어린아이들에게 아무 의미가 없다. 그러나 자연의 성질과 함께 하늘과 해님이 우리에게 어떤 느낌을 주는지를 얘기해 주면 아이는 깊은 만족을 느낀다. 어린이의 마음은, 파란 하늘이 아주 커다란 푸른 담요처럼 머리 위에 펼쳐져 있어서 우리를 안전하게 감싸주며, 노란 해님은 우리에게 따뜻함을 불어넣어 준다고 하면 이를 받아들인다. 만세 살쯤 되는 아이들의 질문을 곰곰이 생각하다 보면 사고 속에 자리한 상상력과 경이로움의 장소로 다시 돌아가게 된다.

만 두 살부터 세 살까지 아이들이 환상fantasy으로 가득한 사고의 영역으로 들어서게 되면 몇 가지 주요한 변화들이 나타난다. 언뜻 보면, 그 변화들은 사고와 관련이 없는 것처럼 보이지만 사실은 사고의 중요한 일부이며, 인간 사고의 참된 본질에 대해서도 많은 것을 알려준다. 가장 두드러진 발달이 '아니야(싫어)'라는 말을 쓰는 것인데, 이때부터 아이는 그 '미운 세 살'이 되는 것이다. 시달림을 당하는 부모에겐 마치 괴물 한 마리가 집으로 들어온 것처럼 보이겠지만, 아이가 진짜로 하고 싶은 말은 이것이다. "잠깐 물러나서 내가 해보게 해 주세요. 새로운 어떤 것이 막 태어나려고 해요." 새로운 것은 자아감각의 탄생, 즉 '나'라는 감각의 시작이다. '나'라는 단어는 외부에서는 배울 수 없는 가장 사적인 단어이다. 이것은 반드시 내부에서 생겨나야 한다. 이 단어를 쓰기 전에는, 아이는 보통 자신을 "철수 (또는 영희) 우유 주세요.", 또는 "아가 우유 주세요." 하는 식으로 표현한다. 이제는 "나도 우유 주세요."라고 함으로써 아이는 자아 인식의 새로운 단계로 들어서는 것이다.

이 새로운 자아감각은 종종 너무나 강렬하게 다가와서 아이에게 '우리'라는 감각을 위한 여지는 전혀 없는 듯이 보인다. 아이의 사회적 감각은 잠시 밀쳐진다. 이제 막 자신의 '나'를 발견한 고집쟁이 세 살배기처럼 이기적인 존재는 세상에 다시없는 것처럼 보인다. 다른 사람에 대한 배려는 사라진 듯하고 오로지 '나'라는 것만이 존재한다. 다행스럽게도 다음 발달단계에 이르면 세상에 대한 흥미가 생겨나서 아이는 다시금 더 큰 사회집단의 한 부분임을 느끼기 시작한다. 자아에 대한 최초의 인식은 사고를 위한 필수 단계이다. 왜냐하면 사고는 자기 자신 속으로 파고들 것을 요구하기 때문이다. 생각할 것이 있을 때 시장 한복판을 찾아가지는 않는다. 자신의 마음이라는 상아탑에 틀어박혀야 한다. 데카르트는 "나는 생각한다. 고로 나는 존재한다."고 하였지만, 만 세 살된 아이들은 "나는 존재한다. 고로 나는 생각한다."고 하는 것처럼 보일 때가 많다. "나는 존재한다"는 경험과 사고의 경험은 함께 일어난다.

만 세 살 무렵에 사고의 발달과 동시에 일어나는 주요한 발달이 한 가지 더 있다. 아이들이 환상을 갖기 시작한다는 것이다. 보통 만 두 살 반 무렵부터 시작되는데, 이 시기 아이들의 놀이는 현실 근거가 약해지면서 환상으로 채워진다. 솥이나 냄비를 두드리는 것으로는 충분하지 못하다. 이제 솥은 집이 되고 숟가락은 그 속에 사는 사람이 된다. 여전히 현실 세계를 분류하는 데에 몰두해 있는 두 살배기에게 생일 케이크라고 하면서 모래 한 사발을 주어 보라. 아이들은 대개 그것을 입으로 가져가려 할 것이다. 만 3세 아이에게 그것을 주면 당신을 이상하게 바라보며, "가짜죠? 그죠?" 할 것이다. 만 4세 아이에게 주면 그것이 놀이용임을 알고 막대기나 나뭇잎으로 장식을 하고는 생일 잔치를 열기 위해 친구들을 불러 모을 것이다. 일단 환상을 갖기 시작하면, 아이들은 환상을 통하여 아주 간단한 물건도 놀이에 필요한 온갖 것으로 변화시키면서 놀게 된다. 사고와 거의 같은 시기에 태어나는 환상은 사고의 강력한 동반자이다. 환상이 사고와 더불어 무르익게 한다면, 이 두 자질은 사물이 어떠하며 또한 어떠해야 하는지를 시각화할 수 있는 능력, 즉 창조적 사고로 성숙해 간다.

유감스럽게도 대부분의 현대 교육에서는 사고 발달에서 환상이 차지하는 중요성을 잘못 이해해 왔다. 지난 20여 년 동안, 미국의 유아시설들은 어린아이들에게 건강한 환상을 길러주는 일을 대체로 무시해 왔다. 대신 이성적이고 지적인 사고를 개발하는 데에 중점을 두었다. 발도르프 교육 관점에서 보면, 초년기 환상의 부재는 현재 너무나 많은 미국 학생들을 괴롭히는 스트레스, 무기력증, 사고불능의 문제를 직접적으로 초래한다. 20세기 위대한 과학자들 중 한 사람인 알베르트 아인슈타인Albert Einstein은 현대인의 사고에서 환상이 차지하는 중요성을 이해하고 있었다. 그는 다음과 같이 말하였다. "나 자신과 나의 사고 방법을 살펴본즉, 추상적이고 명확한 사고를 위하여 환상을 펼 수 있는 재능은 다른 어떤 재능보다도 더 중요한 의미를 지녀왔다는 결론에 도달하였다." (Stimpson 138쪽, 1988)

[유치원]

만 3세 반 무렵에 아이가 통합연령의 유치원에 들어가면, 일반적으로 어린이의 '나'는 잘 형성되어 자신과 가정 밖의 생활에 흥미가 생기기 시작한다. 아이는 환상의 힘이 깨어나서 활발하게 드러나기 시작한 때에 유치원에 들어간다. 환상은 아이가 유치원에 다니는 동안에 여러 발달단계를 거칠 것이다. 처음에는 미숙하고도 풍부한 환상이 그림 형제의 동화에 나오는 달콤한 죽처럼 보글보글 끓어오르다가 도처에 흘러 넘친다. 아이의 환상은 활기와 변화로 가득차서 만 3세 가량이 되면 다소간의 차이는 있지만 쉴새없이 움직인다. 점차 아이는 놀이에 더 집중하게 되고, 만 네 살이 되면 놀이 상황을 만들어 그 속에서 삼십 분 이상 머물 수 있게 된다. 그러나 3, 4세 아이들 놀이에는 아직도 공통점이 많은데, 그것은 둘 다 손에 잡히는 물건으로 놀이 상황을 만들어내는 데에 의존한다는 것이다. 이 아이들은 무슨 놀이를 할지 미리 생각하고서 유치원에 오지 않는다. 이런 저런 물건이 아이들의 상상력을 사로잡으면, 아이들의 환상은 그 물건을 필요한 것으로 변화시킨다. 아주 단순한 자연물을 놀잇감으로 주면 환상을 키우는 데 많은 도움을 준다. 평범한 통나무, 돌멩이, 천, 그리고 여러 가지 쌓기 재료에서 아이는 자신에게 필요한 어떤 것이라도 창조해 낼 수 있다. 또 환상은 대상물의 특징으로 인해 제한을 받지 않는다. 우주선을 원하는 아이에게 소방차 모형 같이 형태가 정해진 장난감은 아무 소용이 없다. 그 역도 마찬가지이다. 의자 몇 개와 천 몇 조각, 끈은 아이가 원하는 어떤 운송수단도 될 수 있다.

만 다섯 살이 되면서 놀이 의식은 새로운 단계로 접어든다. 이제 아이는 마음속에 '구상'을 가지고 유치원에 올 때가 많다. 손에 잡히는 물건에서 영감이 떠오르기를 기다리지 않고, 놀이에 대한 구상에서 출발하여 자신이 원하는 물건을 만들어내려고 한다. 어렵지 않게 한 시간 이상을 하나의 놀이 상황에 머물 수 있으며, 계속해서 며칠간을 동일한 생각으로 놀 수도 있다.

만 여섯 살이 되면 이 과정은 한 단계 더 진전한다. 아이들은 구상을 하지만 그 구상을 실행하기 위한 재료는 거의 필요하지 않다. 놀이 시간에 집을 짓거나 탈 것을 만드느라 많은 수고를 하지만 그 안에 들어갈 소품에는 거의 마음을 두지 않는다. 대신 놀이의 모든 단계를 대화로 표현하면서 놀이를 '말'로 진행한다. 이전에는 놀잇감과 팔다리로 분주하게 움직이며 표현했던 것이, 상상력이 태어나면서 이제 내부적으로 발생한다.

빈 출신의 발도르프 유치원 교사인 브로냐 자흘린겐Bronja Zahlingen은 아이들의 놀이가 환상에서 상상으로 전환하는 과정을 아름답게 묘사하였다. 어렸을 때, 그녀는 자신의 침실 창가에 자리한 넓은 의자에서 작은 물건들을 가지고 노는 것을 좋아했다. 그녀는 작은 인형들과 집들로 이런 저런 장면을 만들어내면서 아주 오랫동안 놀곤 하였다. 여섯 살 무렵, 여느 때와 같이 어떤 장면을 만들어낸 그녀는 눈을 감고 '내면'에서 놀기 시작한 날을 기억하고 있다. 상상력이 탄생하였으며 새로운 방식으로 놀이에 참여할 수 있었다.

상상력의 발달은 사고에서 지극히 중요한 단계이다. 그러나 환상의 발달이 저지당한 곳에서는 상상력의 발달 역시 어려움을 겪는다. 상상력이 없으면 역사 속의 사건이나 구술된 수학 문제, 책 속의 인물들을 그려낼 수 없다. 상상력 없이 학문적 주제에 접근하는 것은 아무리 해도 지루할 수밖에 없다. 따라서 초등학교 단계에서, 상상력의 도움 없이 교육을 받아온 아이들이 학습을 몹시 재미없어하는 것은 당연한 일이다. 아이들의 갓 태어난 상상력은 키워지고 길러지지 못하고 있다. 유치원 단계부터 이론을 습득하도록 강요받아온 아이들은 훨씬 더 심각한 문제를 겪을 수 있는데, 상상력이 태어나기도 전에 유산될 수 있기 때문이다. 6, 7세가 되기 전에 읽기를 배운 아이들은 읽기에 흥미를 잃어 결국 무기력증을 겪을 수 있기 때문에 일찍 배운 만큼의 효과가 없다는 지적들이 있다. 이러한 사실은, 아이들에게 생기를 주는 상상력이 없을 때 그런 독서와 학습이 얼마나 지루할지를 생각해 보면 당연하다 하겠다. 반대로, 경험으로 미루어 볼 때, 유치원에서 잘 놀고 생생한 환상을 갖는 아이가 읽기에도 대단한 흥미를 느끼는 동시에 상상력이 풍부한 초등학생이 되는 경우가 많다. 또한 아동기, 나아가 청소년기와 성인기에 이르기까지 정서적으로 잘 적응하기도 한다.

사라 스밀란스키Sara Smilansky를 비롯한 여러 연구자들은, 유치원 시절에 환상놀이를 하는 것이 이후 사회적, 정서적 발달뿐 아니라 정신적 발달에 어떤 이점이 있는지를 광범하게 연구해 왔다. 이른바 사회극놀이에서 최고 점수를 받은 아이들이 지능과 집중력이 더 높고 혁신성과 상상력 또한 뛰어나 다수의 인지 영역에서 가장 높은 점수를 받는다는 사실을 발견하였다. 또한 놀이를 잘한 아이들이 타인에 대한 공감 능력도 우수했으며, 덜 공격적이고, 대개 사회적 정서적으로 더 잘 적응하였다. 게다가 잘 놀았던 아이들이 타인의 입장에서 생각하는 능력이 뛰어나고, 두려움/슬픔/피로감을 덜 나타내었다. 스밀란스키의 결론에 따르면 또한 단순하고 특정한 모양을 갖추지 않은 놀이감들이, 모양이 정해진 '장난감'이나 학습교구보다 이러한 발달에 더욱 기여한다고 한다. 스밀란스키의 연구는 어린아이의 환상놀이가 강력한 사고 및 건강한 정서생활을 위한 능력 발달과 관련이 있음을 강하게 확인시켜 준다.(Smilansky 18~42쪽, 1990)

[1학년에서 8학년까지_담임과정]

　　　　영유아기에는 신체를 활발하게 움직이며 놀았다면 만 7세부터 14세 사이에는 감정 생활이 중심을 차지한다. 모방을 통한 학습은 줄어들고 아이들은 새로운 방식으로 교사에게 의존한다. 이제 교사는 세상을 알고 있는 애정 어린 권위자로 여겨진다. 취학 전 아동은 "나는 당신이 무엇을 하든 모방을 통해서 다 따라할 수 있어요." 라고 생각한다. 초등학생은 "난 모르는 것이 너무 많아요. 하지만 선생님인 당신은 알고 있으니까 내게 가르쳐 줄 거예요." 라고 생각한다. 학령기 아동들은 교사라는 애정 어린 권위자와 맺는 관계를 통해서 지식을 배워 나간다.

발도르프학교의 담임교사는 아이들과 생활하면서 수많은 도전에 직면한다. 교육과정은 대단히 풍부하고 다양하며, 교사는 8년에 걸쳐 방대한 목록의 교과목들을 창조적으로 제시해야 한다. 교사가 느끼는 지적인 압박은 엄청나다. 교사 자신의 창조성과 학문에 대한 애정은 물론이고 사고 또한 끊임없는 자극을 받는다. 더욱이 교사들은 8년에 걸쳐 자신이 맡은 학급과 살아 있는 관계를 찾아가야 한다. 아이들 및 그 가족들과의 관계를 지속해서 심화하기 위해 노력한다는 것이다. 이렇게 인간관계가 계속 이어지는 것은 아이들에게 더할 나위 없이 좋은 경험이 된다. 동시에 아이들은 외국어, 예술, 수공예, 체육, 원예 등의 다양한 과목을 가르치는 여러 전문 과목 선생님과도 관계를 맺어 나가는 법을 배우게 된다.

학령기 아동에게 새롭게 나타나는 또 다른 특징은 기억력이 자유로워진다는 것이다. 아동이 취학 전이더라도 과거 사건의 세세한 부분까지 기억하여 우리를 놀라게 하는 일이 종종 있다. 그러나 그들이 뜻대로 기억을 되살려내는 일은 거의 없으며, 그보다는 소리나 냄새, 장면 등을 계기로 기억이 촉발된다. 그러고 나면 기억은 풍부하게 흘러나온다. 이에 비해 학령기 아동은 자신의 마음속으로 들어가 자기가 찾는 기억을 캐낼 수 있다. 이것은 지적 활동이 필요한 과목을 습득하기 위해 요구되는 핵심적인 자질이다.

초등학생의 변화를 하나 더 꼽자면 규칙에 매우 흥미를 보인다는 사실이다. 이는 놀이에서 확인할 수 있는데, 이때부터는 이전의 창조적 환상놀이보다 규칙이 있는 놀이를 더 많이 한다. 학습에서도 아이들은 규칙을 따를 준비를 갖춘다. 이전에는 수학이나 쓰기의 규칙들을 이해할 수 없었기 때문에 그것들이 내면적으로 거의 의미를 가지지 못했지만, 초등학생은 이 규칙들을 이해할 수 있다.

학령기에는 의식의 수많은 다른 면이 깨어난다. 상당수가 리듬체계의 성숙과 관계가 있는데, 이전에는 상당히 불규칙하던 심장과 폐가 이제는 규칙적인 리듬으로 안정되기 때문이다. 리듬체계의 발달과 함께, 운율에 맞추어 줄넘기를 한다든지, 손뼉을 친다든지, 공 던지기를 하는 등의 리듬놀이를 좋아하게 된다. 이를테면 셈을 하거나 암송을 할 때 리듬에 맞추어 움직이면 아주 효과적이다.

리듬체계가 발달함에 따라 아이들의 정서생활은 한층 더 진전된다. 차갑고 지적인 교육으로 감성 발달을 소홀히 할 수도, 오히려 깊이 있게 자극할 수도 있다. 교사는 교육 과정에 예술적으로 접근하여 광범위한 주제를 살아나게 한다. 아이들은 8년 동안 자기들이 배우는 과목들에 애정을 가지게 되고, 이 애정은 청소년기와 그 이후 시기에 한층 깊은 지적 욕구로 발달한다. 발도르프학교에서 담임과정 교사는 학생들의 상상력과 느낌을 북돋우고, 아이들이 공감과 반감, 기쁨과 슬픔, 분노와 평온을 비롯하여 다양한 감정을 경험할 수 있는 맥락을 창출하는 방식으로 교육과정을 제시해야 한다. 신화, 건국 이야기, 감동적인 위인전을 통해 아이들의 도덕적 충동이 깨어나고 청소년기에 꽃 필 이상주의가 자라나기 시작한다.

[9학년에서 12학년까지_ 상급과정]

만 14세 무렵에는 논리적이고 지성적인 사고가 한층 다듬어져 강하게 발달하기 시작한다. 이제 학생들은 각자의 분야에서 전문적인 지식을 쌓은 교사들과 함께 공부한다. 교사들은 어린 십대들에게 아주 특징적으로 나타나는 비판적인 사고의 단계를 통하여 학생들을 지도하고, 청소년 후반기에 아이들이 독립적인 판단을 할 수 있도록 도와준다. 발도르프학교 상급과정에서는, 학생들이 스스로 삶에 대한 결론을 내릴 수 있도록 삶의 현상을 관찰하고 숙고하는 법을 가르친다. 학생들이 편협하지 않은, 원만한 사고를 할 수 있도록 문제를 다양한 관점에서 살펴보도록 격려한다. 내면 깊은 곳에서부터 진리를 찾아 나서는 여행이 시작되는데, 이와 같은 진리 추구는 성배를 찾아 나서는 원탁의 기사들의 모험과도 같은 심오한 여행으로 그들을 안내한다. 진정, 성배를 찾으러 가는 원탁의 기사들에게서 볼 수 있는 것과 다름없는 이상주의가 이 시기 청소년들의 존재 속에 자리잡는다. 발도르프학교 상급 교사들은 학생들에게서 "나는 누구인가? 나는 여기서 무엇을 하고 있는가? 내가 삶에서 추구하는 것은 무엇인가?" 하는 등의 본질적인 질문이 일어나고 있다는 사실을 알게 된다. 인문과학과 자연과학의 이론 과목들은, 학생들이 이 나이에 추구하는 그러한 깊은 의문에 문을 열어준다.

상급 학생들은 육체적, 정서적, 지적으로 워낙 많은 변화를 겪으므로 불균형하게 발전하기 쉽다. 많은 십대가 사교 생활에 지나치게 몰두한 나머지 사고를 개발하기 위한 여력이 별로 남아 있지 않다. 어떤 아이들은 운동에 지나친 열성을 부려서 사고 발달이 지체되기도 한다. 사교와 운동에 대한 균형 잡힌 관심이 사고에 도움이 되는 반면, 지나친 관심은 에너지를 사고로부터 다른 데로 돌린다. 청소년기의 젊은이를 지도하는 쉬운 방법은 없다. 그러나 그들이 영유아기에 육체적 자질들을 개발할 수 있는 건강한 기회와 느낌이 심화될 수 있는 기회가 있었다면, 그들의 정신이 균형 잡힌 형태로 꽃필 수 있는 가능성은 훨씬 높다.

[성년기의 사고]

태어나서부터 이십 년 동안 일어난 모든 것이 스물한 살이 되는 기초를 놓는다. 21세의 젊은이들은 만 3세 때 생겨난 것보다 더욱 근본적인 '나' 또는 개별성의 탄생을 경험한다. 이제 이들은 자기 삶의 방향에 대하여 훨씬 더 내면적인 책임을 질 준비를 갖춘다. 이들의 '나'는 사고, 느낌, 의지를 통해 발현되고, 자아의 이러한 면들이 건강하고 조화롭게 발달해 온 경우에 자아가 미래에 사용할 튼튼하고 명확한 도구가 생기는 것이다. 이 도구가 망가졌을 경우에, 개성이 뚜렷하고 건강하게 발현되게 하려면 치료를 위하여 엄청난 노력을 쏟아 부어야 한다.

정신이 풍부하고 느낌 및 의지 활동과 잘 연결되어 있으면, 일생을 통해 성장과 발전을 할 가능성은 아주 높다. 이때 우리는 자기 교육을 통해서 루돌프 슈타이너가 말한 새로운 사고 영역으로 들어갈 수 있다. 슈타이너는 현대인이 변화의 출발점에 서 있다고 하였다. 이전에는 불가능했던, 더 높은 형태의 새로운 사고 능력이 이제 개발될 수 있다. 슈타이너는 저서 『고차세계의 인식으로 가는 길』에서 첫 문장을 다음과 같이 시작한다. "더 높은 세계들을 꿰뚫어볼 수 있는 능력이 우리 각자의 내부에서 잠자고 있다." 현대인의 과제는 이 능력을 일깨우는 것이다.

이를 일깨우는 일이 쉬운 과정은 아니지만, 슈타이너는 이를 건강하게 일깨우도록 돕기 위한 연습과제와 지침을 제시한다. 아동기에 환상과 상상이 제때에 무르익고, 청소년기에는 이상주의로 충만한 독립적 사고가 성장하는 식으로 사고하는 능력들이 성숙해 왔다면, 그 길은 쉬워질 것이다. 이 모든 것이 경이감과 결합한다면 새로운 사고방식으로 향한 문이 열리게 된다. 사고를 일신할 수 있게 되고, 이를 통하여 삶의 다른 영역들도 일신할 수 있다.

참고문헌

14 December 1981.　　　　『Der Spiegel』

Eickelberg, W. 1991.　　　In 『The Results of Waldorf Education 』(bro-
　　　　　　　　　　　　chure) Kimberton, Penn.: Kimberton Waldorf
　　　　　　　　　　　　School.

Healy, J. M. 1990.　　　　『Endangered Minds』 New York: Simon and
　　　　　　　　　　　　Schuster.

Houston, J. E., ed. 1990.　『Thesaurus of ERIC Descriptors』 Phoenix, Ariz.:
　　　　　　　　　　　　Oryx Press.

Shipman, J. 1991.　　　　『The Results of Waldorf Education』(brochure)
　　　　　　　　　　　　Kimberton, Penn.: Kimberton Waldorf School.

Smilansky, S. 1990.　　　"Sociodramatic Play: Its Relevance to Behavior
　　　　　　　　　　　　and Achievement in School." In 『Children's Play
　　　　　　　　　　　　and Learning』ed. Edgar Klugman and Sara Smi-
　　　　　　　　　　　　lansky. New York: Teachers College Press.

Steiner, R. 1994.　　　　『How To Know Higher Worlds』Hudson, N. Y.:
　　　　　　　　　　　　Anthroposophic Press.

Steiner, R. 1979.　　　　『The World of the Senses and the World of the
　　　　　　　　　　　　Spirit』N. Vancouver, Canada: Steiner Books, Inc.

Stimpson, J. 1988.　　　　『Contemporary Quotations』New York: Hough-
　　　　　　　　　　　　ton-Mifflin.

주석

1학년

1 Rudolf Steiner, 『인간의 건강한 발달 Die gesunde Entwickelung des Menschenwesens』 (GA 303)

2 Rudolf Steiner, 『인간에 대한 앎에서 나온 교육과 수업Erziehung und Unterricht aus Menschenerkenntnis』 (GA 302a) 이 강연에서 루돌프 슈타이너는 성공적인 가르침을 위한 핵심 요소로서 경외심이라는 주제를 밝혀 나갔다. 다음은 내가 좋아하는 인용문들 중 하나이다.(또한 이 장의 첫머리에 나온 요점들을 부연 설명한다) "아이는 중개자이며, 교사는 사실상 정신세계에서 내려 보낸 힘들을 다룬다. 신성하고 거룩한 것에 대한 경외심이 교육에 스며들게 되면 진실로 기적이 일어난다. 그리고 당신이 이러한 경외심을 지니고 있다면, 탄생 전에 정신세계에서 발달한 그 힘과 연결된 이 느낌, 즉 깊은 경외심을 갖게 해주는 그 느낌을 갖고 있다면 수업에서 반드시 가르쳐야 할 내용에서 지적인 이론보다 더 많은 것을 성취할 수 있음을 알게 될 것이다.

교사의 느낌은 교육에서 가장 중요한 수단이며 경외의 감정은 아이에게 엄청난 형성적 영향을 미칠 수 있다."

3 Rudolf Steiner, 『인간 본질의 파악에서 나온 교육 예술Die Kunst des Erziehens aus dem Erfassen der Menschenwesenheit』 (GA 311) 루돌프 슈타이너는 교육에 관한 수많은 강연에서 이갈이의 중요성을 언급한다. 간단히 말하면, 아이는 생후 첫 6~7년 동안 물질 육체를 만들고, 유전된 힘을 자기 것으로 만들며 자신의 정신적 의도에 상응하는 형태로 육체적 본성을 조금씩 변형시켜 나간다. 이갈이는 이러한 성장의 힘들이 이제는 배움과 새로운 능력 개발에 자유롭게 쓰일 수 있음을 의미한다. 루돌프 슈타이너는 물질 육체의 탄생, 이갈이 시기의 에테르체의 탄생, 14세경에 아스트랄체의 탄생, 21세경에 자아의 탄생이라는 네 번의 '탄생'에 대해 자주 언급한다.

4 Steiner, GA 311. 어린아이를 위해 아름다운 환경을 창조해내는 일을 강조하는 것은, 아이는 '몸 전체가 감각기관'이며 주위 사람들이 일으키는 모든 인상에 반응한다는 사실에 근거한다. 다음은 아이의 건강과 관련하여 이 책의 핵심을 표현한다. "앞으로 남은 생애 전체에 걸쳐 아이의 건강은 주변 사람들이 아이 앞에서 어떻게 행동하느냐에 달려 있다. 이는 주변 사람들의 행동에 따라 아이가 특정한 경향성을 발달시킨다는 것을 의미한다." 다른 말로 하면, 아이의 건강은 교사로서 우리가 무엇을 이끌어 내느냐 뿐 아니라 그것을 어떻게 이끌어내느냐, 또 그 순간 우리 안에 깃들어 있는 것은 무엇이냐에 직접 영향을 받는다. 이 말의 의미는, 교사가 예술, 자연, 공부, 여행을 통해서 지속적으로 성장하며 자신을 새로이 가다듬는 일이 중요하며, 이 일이 '시간이 허락하는' 한도 안에서 추구하는 이기적, 개인적인 문제가 아니라는 것이다.

오히려 건강을 주는 교육을 하려면 이는 필수적이다.

5 Rudolf Steiner, 『교육예술 3: 세미나 논의와 교과과정 강의』 (GA 295, 밝은누리, 2011)

6 이런 더 깊고 보이지 않는 문제들은 카르마와 연결되어 있다. Rudolf Steiner, 『카르마 관계에 대한 비학적 관찰 Esoterische Betrachtungen karmischer Zusammenhänge』 (GA 235) 참조.

7 Steiner, GA 302a. 이 책에서는 권위 있는 인물로서 발도르프 교사의 역할을 7세에서 14세 사이 아동 발달이라는 맥락에서 자세하게 서술한다. 슈타이너는 다음과 같이 쓰고 있다. "8세나 9세가 된 아이에게 가르치는 많은 것은, 아이가 사랑하는 교사 앞에서 분명한 권위와 마주하고 있음을 느낄 때에만 받아들여질 것이다. 교사는 아동에 대해서 진眞, 선善, 미美로 이루어진 전체 세계를 대표해야 한다. 교사가 아름답고, 진실하고 또는 선하다고 여기는 것을 아이들도 그렇게 여겨야 한다. 이갈이에서 사춘기까지는 이렇듯 명백한 권위가 모든 가르침에 바탕이 되어야 한다. 아이가 이러한 권위의 영향 아래에서 받아들인 것을 전부 이해하는 것은 아니다. 교사를 사랑하기 때문에 그 모든 것을 받아들이는 것이다. 이때 받아들인 것은 나중에, 예를 들어 35세가 되었을 때 내면을 변화시킬 수 있는 근본적인 힘이 된다. 아이들에게 쓸데 없는 지적 개념만을 가르쳐야 한다고 말하는 이들은 인간 본성에 대한 진정한 통찰력도, 35세가 된 사람이 일찍이 자기 선생님에 대한 사랑만으로 받아들였던 것을 불러낼 때 그 힘이 얼마나 생기를 주는지도 인식하지 못하고 있는 것이다"

8 이와 같은 생명력 또는 활력을 인지학적 용어로 에테르 힘 또는 에테르체라고 한다. 미주 6학년 12번 참조.

9 Rudolf Steiner, 『음악의 본질과 인간 내면의 음조 경험Das Wesen des Musikalischen und das Tonerlebnis im Menschen』 (GA 283) 이 강의를 비롯하여 여러 곳에서 슈타이너는 어린아이들에게 5음계의 분위기로 수업하는 것의 중요성을 설명한다. 그것은 인간 발달에서, 오늘날 어린아이가 체험하는 의식 단계에 적합하기 때문이다. 나는 담임교사일 때 코로이Choroi에서 제작한 오음계 나무 리코더를 사용하였다.

10 루돌프 슈타이너의 시. 출처: 『발도르프 교육의 심화를 위하여Towards the Deepening of Waldorf Education』 (Forest Row, Sussex, England: The Steiner Schools Fellowship Publications, 1980) 교사마다 다른 번역본을 사용하기도 한다. 다음은 아비어 에지Arvia Ege의 번역이다.

> The sun, with loving light,
> Makes bright for me the day.
> The soul, with spirit power,
> Gives strength unto my limbs.
> In sunlight's radiant glance
> I reverence, O God,
> The human power that you

So lovingly have planted
For me within my soul,
That I with all my might
May love to work and learn.
From you come love and strength,
To you stream love and thanks.

11 Margaret Rowe, Elizabeth Gmeyner, and Joyce Russell, 『왕국의 열쇠: 어린이를 위한 이야기와 시The Keys of the Kingdom: A Book of Stories and Poems for Children』 (New York: Anthroposophical Publishing Co., 1951) p.3

12 Steiner, GA 311

13 Steiner, GA 302a

14 루돌프 슈타이너는 문자를 익힐 때 시를 활용할 것을 권하였다. 내가 알기로는 대부분의 발도르프 교사가 자신이 선택한 이야기와 자기가 맡은 학급에 필요한 것을 토대로 직접 시를 만든다.

15 Molly de Havas, 『노래하는 말Singing Words』 (Chichester, Great Britain: Chichester Press, 1951) p.28

16 Walter Braithwaite, 〈백설공주와 일곱 난장이Snow White and Seven Dwarfs.〉 (1939) p.35~40

17 '살아 있는 내용'이라는 말이 몇몇 독자에게는 분명치 않아 보일 수도 있다. 이는 정보보다는 지혜가 들어 있어서, 이후로도 아이의 의식 속에 계속 살아있으면서 더 깊이 있는 상상력을 불러일으키는 내용을 말한다. 발도르프 교육은 실습 중심의 교육이 아니라, 장기적으로 그 결과가 드러나는 것을 훨씬 더 중요시 한다. 즉, 그림으로 전달한 내용은 여러 해 동안 영혼의 양식이 되지만 개념적으로는 오랜 세월이 지난 후에야 비로소 온전히 이해할 수 있다. 실제로 죽을 때까지 그 때 받아들였던 상의 새로운 깊이와 미묘한 의미를 새록새록 발견하게 될 것이다.

2학년

1 Dorothy Harrer, 『초등과정을 위한 수학 수업Math Lessons for Elementary Grades』 (Spring Valley, New York: Mercury Press, 1985) p.1~34

2 Steiner, GA 302a

3 Steiner, GA 302a

4 서서히 육체 조직을 제어하며 그 안에서 '현존하게' 되는 이 과정은 인지학적인 용어로 '육화 과정'이라 한다.

5 GA 311에서 슈타이너는 아동의 걸음걸이를 전생과 연관 짓는다. 이를 통해 교사는 아이를 이해하는 '큰 그림'의 차원을 한층 더 넓힐 수 있다. 또한 GA 302a에서 슈타이너는 육화 과정을 좀 더 상세히 설명하고 있다. 자아는 0세부터 7세

사이에는 주로 육체 조직 안에, 7세부터 14세 사이에는 에테르 조직 안에, 그리고 14세부터 21세 사이에는 아스트랄 조직 안에 '뿌리 내리며', 21세가 지나서야 완전해진다고 한다. 이러한 과정을 거치는 동안 자아가 뿌리내리는 힘이 지나치게 강할 수도 혹은 지나치게 약할 수도 있다. 이 과정이 균형을 이룰 수 있도록 돕는 것이 치유 오이리트미의 한 과제이다. 치유 오이리트미는 동작치료의 한 형태로서 발도르프학교 오이리트미 수업 시간에 아이들이 하는 예술 오이리트미에 토대를 둔다. 치유 오이리트미는 유기체의 불균형을 보상하기 위하여 유기체를 강화하는 집중적인 치료훈련을 이용한다. 항상 인지학 의사와 함께 작업한다.

6 미주 1학년의 3번과 8번 참조

7 유전되었거나 이전 존재로부터 가져온 습관과 기질은 에테르체에 자리 잡는다. 성인이 되어 좋지 않은 습관들을 깨뜨리거나 바꾸는 일은 아주 어렵다. 그러나 깨어있는 교사라면 아이가 아직 어릴 때 그러한 습관의 변화를 돕기 위해 많은 일을 할 수 있다.

8 Rowe, 『왕국의 열쇠Key of the Kingdom』 p.27

9 Steiner, GA 311

10 이솝 우화에서 발췌.

11 마거릿은 또한 1984년 4월까지 밤에 오줌을 쌌다. 슈타이너는 『특수교육학 강의』(GA 317, 밝은누리, 2008)에서 야뇨증은 아스트랄체가 '넘쳐나고 있는'(77

ff.) 신호라고 지적하였다. 필요한 조치는 교사가 모든 충격, 뜻밖의 사건, 소음을 아동의 주위 환경에서 없애 주는 것이다. 마거릿은 시력이 나빴기 때문에 콩주머니를 던질 때조차도 미리 알려주려고 유의하였다. 슈타이너는 더 나아가 치유에 관한 강연에서, 교사가 의식적으로 가르치는 속도를 달리하는 것은 자아와 관련하여 아스트랄 조직을 강화하고 통합하는 데 도움을 줄 수 있다고 지적한다.

12 Jacques Lusseyran, 『그리고 빛이 있었다.: 시각장애인 투사의 자유를 위한 영웅적 삶And There Was Light: The Heroic Experiences of a Blind Fighter for Freedom』 (Worcester, Great Britain: Billing & Sons, 1963) p.11

13 Thomas Moore는 1992년 저서 『영혼 돌보기Care of the Soul』 (Harper Collins Publishers)에서 르네상스 의사들의 말을 인용한다. "개별 인간의 본질은 하늘의 별에서 기인한다. 이는 현재 모습만을 그 사람의 전부라고 여기는 현대적 관점과 얼마나 다른가." (p.1)

14 Ursula Synge, 『개울의 거인 및 성인들의 전설The Giant at the Ford and Other Legends of the Saints』 (Athenaeum, New York: Margaret K. McEldery, 1980) p.106

15 Rudolf Steiner, 『교육예술 1: 인간에 대한 보편적인 앎』 (GA 293, 밝은누리, 2007)

16 Rudolf Steiner, 『어디서 그리고 어떻

게 정신을 찾는가? Wo und wie findet mann den Geist?」(GA 57) 이 소책자에서는 기질을 아이의 육화와 연결지어 설명하고 교실에서 이러한 기질차에 대처하는 법을 알려준다. 나는 교사들이 특히 브리그스-마이어스가 발전시킨 융 Jung 식의 학습유형도 다뤄보기를 권하고 싶다.

17 Steiner, GA 311. 1강에서 슈타이너는 실제로, 추상적인 생각들을 이용하는 것을 아이를 몇 년이 지나도록 억지로 같은 신발에 발을 쑤셔 넣는 데에 비유하였다. "우리는 언제까지나 변하지 않도록 만든 개념을 아이에게 주려고 한다. 그렇게 고정된 개념을 주는 대신에 확장할 수 있는 개념을 주어야 한다. 우리는 끊임없이 우리가 아이에게 제공하는 생각들 안으로 그 영혼을 쑤셔넣고 있다." 나는 수업에 들어갈 때마다 다음과 같은 질문을 해보는 것이 교사로서 매우 도움이 된다고 느낀다. '우리가 상상도 못할 미래를 살 아이들에게 나는 무엇을 전해주려고 하는가?'

18 Steiner, GA 302a. 이 부분에서는 지속적인 발견의 느낌(그리고 나중까지도 정말로 어떻게 가르쳐야 할지 모르겠다는 느낌)이 가르침에 필요한 내적인 태도를 발전시켜 나가는 데에 얼마나 중요한지를 자세히 기술하고 있다.

3학년

1 Rudolf Steiner, 『현대의 정신적 삶과 교육Gegenwärtiges Geistesleben und Erziehung』(GA 307)

2 Steiner, 같은 책

3 Steiner, 같은 책

4 Steiner, 같은 책

5 Hermann Koepke, 『자아와의 조우: 9세의 변형과 운명Encountering the Self: Transformation and Destiny in the Ninth Year』(Hudson, New York: Anthroposophic Press, 1989) p.4

6 『그림 형제 동화 전집 The Complete Grimm's Fairy Tales』(New York: Panthean Books, 1972)

7 이솝 우화 개작.

8 직접 창세기 개작.

9 Koepke, 같은 책, p.37

10 Koepke, 같은 책, p.36

11 이 시의 출판본은 내게 없다.

12 당시 그레이트 배링턴 학교에서 가장 노련한 교사이던 진 제이Jeanne Zay가 이 촌극을 써서 나에게 넘겨주었다.

13 Pelham Moffat, 『아이들을 위한 21편의 희곡21 Plays for Children』(Edinburgh: Rudolf Steiner School Press, 1967) p.13~28

14 출애굽기 37장

15 자기 계발에 관한 루돌프 슈타이너의 기본 저서 『고차세계의 인식으로 가는 길』 (GA 10, 밝은누리, 2003) 35쪽. 이 책 앞부분에서, 슈타이너는 아이에 대한 특별한 언급과 함께 경외심의 길을 설명하고 영혼의 근본적인 자세를 제시한다. "신비학자는 이러한 기본 정서를 진리와 인식에 대한 겸손의 오솔길, '존경심의 오솔길'이라고 부른다. 이 같은 기본 정서를 지닌 사람만이 신비 수행자가 될 수 있다. 이 영역에서 체험을 쌓았던 사람은, 나중에 신비 수행자가 될 사람들의 경우에 이미 어린 시절에 어떤 소질을 드러내는 지를 잘 안다. 자기가 존경하는 어떤 사람들을 경외심을 갖고 우러러 보는 아이들이 있다. 그 아이들은 그런 사람들에 대한 외경심을 가지고 있는데, 이 외경심 때문에 그들의 마음 깊은 곳에서는 비판하고 반대하는 생각이 생길 리 없다. 그 아이들은 존경할 만한 어떤 것을 우러러 볼 때 큰 기쁨을 얻는 젊은이들로 성장한다. 이러한 아이들 가운데에서 신비 수행자가 많이 생겨난다....그러한 소질이 예속과 복종의 씨앗일 리 없다. 처음에 인간에 대해서 지녔던 어린애다운 존경심은 나중에 진리와 인식에 대한 존경심이 된다. 존경할 만한 곳에서 존경하는 것을 배웠던 사람들이 정신을 자유롭게 유지하는 방법도 가장 잘 알고 있다는 것은 경험이 가르쳐 주고 있다. 가슴 깊은 곳에서 존경심이 솟아오를 때, 그 존경심은 항상 적합한 것이다."

4학년

1 1992년 여름부터 가을까지 나는 발도르프학교와 공립학교 교사 각 60명을 대상으로 조사를 벌인바, 가정의 책임과 학교의 책임 사이에서 균형을 이루는 문제가 실로 깊은 관심사라는 사실을 알게 되었다. 이 문제와 다른 문제들에 대한 조사 결과는 나의 프로그램 요약본에서 볼 수 있다.(Union Institute, Cincinnati, Ohio, 1992)

2 『인간에 대한 정신과학적 앎의 관점으로 본 교육실천. Die pädagogische Praxis vom Gesichtspunkte geisteswis-senschaftlicher Menschenerkenntnis』 (GA 306)에서 루돌프 슈타이너는 아동기의 첫 3년 동안 걷고, 말하고, 생각하는 법을 배우는 일의 중요성을 설명하고 있다. '맥스'가 여섯 살이 될 때까지 배우지 못한 걷기에 대하여 슈타이너는 다음과 같이 쓰고 있다. "걷기를 배우는 일은 자신의 내적 존재 안에 있는 정적인 부분과 동적인 부분의 원리들을 체험하여 이를 전체 우주와 연결짓는 법을 배우는 것이다.... 다리의 움직임은 특정한 방식으로, 물질과 영혼의 삶 속에 삶을 분절하는 것, 박자의 본질과 강하게 연관시키는 효과를 낳는다. 오른발과 왼발의 움직임을 조율하면서 우리는 자신을 발 아래에 있는 것들과 연결시키는 법을 배운

다. 팔 동작이 다리 동작에서 벗어남으로써 새로운 음악적 선율적 요소들이 다리 움직임에 의해 만들어진 박자와 리듬 속으로 도입되는 것이다. 우리 인생의 내용 (또는 인생의 주제)은 팔의 움직임 속에서 드러난다.”

3 특별한 보호를 필요로 하는 아동과 성인이 함께 살아가는 캠프힐 공동체는 전 세계에 많이 있다. 다음 주소로 편지를 보내면 더 많은 정보를 얻을 수 있을 것이다.

Camphill Special Schools, Inc., Beaver Run, RD 1, Box 240, Glenmoore, PA 19343.

4 교사회가 이끄는 발도르프학교에 관하여 더 자세한 사항을 알고 싶은 독자는 북미 발도르프학교 연합 (Association of Waldorf Schools of North America, 3911 Bannister Road, Fair Oaks, CA 95628)에서 펴낸 『운영 예술The Art of Administration』에서 내가 쓴 장을 읽어볼 것을 권한다.

5 벨레다 제약회사는 회보를 발간하며, 뉴욕(Route 45, Chestnut Ridge, New York)에 소매점과 도매점을 모두 운영하고 있다.

6 토머스의 할머니 이름은 루스 핀서 Ruth E. Finser로, 매사추세츠 올리언스, 케이프코드에 살고 계신다.

7 슈타이너는 발도르프 교육에서는 자기 개발이 중요함을 여러번 언급하였다. 초보적인 독자들에게 가장 기본이 되는 책은 『고차세계의 인식으로 가는 길』 (GA 10)이다.

8 Steiner, GA 302a

9 Steiner, GA 293

10 Steiner, GA 302a. 슈타이너는 어떻게 해서 리듬 체계가 개입했을 때에만 진정한 이해, 진정한 깨달음을 얻게 되는지 설명한다. “리드미컬한 동작과 호흡을 수반하는 그러한 활동들을 통해서 아이들은 진정한 깨달음을 체험해 볼 수 있다.”

11 Molly Von Heider, 『그리고 손을 잡으라And Then Take Hands』 (Millbrae, CA: Dawne-Leigh Books, 1981) p.35

12 Meta Roller, 『말하기 수업으로서의 외국어 수업Fremdsprachunterricht als Sprechunterricht』

13 발음이 까다로운 말들은 다양한 자료에서 취하였다. 출판된 자료는 내게 없다.

14 Kevin Crossley-Holland, 『북유럽 신화The Norse Myths』 (New York: Pantheon Book, 1980) p.3

15 숙제와 관련하여 나의 주된 목표는 좋은 ‘공부 습관’을 북돋아 주는 것이었다. 좋은 공부 습관을 들이기 위하여 특별한 과제철을 이용하였고, 4학년은 매주 한 날을 정해 과제를 하였으며, 완성도와 신속함에 중점을 두었다. 학년이 올라가면 나는 학급의 첫 저녁 간담회에서 학부모들에게 숙제에 관한 나의 기대를 주지시켰다. 그래서 필요할 때 아이들 ‘곁에

서' 숙제를 봐주기 위하여 부모들이 시간을 미리 조절할 수 있었다. 일단 숙제가 주어지면 끝을 맺도록 강조하는 것이 아동의 도덕성 발달에 매우 중요하다. 그래서 좋은 습관을 형성하려는 의도로 내 책상 위에 '숙제의 돌'을 준비해두었다. 과제를 내준 다음날 아침, 아이들이 교실에 들어서면 자기 숙제를 그 돌 밑에 둔 다음 나와 악수를 하게 하였다. 만약 과제를 잊어버렸거나 집에 두고 왔다면 교실 바로 바깥에 놓인 책상에 앉아 그날 수업이 시작하기 전까지 숙제를 하도록 했다. 그러나 그런 일은 별로 일어나지 않았다. 과제가 크게 어렵지 않았기 때문이다. 게다가 최소한 4학년 아이들은 숙제라는 것 자체를 정말 좋아한다! 나중에 학년이 올라가 열정이 어느 정도 수그러들었을 때 그 전에 형성된 공부 습관 (또한 정확하고 깔끔하게 마무리하는 습관)은 그것들을 완수할 수 있도록 도와준다. 해마다 기대치를 높여 감으로써 8학년이 되었을 때는 보통 한 주에 사나흘은 숙제를 하였다. 그러나 이러한 과제들이 항상 학문적인 것만은 아니었다. 리코더 연주나 연극을 위한 대사 암송, 수공예 작품의 마무리도 숙제가 되었다. 일반적으로, 숙제는 학교에서 마무리할 수 없는 것을 마무리하고 연습을 하는 목적이다. 아이들이 가장 민첩하고 활력이 넘치는 학교 수업시간은 아이들의 새로운 배움을 위해 남겨두었다.

16 Crossley-Holland, 『Norse Myths』 p.38~43

17 Eileen Hutchins, 『And Then Take Hands』 중 〈이두나와 황금 사과Iduna and the Golden Apples〉 p.115~25

18 Crossley-Holland, 『Norse Myths』 p.194

19 Rudolf Steiner, 『지구의 호흡과정으로서의 일 년의 순환과 네 가지 큰 절기축제. 인지학과 인간의 느낌본성Der Jahreskreislauf als Atmungsvorgang der Erde und die vier groβen Festeszeiten. Die Anthroposophie und das menschliche Gemüt.』 (GA 223)

20 Harrer, 『Math Lessons』 p.99.

21 Rudolf Steiner, 『사회적 문제로서의 교육 문제Die Erziehungsfrage als soziale Frage』 (GA 296)

22 나는 이 시들을 독일어를 가르치는 데에 활용해 왔으며, 4학년의 구두법 주기집중수업을 위하여 간단히 번역하였다.

23 이 책을 준비하면서, 줄표dash와 붙임표hyphen가 서로 다른 기능을 한다는 사실에 주목하였다. 붙임표는 연결자이다. 즉 'City-State'(도시국가)나 'a right-handed person'(오른손잡이) 같이 두 요소를 하나로 기능하도록 묶어준다. 줄표는 주로 문장 구조에서 돌연한 변화를 일으키는, 사고의 갑작스러운 전환을 표시하는 데에 쓰인다. 아마 줄표와 붙임표를 구별하기 위하여 다른 시를 써볼 필요가 있을 것이다.

24 Willi Aeppli, 『루돌프 슈타이너 교육과 성장하는 아이Rudolf Steiner Education and the Developing Child』 (Hudson, New York: Anthroposophic Press, 1986) p.134. 이 책의 저자는 은퇴한 발도르프 교사로 스위스에 사는데, 이 부분에서 우화를 다음과 같이 설명한다. "잘 살펴보면, 모든 영혼 특성을 특정 동물로 표현할 수 있다. 이것이 우화다. 동물계 전체가 한 사람 안에 다양한 영혼의 능력으로 존재한다. 우화는 이러한 힘들이 어떻게 내재적 조화를 이룰 수 있는지를 우리에게 '가르쳐' 준다."

25 Rudolf Steiner, 『교육예술의 영혼 정신적 토대Die geistig-seelischen Grundkräfte der Erziehungskunst』 (GA 305) "인간의 모든 능력이나 가능성은 동물에서 편향된 형태로 나타난다."

26 Rudolf Steiner, 『정신존재로서 역사적 발달과정을 겪는 인간 Der Mensch als geistiges Wesen im himstorischen Werdegang』 (GA 206) 동시대의 다른 수많은 과학자와는 달리 슈타이너는 12 감각을 이야기하였다. "첫째로 자아 감각은, 앞서 설명한 것처럼 자기 자아를 의식하는 힘과는 다르다. 자아 감각이라는 것은 바로 다른 인간의 자아를 지각하는 능력을 의미한다. 두 번째 감각은 사고 감각, 세 번째는 언어 감각, 네 번째는 청각, 다섯 번째는 열감각, 여섯 번째는 시각, 일곱 번째는 미각, 여덟 번째는 후각, 아홉 번째는 균형 감각이다. 감각의 영역을 구별할 수 있는 사람이라면, 시각 이라는 영역이 분명히 있는 것과 같이 인간이 균형상태를 이루면서 서 있다는 감각을 그냥 인정하게 되는 명확한 영역이 있다. 이렇듯 균형을 잡고 서 있거나 어떤 자세를 취하거나 안정적으로 춤을 추는 상태를 전달하는 균형감각이 없다면, 우리가 온전한 의식을 발달시키기란 전혀 불가능하다. 다음으로 운동 감각이 있다. 이것은 우리가 멈춰 있는지 움직이는지를 지각하는 감각이다. 우리가 시각을 체험하듯이, 이것을 우리 안에서 체험해야만 한다. 열한 번째 감각은 생명 감각이고, 열두 번째는 촉각이다"

27 위의 10번 미주 참조.

28 다음에 소개한 책은 발도르프학교에서 동물학(적어도 포유동물에 관해서는)을 가르치는 데 매우 유용한 자료이다. Wolfgang Schad, 『인간과 포유류: 형태 생물학을 지향하며 Man and Mammal: Toward a Biology of Form』 Carroll Scherer 번역.(Garden City, New York: Waldorf Press, 1977) 상급과정 수업에 더 적합한 자료이기는 하지만 나에게도 많은 영감을 주었기에 4학년 수업에 응용해 보았다.

29 Rudolf Steiner, 『창조하고 형성하고 형태를 만드는 세계 언어의 화음인 인간 Der Mensch als Zusammenklang des schaffenden, bildenden und gestalten-den Weltenwortes』 (GA 230)

5학년

1 오월제에 관한 상세한 정보를 원하는 독자에게는 다음의 자료를 강력히 추천하고 싶다. Christopher Belski가 Great Barrington Rudolf Steiner School 소식지 1993년 여름호에 기고한 글. p.6~8. 주소: West Plain Road, Great Barrington, MA 01230.

2 Great Barrington Rudolf Steiner School에서는 핼러윈을 다 같이 모여서 기념하는 것이 전통이었다. 몇몇 발도르프학교는 핼러윈의 유령과 도깨비들은 쉽게 하고, 대신 11월 2일 위령의 날All Soul's Day을 기념한다.

3 내가 이 단락에서 축제에 대해 언급한 내용은 대단히 불충분한 것이다. 발도르프 교육에서 그리고 인지학적으로 한 해를 보내는 데에 축제는 매우 중요한 몫을 한다. 부족한 내용을 보충하고 싶을 때는 다음 자료를 추천한다. Rudolf Steiner, GA 223

4 Rudolf Steiner, 『인간에 대한 앎의 교육적 가치와 교육학의 문화적 가치 Der pädagogische Wert der Menschen-erkenntnis und der Kulturwert der Päd-agogik』 (GA 310) "아이들이 성장하는 사회와 공동체의 도움이 필요하다. 아이들이 학교에서 지속적으로 일어나는 모든 문제와 관련하여, 우리는 학부모들의 내적 지원이 필요하며... 그것은 사회적이면서도 자유롭고 살아있는 지원이다."

5 Rudolf Steiner, 『인지학적 공동체 세우기Anthroposophische Gemeinschafts-bildung』 (GA 257)

6 Rudolf Steiner, 『역사적 증상학Ges-chichtliche Symptomatologie』 (GA 185) 슈타이너는 증상학을 "보통 역사적 사실들로 불리는 것이 역사의 본질적인 요소가 아니라 그 이면에 놓인 진정한 현실의 상징들임을 보여주는 것"으로 설명한다.

7 Marjorie Spock, 〈10세The Ten-Year-Old.〉 미출판 원고, p.1

8 Dorothy Harrer, 『고대 역사Ancient History』 (Garden City, New York: Waldorf School of Garden City, 1960) p.5

9 Harrer, 『Ancient History』 p.23

10 Rudolf Steiner, 『신비학 개요Die Ge-heimwissenschaft im Umriβ』 (GA 13)

11 슈타이너의 GA 10 에는 팔정도가 변형되어 등장한다.

12 Hermann Koepke, 『자라투스트라의 생애Das Leben des Zarathustra』 (Dornach, Switzerland: Rudolf Geering Verlag, 1986) 3, 4학년을 마치고 도르나흐로 여행을 갔을 때 이 작은 책자를 발견하였다. 독일어로 되어 있어서 처음엔 매우 좌절감을 느꼈지만, 서투른 번역을 시작했고 최근에야 끝마치게 되었다. 제시한 쪽수는 원본의 것이다.

13 Koepke, 같은 책, p.5

14 Koepke, 같은 책, p.7

15 Koepke, 같은 책, p.8~9

16 Torin Finser, 〈아돌프 히틀러와 나치 독일 연구An Examination of Adolf Hitler and Nazi Germany〉(학사학위 논문, Bowdoin College, 1977)

17 Koepke, 같은 책, p.11

18 Koepke, 같은 책, p.14

19 Koepke, 같은 책, p.14

20 Ehrenfried Pfeiffer, 『자라투스트라의 길The Zarathustrain Way』(Spring Valley, New York: Mercury Press, 1982) p.14 페르시아 역사 주기집중수업을 한 지 얼마 뒤에 나는 이 소책자를 우연히 접하였다. 뛰어난 생명역동농업가인 파이퍼의 이 책에는 자라투스트라의 중요성에 대한 통찰이 담겨 있다. "자라투스트라는 추상적이고 도덕성이 결여된 과학이 지배하는 우리 시대가 얼마나 뒤떨어져 있나를 보여준다. 원자력 시대의 위험들, 지난 세계대전 동안에 빚어진 과학적 발명들의 공포가 인간 의식을 일깨워, 현대 '문명'이 진보하기는 했지만 철학적 도덕적 인도적으로는 거의 진보하지 않았고 오히려 파괴적이고 추상적인 과학에서만 진척이 있었다는 사실을 깨닫도록 하였음을 알게 된다.... 자연의 비밀을 안다는 것, 자연의 힘을 다루고 이용한다는 것은 또한 물질과 힘을 적절히 사용하도록 이끌어 불을 신성하게 지키고, 오직 치유 과정에만 이용한다는 것을 의미하는바, 이것이 자라투스트라 앞에 드러났고, 자라투스트라는 그에 따라 행하였다...."

루돌프 슈타이너는 『마태복음Das Matthäus-Evangelium』 (GA 123)에서, 선한 것이 시간이 흐름에 따라 변하지 못함으로써 정체되고 자연력과 아리만 혹은 앙그라 마이뉴의 처분에 내맡겨졌을 때 어떻게 악이 생겨나는지를 설명한다. "페르시아에서는 새로운 것이 탄생하면서 옛 것이 한꺼번에 소멸되어서는 안 된다는 것을 알았다. 우주의 목적(무엇보다도 지구의 과제)은 옛것과 새것의 균형과 조화를 통해 성취될 수 있다. 이런 개념이.... 조로아스터교에 뿌리를 둔 모든 고차적 앎의 근간을 이룬다."

21 Steiner, GA 10

22 Rudolf Steiner, 『신비학의 진리와 크리스마스 자극. 고대 신화와 그 의미. 정신 존재와 그들의 영향 4권Mysterienwahrheiten und Weihnachtsimpulse. Alte Mythen und ihre Bedeutung. Geistige Wesen und Ihre Wirkung Band Ⅳ』 (GA 180) 슈타이너에 따르면, "티폰이 오시리스를 살해한 때는 태양이 전갈자리로부터 17도 떨어진 위치에서 지는 11월의 가을날이라고 한다."

23 Steiner, GA 13

24 Steiner, GA 180

25 루돌프 슈타이너는, 인간이 역사의 경로를 거치는 동안 어떻게 그림 의식에서 인간 자아만이 획득할 수 있는 새로운, 그림 없는 상태의 추상적 의식으로 옮아갔는지를 설명한다. 이 원리는 기원

후 수세기를 거치면서 대부분의 인류 안에 서서히 자리잡았다. 새로운 추상적 사고의 가능성이 전개되는 데 수세기가 걸렸다. 이와 더불어 새로운 명쾌함과 자아에 대한 감각이 발생하였다. 그러나 위험 또한 나타났다. 이러한 사고유형이 인간의 감정과 완전히 분리되어 작동할 수 있기 때문이다. 슈타이너는, 우리 시대 인류의 과제는 지금껏 발전시켜온 사고의 명쾌함을 취하면서, 명쾌함이 영혼과 감정의 따스함과 다시 통합될 수 있도록 그림 의식 상태를 다시 획득하는 것이라고 하였다. 이는 예술의 경로이며, 인간의 활동과 업적 전체에 놀랄 만한 잠재성을 부여한다.

26 Edouard Schur, 『위대한 선각자들The Great Initiates』(Blauvelt, New York: Multimedia Publishing Company, Steiner Books, 1961) p.144

27 Schur, 같은 책, p.145

28 Bernhard Lievegoed, 『문지방에 선 인간Man on the Threshold』(Stroud, England: Hawthorn Press, 1985) p.23

29 Gottfried Richter, 『예술과 인간 의식 Art and Human Consciousness』(Edinburgh: Floris Books, 1982) p.84~88

30 Torin Finser, 〈페르세우스Perseus〉 Great Barrington Rudolf Steiner School 소식지(Spring 1987)

31 Kenneth Thomasma, 『나야 누키_달리는 소녀Naya Nuky_Girl Who Ran』(Grand Rapids, Michigan: Baker Book House Company, 1983)

32 Aepply는 『성장하는 아이The Developing Child』 p.131에서 식물학과 사고 발달의 관계에 대하여 다음과 같이 썼다. "원형 식물의 변형을 추적하는 것은 객관적인 사고 능력을 향상시킨다. 아이의 사고는 식물로 단련된다. 그것으로 아이들은 자신의 사고를 형성할 수 있다. 그런데 식물은 죽은 물체가 아니라 아주 현실적이고 살아 있는, 창조적인 세계의 표현이다. 아이의 바깥에서 살아가고 창조하는 이 생명으로부터, 아이는 자신만의 살아 있는 개념과 생각을 키워 나간다. 아이는 식물의 변태를 따름으로써 사고를 발전시키며 이 사고들은 생장력과 생명력을 지니고 있어서 원형 식물 자체만큼 충분히 창조적일 수 있다."

"9세, 10세 사이에 인과 관계에 대한 요구가 놀이 안에 처음으로 강력하게 제기된다. 식물학은 이러한 요구를 가장 자연스럽고 건강한 방식으로 충족시켜 준다. 예를 들어 우리는 아이가 흙에 관심을 갖도록 이끌 수 있다...."

33 Weleda News, 2 (1980)

34 Robert Bly, 『철의 존Iron John』 (Reading, Massachusetts: Addison-Wesley Publishing Company, 1990) p.130

35 Bly, 같은 책, p.134

36 Platon, 『메논Menon』 G.M.A. Grube 번역 (Indianapolis: Hackett Publishing Company, 1976) p.14

6학년

1 GA 303에서 루돌프 슈타이너는 10세부터 12세까지 근육계에서 일어나는 변화를 설명한다. "생의 이 시기(10세)에 이르면 근육계는 끊임없이 아동의 영혼적 성질(특히 보다 직접적인 성장력이 활동하는 곳)에 반응하고 협력한다. 근육이 내적으로 부풀고 늘어나는 것은 주로 아동의 영혼적 힘의 성장에 달려 있다. 또한 10세와 12세 사이의 특징적인 모습은, 호흡 및 혈액 순환과 특별히 깊은 연관성을 가진 근육에 존재한다. 근육들은 몸통의 호흡과 혈액 순환 체계에 맞추어진다. 그리고 발도르프 교육은 아동 존재의 바로 이 부분에 매우 강하게 호소하기 때문에 우리는 간접적으로 아동 근육의 성장과 발달을 촉진하는 것이다."

"12세 무렵에 새로운 상황이 벌어진다. 근육과 아동의 호흡 및 혈액 순환 사이의 아주 직접적인 연결은 사라진다. 근육은 이제 좀더 골격계에 가까워져서 골격의 역동성에 적응해 간다.... 근육은 그 전에는 리듬계에 밀접하게 결합되어 있었으나, 이제는 전적으로 골격계에 순응하게 된다. 아동은 이런 방식으로, 12세 전보다 더욱 강하게 외부 세계에 적응해 간다." 『교육예술 2: 발도르프 교육 방법론적 고찰』(GA 294, 밝은누리, 2009) 에서 슈타이너는 12세의 변화를 다른 각도에서 접근한다. "정신과학에서 우리가 아스트랄체라고 부르는 데에 익숙해진 것이 에테르체와 연결하면서 에테르체를 관철합니다. 아스트랄체가 독립적인 것으로 서 제대로 태어나는 시기는 물론 사춘기에서입니다. 그러나 열두 살과 열세 살 사이의 시기에 아스트랄체가 에테르체를 강화하고 관철하면서, 기이한 방식으로 에테르체를 통해서 드러납니다... 그것은 다음과 같이 드러납니다. 우리가 인간 내부에 박혀있는 것을 올바르게 다룬다면, 외부 세계에서 작용하는 것에 대한, 외부 세계에서 예를 들어서 역사적 힘으로 작용하는 정신적-영적 자극과 유사한 자극에 작용하는 것에 대한 이해를 인간이 발달시키기 시작합니다... 바로 그 나이에 어린이가 역사에서의 거대한 연관성을 위한 내적 관심을 보이기 시작합니다."

2 Marjorie Spock, 〈6학년Grade Six〉 미출판 원고, p.1. "초기 아동기의 특징인 상상적 사고는 사라진다. 그것은 변형을 거쳐 이제 사고의 힘들은 추상적 개념을 형성하는 능력으로 나타나게 된다.... 따라서 사고는 문자 그대로 상상의 자식인 것이다."

3 Richard Moeschl, 『위기의 아이들: 청소년의 이해와 교육Children at Risk: Understanding and Educating Young Adolescents』(San Raphael, California: Marin Waldorf School, 1986) p.29

4 Hans Engel은 〈12살Twelve Years Old〉에서, 이 나이의 학생이 자신의 영혼 속에서 자신을 의지의 존재로 깨달아가는 것으로 묘사한다. p.26

5 A. Renwick Sheen, 『기하와 상상력

Geometry and the Imagination』 (Wilton, New Hampshire: Association of Waldorf Schools of North America, 1991) p.18~19

6 GA 307에서 슈타이너는, 다른 과목들이 인간의 다양한 일면에 작용하는 반면에 기하학은 좀더 보편적이라는 사실을 보여준다. "산술과 기하학이 육체-에테르체와 아스트랄-자아체에 모두 영향을 미친다는 사실은 주목할 만하다. 산술과 기하학은 참으로 카멜레온과 같다. 바로 그와 같은 성질 때문에 산술과 기하학은 인간의 모든 부분과 조화를 이룬다. 식물계와 동물계에 대한 수업은 일정한 나이에 이루어져야 하지만, 산술과 기하학은 아동기 전체를 통해서 배워야만 한다. 물론 삶의 시기별로 변화하는 특징에 적합한 형태로서 말이다."

슈타이너는 그 다음 단락에서, 잠자는 동안 에테르체가 산술과 기하학에서 그날 배운 내용을 어떻게 계속해서 계산하고 처리하는지를 설명한다. "만약 우리가 이 사실을 인식하고 이에 따라 교수안을 내온다면, 아이의 존재 안에서 엄청난 활력을 끌어낼 수 있다."

7 『교육예술 3: 세미나 논의와 교과과정 강의』 (GA 295, 밝은누리, 2011)에서 슈타이너는, 아이들은 3차원을 경험하기 전에 면을 체험하기 때문에 입체 기하학을 배우기 전에 평면 기하학을 가르쳐야 한다고 지적한다.

8 로마의 초기 역사에 관한 이야기 중 상당 부분은 나의 미출판 원고에서 발췌한 것이다. 그것은 일곱 명의 왕을 슈타이너가 설명한 인간의 핵심적 본질과 연관시킨 내용이다. 주로 다음의 사료를 참고하였다. Livy, 『초기 로마 역사Early History of Rome』 (Middlesex, England: Penguin Books, 1960)

9 Karl Heyer, 『서구 역사에 기여: 아틀란티스에서 로마까지Beitrage zur Geschichte des Abendlandes: Von der Atlantis bis Rom』

10 Livy, 같은 책

11 슈타이너는 『사회 문제의 핵심』 (GA 23, 밝은누리, 2010)에서, '삼중적 사회 질서론Threefold Social Order'의 일부로 '권리 생활'을 주장한다. 그것은 로마 역사에 관한 이 부분의 끝에서 다시 언급된다.

12 『신지학Theosophie』 (GA 9)에서 슈타이너는 인간의 핵심적인 본질을 물질, 에테르, 아스트랄, 자아라는 네 가지 측면 혹은 '신체'로 구성된 것으로 설명한다. 이들 용어는 인지학人智學을 이해하는 데 매우 중요하므로 여기서 간략하게 짚고 넘어가고자 한다.

슈타이너의 『세계 역사에서 자연과학의 탄생 순간과 이후 발달사Der Entstehungsmoment der Naturwissenschaft in der Weltgeschichte und ihre seitherige Entwicklung』 (GA 326)에 대한 해설에서 오웬 바필드Owen Barfield는 다음과 같이 말하였다. "'체'란 단어를 대부분의 사람이 '단단한 고체 덩어리'로 인식하

고 있다는 사실은 유감스러운 일이다. 특히나 인체가 논쟁점이 되었을 때는 더욱 그렇다. 왜냐하면 인체의 90%가 유동체, 그것도 대부분 움직이는 유동체로 구성되어 있기 때문이다. 슈타이너의 용어로 '체'는 그것을 구성하는 물질이나 성분과는 구별되는 것으로서, '계통적으로 구성된 단위나 실체'라고 보는 것이 그 의미에 더 가까울 것이다. 그러므로 살아 있는 인간의 틀이 단단한 고체뿐 아니라 유동체와 공기를 담고 있으며, 그것도 닥치는 대로 담고 있는 것이 아니라는 사실은 물질적으로 조직된 것 외에 다른 '체들'이 존재함을 의미한다. 이러한 것들은 담론이 양에 대한 지식(도량형과 수학)보다는, 오늘날의 과학으로선 사실상 이해하기 어려운 자연의 측면인, 질에 대한 지식으로 바뀌었을 때 특히 적절하다."

물질 육체 슈타이너는 인간의 물질 육체를 물질적 감각으로 지각될 수 있는 물질적 성분으로 구성된 것으로 본다. 사후 지상에 남겨진 부분인 사체는, 다른 구성체들이 부재하는 육체를 의미한다.

에테르체 '생명력'으로도 불리는데, 인간 육체의 성장을 촉진하고 그 구조를 부여하는 것으로 구성된다. 에테르체는 육체를 유지시키고 지상의 삶을 사는 동안 육체가 분해되는 것을 막아준다. 인간은 육체를 통해서 광물계와 연결되고 에테르체를 통해 식물계와 연결된다.

아스트랄체 이를 통해 인간은 감각, 본능, 충동, 열정을 인식하게 된다. 아스트랄체는 주변 세상으로부터 수집된 감각 인상들 뒤에 자리하는 의미뿐 아니라, 내면의 삶을 인식하도록 도와준다. 동물들도 아스트랄체의 도움으로 세상을 체험한다.

자아체 루돌프 슈타이너에 따르면, 인간만이 독립적인 자아, 곧 '나'라고 할 때 우리가 가리키는 자기의 내면적 핵심을 가진다고 한다. 이 자아는 '신성神性의 한 방울'로서 나머지 체들 안에서 지상의 집을 찾고 있는 우리의 일부이다.

나는 로마의 초기 역사를 가르칠 때, 『신지학』 첫 장에서 기술한 인간의 이러한 측면들을 다루었다. 로마의 건국자 로물루스는 오직 힘뿐인 육체를 나타낸다. 반면 누마는 자연, 종교, 문화, 공동체 등 삶에 생명력과 활력을 주는 측면을 말한다. 그는 요정 에게리아로부터 영감을 얻었으며, 종종 호수와 강기슭을 따라서 몇 시간씩 걷곤 하였다. 툴루스 호스틸리우스는 자아의 통제를 받지 않으면 난폭해지는 성향에다 열정과 감정뿐으로, 아스트랄체를 인격화한 것이다. 인간 자아와 마찬가지로 네 번째 왕 안쿠스가 로마에 조직과 질서를 가져왔다.

인지학에서 설명하는 바와 같이, 자기 개발의 과업은, 자아가 점차로 '더 낮은 구성체들'을 더 높은 능력으로 전환할 수 있도록 하는 것이다.(『신지학』(GA 9), 『고차세계의 인식으로 가는 길』(GA 10), 『신비학 개요』(GA 13) 참조) 로마의 비극은 부분적으로 이러한 위를 향한 움직임이 일어나지 않았다는 사실에 있다. 그로인해 로마는 마지막 왕의 자기중심적 자만으로 타락하였다.

13 Livy, 같은 책, p.60

14 자아와 신지학에 대한 미주 12번 참조.

15 Livy, 같은 책, p.60

16 Siegfried E. Finser, 〈마지막 왕The Last King〉 미출판 원고, p.9. 또한 Rudolf Steiner, 『그리스도와 정신세계. 성배 탐색에 관하여Christus und die geistigen Welt. Von der Suche nach dem heiligen Gral』(GA 149)는 무녀에 관한 놀라운 내용을 담고 있다.

17 Finser, 같은 책, p.15

18 Finser, 같은 책, p.18

19 Steiner, 『사회문제의 핵심』(GA 23)에 대한 11번 미주 참조

20 Steiner, 『발도르프 교육방법론적 고찰』(GA 294)

21 Manfred von Mackensen, 『현상학에 기초를 둔 물리학A Phenomena-Based Physics』John Petering 번역 (Boulder, Colorado: Denver Waldorf School, 1987) p.8; Hermann Baravalle, 『발도르프학교의 물리학 소개Introduction to Physics in the Waldorf Schools』(Englewood, New Jersey: Waldorf School Monographs, 1967) p.5

22 Steiner, GA 302a

23 John Benians, 『아동 발달 통찰Insights into Child Development』(Spring Valley, New York: Mercury Press, 1990) p.116

24 슈타이너는 GA 185를 비롯한 수많은 강의에서 의식혼의 시대에 관해 반복해서 언급한다.

25 Betty and Franklin Kane, 〈지구, 우리에게 내어준... Earth, Who Gives to Us...,〉 Education as an Art 28:3 (Summer 1970): p.10. 그들은 광물학 교육에 관하여 내가 본문에서 언급한 것보다 더 이해하기 쉽도록 설명한다. "6학년이 되면 지구가 살아 있는 유기체라는 맥락에서 광물계를 다루는데, 산의 생성, 침식 작용, 화산 활동, 지진과 같은 거대한 힘들을 공부한다. 산꼭대기의 바위가 해변의 모래로, 석회암이 대리석으로, 우렛소리를 내며 떨어지는 폭포가 함부로 이용되어 오염된 강으로, 고대의 양치류 숲이 다이아몬드로 바뀌는 이 모든 변화가 여기 살아 있는 지구에서 일어나고 있는 강력한 힘의 사례들이다. 토양의 종류는 지배적인 광물이 무엇인지, 수분이 너무 적은지 많은지, 통기성이 좋은지 나쁜지, 흡수한 열의 침투력이 어느 정도인지로 드러나는바, 이는 그 구성요소의 중요성을 제기한다. 여기서도 다른 계界들을 공부할 때와 마찬가지로 시간이 중요하다. 완전한 수정水晶이 되는 데 필요한 시간과 조건은 수백만 년이 될 수도 있다. 아이들은 숲이 형성되거나 침식에 의해 계곡이 만들어지는 데 걸리는 시간에 대한 경외심을 배우게 된다.... 이 시기에는 극적인 소개로 감정을 자극한다. 기쁨, 슬픔, 불안, 안도를 전부 경험하게 된다. 감정이 개입되지 않는다면 생태학은 그저

지적인 학습일 뿐이다."

26 Walter Johannes Stein, 『역사와 현대사 속의 황금과 역사와 현대사 속의 노동Gold in History and in Modern Times and Labor in History and in Modern Times』 (Spring Valley, New York: St. George Publications, 1986) p.27

7학년

1 『청소년 교육: 규율이냐 자유냐Educating the Adolescent: Discipline or Freedom』 (Hudson, New York: Anthroposophic Press, 1988)에서 Erich Gabert는 더 나아가 십대 초반에 일어나는 발전적 변화를 다음과 같이 묘사한다. "모든 청소년들은 때때로 불쾌하고 가끔은 손댈 수 없을 정도의 상태가 된다. 자기를 막아서는 벽을 깨부술 때도 있고 예전처럼 다른 사람에게 강렬한 애착을 보이기도 할 것이다. 그러나 이것이 그저 일시적인 처방일 뿐이며 진정한 어린 시절로는 다시 돌아갈 수 없다는 사실을 그들도 알고 있다. 하지만 고통스러운 분리는 실로 궁극적인 것이다. 그들은 혼자가 되기 위해, 떨어져 있기 위해, 자신의 고독을 방해하지 못하도록 왜 그리 힘들게 싸워야 하는 것인지 알 도리가 없다...."

"이와 같은 내면적 삶의 특별한 요소는 그 자체로 떨어져 닫혀 있는 느낌이다. 그래서 자세히 들여다보려는 사람은 누구든지 거부당하게 된다. 이것은, 이 나이의 특징인 아주 섬세하고 미묘한 수치심을 낳는다. 일종의 보호막이 연약한 식물처럼 내면에서 자라기 시작한 것을 품어서 감추고 있다. 이는 슈타이너가 '인간의 아스트랄적인 영혼 본성의 탄생'이라고 부른 과정으로서 독립적 인격이 되는 과정이다. 이는 어린아이로 하여금 자신의 환경 및 주위 사람들과 무의식적인 관계에 있게 했던 결합들을 끊어낸다는 의미이다...."

"자신의 내면을 단단한 껍질로 싸서 고립시키는 것 외에도, 청소년기에 가지는 반감의 힘은 젊은이들에게 또 하나의 매우 중요한 영향을 미친다. 자신의 거처(자아) 주위로 새로 쌓아올린 벽 너머로 올려다 볼 때, 외부 세상을 완전히 다른 관점에서 보게 된다. 자신이 밖에 있는 사물과 사람들로부터 한 발짝 물러섰을 뿐 아니라, 이와 같이 함으로써 사물과 사람들을 이전보다도 훨씬 더 명확하게 볼 수 있다는 사실을 알게 되며... 판단력을 획득할 수 있다. 미래의 창조적 사고가 준비되고 있다. 이것이 그것의 기초이다." (p.9~11)

2 교육에 관한 초기 저작 중 하나인 『정신과학에서 바라본 아동교육』 (GA 34, 섬돌, 2008)에서 루돌프 슈타이너는 이와 같은 주제들을 다룬다. "사춘기와 더불어, 자신이 이미 배운 사물들에 대한 자신

만의 판단 형성이 성숙하는 시기가 도
래한다."

3 Fontaine Maury Belford, 『The Uses
of the Heart —Meditations on the Book
of Common Prayer』 (Union Institute,
1993) p.48

4 Barbara Tuchman, 『실천하는 역사:
선집Practicing History: Selected Es-
says』 (New York: Knopf, 1981)

『발도르프학교: 담임과정과 상급과정
Waldorf Schools: Upper Grades and
High School』에 실린 기사에서, William
Bryant는 인물의 생애와 청소년기를 다
음과 같이 연관 짓는다. "그들이 자신의
자아인식 속에서 중심 존재로 응축해 감
에 따라 고립 과정이 지속적으로 심화된
다. 그리하여 그들을 인류에 통합하기 위
해서는 전기의 역할이 그 어느 때보다도
더 절실해진다.... 지상에서의 육체적 발
달이 특정 시점에 이르면, 이상주의와 영
웅 숭배의 시기가 시작된다. 젊은이들은
삶의 본질과 인간의 가치에 깊은 관심을
보인다. 이 때 제공하는 것이 위대한 인
물들의 생애이다.

아이들의 존경을 살 만한 남성이나 여성
이 과거로부터 나와 그들에게 이야기를
건넬 수 있다.... 우리는 아이의 특정한
문제에 효과를 발휘하는 위대한 삶을 소
개할 수 있으므로, 전기는 치료적인 성격
도 지닌다. 이것은 기질과의 관련 속에서
기질에 따라 가르칠 수 있다." (177~79)

5 『슈투트가르트 자유 발도르프학교
교사들과의 회의Konferenzen mit den
Lehrern der Freien Waldorfschule in
Stuttgart』 (GA 300) 1권에서 루돌프 슈
타이너는 도그마를 피하는 데 대하여 다
음과 같이 언급하였다. "우리는 발도르
프학교가 종파적인 학교가 되는 것을 원
치 않는다. 우리는 발도르프학교를 아이
들에게 인지학적 도그마를 가능한 한 많
이 주입하기 위한 종파적 학교로 만들려
는 것이 아니다.

우리는 인지학적 도그마를 가르치려는
것이 아니라 인지학을 힘써 실천하기를
바란다.

우리는 인지학적으로 습득할 수 있는 것
을 변형하여 그것을 현실적이고 적절한
교육 방법으로 바꾸길 원한다....

우리는 이에 수반하는 위대한 과업을 깨
달아야 한다. 우리는 그저 교사에 머물
러서는 안된다. 최대한으로, 단어가 가진
최상의 의미에서, 문명의 전수자傳授者가
되어야 하는 것이다. 우리는 현재 진행되
고 있는 모든 것에 생생한 관심과 흥미를
길러나가야 한다. 그러지 못하면 우리는
이런 종류의 학교에서는 나쁜 교사가 되
고 말 것이다.... 세상에 대한 관심은 학
교 일을 할 때에나 자기 일을 할 때에 필
요한 열정을 우리에게 주는 것이다. 우리
는 정신의 융통성, 우리 일에 대한 헌신
성을 가져야 할 것이다"

6 Ian Cameron, 『마젤란Magellan』
(New York: Saturday Review Press,
1973) p.8~9

7 Steiner, 『발도르프 교육 방법론적 고찰』 (GA 294)

8 1922년과 1923년에 괴테아눔에서 노동자들에게 했던 강연(GA 348)에서 슈타이너는 일반적인 건강 문제뿐 아니라 니코틴과 알코올이 몸에 미치는 영향에 대해서도 상세히 다루었다. 7학년에서 생리학 주기집중수업을 할 때, 나는 영양에 관한 전통적인 교재들 외에도 이 문제들을 인지학적으로 바라보기 위하여 다음 책들을 살펴보았다. Rudolf Hauschka, 『물질의 본질The Nature of Substance』 (London: Rudolf Steiner Press, 1983); Gerhard Schmidt, 『영양의 역동The Dynamics of Nutrition』 (Wyoming, Rhode Island: Biodynamic Literature, 1980)

9 동유럽과 서유럽의 차이에 초점을 맞춘 한 강연 『개별 인간 발달과 인류 발달의 진실. 물질주의의 카르마Menschliche und menscheitliche Entwicklungswahrheiten. Das karma des Materialismus』 (GA 176)에서 루돌프 슈타이너가 인쇄에 관하여 이야기한 내용이, '소망, 경이로움, 놀라움'을 가르칠 때 내 사고를 자극하였다. "서유럽인인 우리는 꼭 집어 활자화하는 것에 집착한다. 우리는 인간에게서 떼어놓아 객관화할 수 있는 것을 중요하게 여긴다. 그렇게 하는 것이 너무나 중시되어 도서관들이 거대한 괴물로 성장하는데, 특히 몇몇 과학 분야의 연구자들은 이 괴물을 굉장히 높이 평가한다. 그런데 도서관이 높은 평가를 받는 또 다른 이유가 있다. 도서관은 자체의 인간적 근원과는 분리되어 버린 사상들을 창고에 보관하는 것이다"

10 나는 그 주기집중수업 뒷부분에 가서 다음과 같이 언급하였다. "아랍과 그리스의 과학책이 11세기부터 번역되어 왔기 때문에, 코페르니쿠스로 상징되는 사고의 변화는 1543년 전에 이미 유럽 사상에 침투하고 있었다."

11 코페르니쿠스를 묘사한 이 내용은, 뉴욕 힐스데일의 헨리 반스Henry Barnes에게 들은 것이다. 그는 이 이야기를 나보다 훨씬 더 잘 알고 있다.

12 루돌프 슈타이너는 초기 천문학자들에 대하여 여러 차례 언급한다. 내가 사용한 자료는 『비학의 역사Okkulte Geschichte』 (GA 126)에 실린 1912년 12월 31일 강연과 『철학사 속 철학의 수수께끼Die Rätsel der Philosophie in ihrer Geschichte』 (GA 18) 5장이다. 거기에서 슈타이너는 다음과 같이 말한다. "인간 영혼 조직에 변형이 일어난다. 철학적 삶의 영역에서, 이러한 변형은 사고를 지각보다는 자의식의 산물로 느끼게 되었다는 사실에서 드러난다.... 이는 예술과 과학의 르네상스에서 명백해진다.... 코페르니쿠스, 갈릴레오, 케플러가 발전시킨, 자연에 대한 사고 형식의 수준을 그 이전 시대와 비교해 보라. 이 자연과학적인 개념은 16세기, 근대 초의 인간 영혼의 분위기에 부합한다."

13 이들 인용문 또한 헨리 반스의 도움을 받았다.

14 이러한 일반적 설명보다도 내적 조망에 대하여 더 깊이 알고 싶은 독자라면, 『인간 안의 대우주와 소우주의 상응 - 우주의 상형문자Entsprechung zwischen Mikrokosmos und Makrokosmos Der Mensch - Eine Heiroglype des Weltenalls』(GA 201)에 실린 다음 내용과 같이, 교육에서 수면의 역할을 논한 슈타이너의 설명을 참조할 수 있을 것이다. "그러나 우리가 올바르게 삶을 관찰한다면, 우리는 인간의 전체 삶으로부터 수면이라는 조건을 배제해서는 안된다. 우리는 낮 동안 아이들을 가르친다. 우리가 아이에게 무엇을 전해주든 간에 그 중 상당수가 당장 아이의 것으로 되는 것이 아니라 자아와 아스트랄체가 밤의 상태를 지난 뒤인 그 다음날이 되어서야 아이 것이 된다. 그 뒤에라야 아이는 우리가 낮 동안 아이에게 주었던 것을 충분히 받아들인다. 우리는 이 점을 항상 명심하고 그에 따라 우리의 가르침과 교육을 조절해야만 한다."

그러므로 반 아이들에게 들려준 전기들을 포함하여 그날 가르친 내용은, 잠을 자는 동안 아동의 정신 구성의 일부가 된다. 그렇게 해서 사실상 아동은 변화된 상태로 교실로 돌아오는 것이다. 그와 같은 전체 과정에서 교사의 책임이 막대함은 물론이다.

15 Harry Walton, 『역학적 움직임의 원리와 이해The How and Why of Mechanical Movements』(New York: E. P. Dutton & Co., Popular Science Publishing Co., 1968) p.25~38

16 Ernst Lehrs, 『인간 또는 물질Man or Matter』(London: Rudolf Steiner Press, 1958) p.54

17 Lehrs, 『Man or Matter』 p.54

18 이 촛불 연구를 위하여 내가 주로 참고한 자료는 다음과 같다. Michael Faraday, 『양초 한 자루에 담긴 화학이야기』(서해문집, 1998) 이 책의 뒤편에는 여기서 언급한 실험의 실제 사례들이 나와 있다.

19 Hilaire Belloc, 『잔 다르크Joan of Arc』(New York: The Declan X. McMullen Co., 1949) p.31. 나는 여기 실린 이야기를 이 책에서 따왔을 뿐 아니라 수업에도 이 책을 사용하였다.

20 Belloc, 같은 책, p.44~46

21 Belloc, 같은 책, p.61

22 Belloc, 같은 책, p.82~84. 루돌프 슈타이너는 GA 126에 실린 다음 내용을 비롯하여 수많은 강연에서 잔 다르크를 언급하였다. "만약 15세기 초에 오를레앙의 처녀가 그 사건의 무대에 등장하지 않았더라면 현대 유럽은 어떻게 전개되었을까?... 오를레앙의 처녀를 통해 나타난 더 고차적이고 초감각적인 힘의 작용이 없었다면, 프랑스 전역, 아니 15세기 전 유럽은 완전히 다른 형태를 취하게 되었을 것이다.... 강고한 신념의 끊임없는 충동과 다그침 속에서... 그리고 최대의 고난에 직면하여 군대를 승리로 이끌고 왕을 등극시킨 사람이... 바로 그녀라는 사실을 여러분 또한 일반적 역사를

통해서 알고 있을 것이다. 그 순간 역사의 과정에 개입한 것은 무엇인가? 바로 천사단의 높은 계급에 속한 존재들이다! 오를레앙의 처녀는 이 천사들의 외적 도구였으며, 역사의 행위들을 인도한 것은 바로 이들이다."

또 다른 언급: "나는 역사책에서 읽을 수 있는 것을 여기서 반복하진 않겠다. 우리는, 인간 영혼의 가장 숭고한 것들로 채워진, 너무나도 부드럽고 온화한 모습으로, 오를레앙 처녀의 예언적인 힘이 드러난 것을 볼 수 있다." (GA 149)

또 다른 언급: "잔 다르크에게 이런 일이 어떻게 일어났는지 알아보는 것은 특히나 흥미로운 일이다. 이를테면 그녀의 내적 존재는 열려 있었다. 그러나 그것이 내적 생명 중에서도 육체에 매인 그 부분은 아니었다. 정신적으로 열려 있던 것은 그녀의 에테르와 아스트랄적 존재에 대한 지각인 만큼, 우리는 그녀의 예를 통해서 입문 행사에 대한 진정한 상징을 찾을 수 있다" (『인지학 사회와의 관계 속에서 인지학 운동의 역사와 요구 Die Geschichte und die Bedingungen der anthroposophischen Bewegung im Verhältnis zur Anthroposophischen Gesellschaft. Eine Anregung zur Selbstbesinnung』 GA 258)

또 다른 언급: "진화를 이끄는 우주정신이 오를레앙의 처녀에게서 요구했던 것은 1월 6일까지 13일을 초과하여 어머니 뱃속에 있다가 태어난 인간 영혼이었다. 여기서 우리는 존재라는 장면들의 뒤에 놓여 있는 조건을 깊이 들여다보게 된다.... 말하자면 그녀의 탄생 시점까지 우주정신이 직접 깨달음을 준 영혼이 태어난 것이다" (《정신과 신체 합일체의 운반자인 그리스도 자극》(GA 174b)_ 타이핑한 원고만 남아 있으며, Rudolf Steiner Library, RD2, Box 215, Ghent, NY 12075에서 이용할 수 있다)

마지막으로, 독자들은 다음 소책자를 참조해 보길 바란다. 아주 훌륭한 책으로서 잔 다르크 전기와 함께하는 데 도움이 될 것이다. Steiner, 『비학적 그리스도교와 인류의 정신적 인도Das Esoterische Christentum und die geistige Führung der Menschheit』 (GA 130)

8학년

1 Hildegarde Dolson, 『윌리엄 펜, 퀘이커의 영웅 William Penn, Quaker Hero』 (New York: Random House, 1961)

2 여기 실린 Knowles의 시는 8학년 해부학 주기집중수업 공책에서 따온 것이다. 이 공책은 1960년대에 내가 Green Meadow Waldorf School 학생이었을 때 만든 것이다.

3 Jaimen Mcmillan은 독일 슈투트가르트에 있는 보트머 체조 학교의 공동이사이자 공간학 협회 Spatial Studies Institute, Inc. 이사이다. 공간학 연구소는 아동의 동작과 공간 발달에 관한 회의와 워크숍을 열고 있다. 5년 과정의 현직교사 과정을 이수하면 발도르프학교와 관련 기관에서 동작교육 교사와 동작치료사로 일할 수 있는 자격이 주어진다. 자세한 사항은 SSI, 423 Country Route 71, Hillsdale, NY 12529로 문의하면 알 수 있다.

4 근육과 의지에 관한 이 구절은 내가 작성한 교재에서 따온 것으로, 학생들이 1989년 주기집중수업 공책에 받아 적었다.

5 L.F.C. Mees, 『꼴격의 비밀Secrets of the Skeleton』 (Spring Valley, N.Y.: Anthroposophic Press, 1984) 참조.

6 감각에 대하여 더 알고 싶은 독자라면 다음 책을 찾아볼 것을 권한다. Albert Soesman, 『12감각』 (푸른씨앗, 2016) Walther Buhler, 『몸과 함께 살아가기 Living With Your Body』 (London: Rudolf Steiner Press, 1979)

7 David Attenborough, 『살아있는 행성 The Living Planet』 (Boston: Little Brown and Co., 1984)

8 Henry Barnes, 〈나폴레옹 보나파르트 Napoleon Bonaparte〉(석사학위 논문으로 작성된 미출판 원고)

9 John Saxon, 『대수 1/2: 점진적 개발 Algebra 1/2: An Incremental Development』 (Norman, OK: Saxon Publications, 1983)

10 발도르프학교 졸업생들을 가르쳤던 고등학교 교사와 대학 교수들의 의견에 관심이 있는 독자들에게는 Kimberton Waldorf School에서 작성한 다음의 자료를 추천한다. 『발도르프 교육의 결과The Results of Waldorf Education』 (West Seven Stars Road, Kimberton, PA 19442)

11 에릭슨에 대한 부분은 다음 책에서 따온 것이다. Constance Buel Burnett, 『존 에릭슨: 모니터 군함의 아버지Captain John Ericsson: Father of the Monitor』(New York: Vanguard Press, 1960)

12 Burnett, p.118~119

13 William Neilson and Charles Hill, 편., 『윌리엄 셰익스피어 전집The Complete Plays of William Shakespeare』 (Cambridge, Mass: Houghton Mifflin Co., 1942) p.281

14 더스트 볼에 관한 부분은 모두 다음 책에서 인용하였다. Vance Johnson, 『하늘 고원Heaven's Tableland』 (New York: Farrar, Strauss and Co, 1947)

15 같은 책, p.48

16 같은 책, p.62

17 같은 책, p.109

18 같은 책, p.155~59

19 Alan Bullock, 『히틀러: 독재 연구Hitler: A Study in Tyranny』 (New York: Harper & Row Publishers, Perennial Library, 1971) p.1~30

20 Jacques Lusseyran, 『그리고 그곳에 빛이 있었다.And There Was Light』 p.7

21 Lusseyran, 같은 책, p.62~68

22 Bullock, 『히틀러Hitler』 p.55~56

23 Albert Speer, 『제 3제국 내부에서In-side the Third Reich』 (New York: Macmillan Co., 1970) p.88~94

24 Lusseyran, 같은 책, p.134

25 Lusseyran, 같은 책, p.242

26 Rowe, Gmeyner, and Russell, 『The Key of the Kingdom』 p.81. Arvia MacKaye Ege가 번역한 루돌프 슈타이너의 시.

한국어판을 내며

시간의 흐름이 모든 것을 채워주지는 않는다 무수한 시간만큼 찍힌 우리들의 소중한 발자욱이 있기에....

1998년, 초등학교 입학을 앞둔 아이 엄마들과 교사가 한자리에 모였다. 미래를 볼 수 없는 경쟁적인 교육 문화, 지식 쌓기만을 강요하는 현재의 교육에서 부모, 교사로서 우리는 무엇을 해야 할까? 다들 고민 속에 있었다. 자연 친화적이고도 공동체적인 생활을 찾아줘야 한다는 공감대와 함께 우리들은 당시 전해지는 여러 교육 철학에 대해 깊이 알고자 했다. 숙명여자대학교에서 레버 선생님의 강연으로 발도르프 교육이 소개되었다. 어떤 이론도 사람과 함께 만들어 간다고 했다. 그날 강사 분들이 강의 준비를 위해 몸을 아끼지 않고 손수 움직이던 모습은 우리를 하나의 방향으로 이끌어 주고 있었다. 앎이 사는 것과 일치하고자 하는 교육, 발도르프 교육을 느끼게 해 준 첫 만남이었다. 이후 작은 소모임을 찾아 다녔다.

우리는 절박했다. 아이들이 커가고 있는 현실은 우리 스스로 헤쳐 나갈 의지를 만들어 주었다. 배움과 행하고자 하는 열망이 솟아나고 있었다.

자체적으로 발도르프 교육 모임을 시작했다. 처음 앎에 대한 시작에서 당시 접할 수 있는 모든 자료를 번역하고 사람들을 만났다. 대체 무엇을 이야기하고자 하는가, 인간에 대해, 교육에 대해, 사회에 대해, 자신들에 대해.

자료를 번역하는 첫 시도가 『8년간의 교실 여행』이었다. 우리를 발도르프 교육으로 이끌어 준 훌륭한 안내자였다.

아이들이 자유 의지를 가진 자아를 만들어가는 과정에서 접하게 될 많은 이야기와 경험을 만나게 해 주었다. 아이들의 발달을 위해 무엇이 필요한지! 그 시간 교사는 어디에 어떤 모습으로 존재해야 하는지, 교사와 학부모가 어떻게 만나 협력하는지, 마음속에 새로운 꿈을 그리게 하였다.

이 땅에, 머리와 가슴과 실천이 통일되어 스스로 자유로운 인간을 향한 교육, 발도르프학교가 만들어지기를, 아니 우리가 그 조그만 시작이 될 수 있기를 소망했다.

긴 호흡으로 강한 염원을 이끌어 내는 힘은 어디에서 오는 것일까? 모임은 새롭게 변하고 있었다. 2001년 굳은 땅을 뚫고 푸른빛이 머리를 내밀던 봄날 '학교를 만들어 보자'하는 사람들로 모임은 거듭나고 있었다. 유치원도, 단체도, 여타의 활동도 아닌 학교. 조심스럽고 막연했지만 각자의 결정과 각오가 겹쳐지고, 외부로 보여지기 보다는 우리가 원하는 것이 보다 분명하도록, 내부로 힘이 모여지기를 원했던 긴 시간들. 많은 분이 교육 문제를 함께 풀기 위해 곳곳에서 관심과 애정을 갖고 하나 둘 모였다.

이렇게 2002년 개교한 과천자유학교(현 청계자유 발도르프학교)는 현재 80명이 넘는 아이들의 울타리가 되었다. 교사, 학부모 모두가 현실에 함께 부딪히면서 세상을 향해 조금씩 조금씩 나아가기 시작했다.

『8년간의 교실 여행』

우리의 긴 여정동안 같이 있어 왔고 많은 이의 손길이 묻어 있는 책. 긴 과정에 길거나 짧게 함께 했던 많은 분. 순간순간 접하고 자리 잡혀 있는 우리들의 숨은 그림자와 못다 푼 숙제도 함께 깃들어 있는, 학교가 나아가는 길목에서 지금도 우리에게 발도르프학교의 상을 안내해 주는 좋은 지침서가 되어 주고 있는 책.

출판을 준비했던 많은 분이 지금은 곁에 없지만 그분들의 소중한 노력이 〈과천 자유학교 출판국(현 도서출판 푸른씨앗)〉으로 이 책을 완역 출판하게 되는 계기와 거름이 되어 주었다. 이 책의 출판은 발도르프학교가 세워지기를 바랐던 많은 분의 노고가 겹겹이 쌓여 만들어진 결과이다. 이름을 일일이 나열할 수 없지만 몇 번의 재수정 작업에 함께 해주신 모든 분께 진심으로 감사드린다. 특히 뙤약볕에 아이들을 맡기고 번역 마무리 작업을 해 주시고, 출산을 앞둔 만삭의 몸으로 교정 작업을 해 주셨던 두 분, 마지막 편집과 원출판사 연락을 도맡아 주셨던 두 부부에게도 감사를 전한다.

이 출발이 우리에게 새로운 과제를 줄 것이고 더 큰 시작임을 알게 해 주리라. 더 먼 항해 앞에 주저 없이 나아갈 수 있기를 바라며 이 책을 아이들과 함께 변화를 꿈꾸는 모든 분과 함께 나누고자한다.

2005년 11월 과천자유학교 출판국

재생 종이로 만든 책

푸른 씨앗의 책은 재생 종이에 콩기름 잉크로 인쇄합니다.
겉지_ 한솔제지 앙코르 210g/m²
속지_ 전주페이퍼 Green-Light 80g/m²
인쇄_ (주) JEI 재능인쇄 | 031-956-3169